职业教育教师专业发展研究

周　启　董天鹅　张倩倩　著

中国农业出版社
北　京

前　　言

教师队伍是发展职业教育的第一资源，是支撑新时代国家职业教育改革的关键力量。建设高素质的教师队伍是加快推进职业教育现代化的基础性工作。《中共中央　国务院关于全面深化新时代教师队伍建设改革的意见》《国家职业教育改革实施方案》《深化新时代职业教育“双师型”教师队伍建设改革实施方案》，以及新修订的《中华人民共和国职业教育法》等的颁布实施，有力推动了职业教育教师队伍的建设与改革，为培养造就高素质的“双师型”教师队伍、促进教师专业发展提供了强有力的政策保障。

高素质的教师队伍离不开每一个教师个体，只有职业学校每一位教师积极向上成为自主专业发展的个体，实现自身的专业发展，才能保证整体教师队伍的高素质发展。随着我国经济的发展和产业结构升级，职业学校面临专业的调整改造、课程的更新整合、生源的多样异质等新情况新问题，这些都给职业教育教师的专业发展带来了新的更大的挑战。本专著主要从职业教育的独特性以及职业教育教师职业的特殊性出发，研究职业教育教师专业发展问题，以期为职业教育教师专业发展提供参考，为职业学校进行教师队伍建设提供思路。据此，设计九章内容，分别为：职业教育教师专业发展概述、职业教育教师专业发展理念、职业教育教师专业发展目标、职业教育教师专业发展内容、职业教育教师专业发展影响因素、职业教育教师专业发展保障条件、职业教育教师专业发展路径、职业教育教师专业发展评价、职业教育教师专业发展的国际经验。

本专著由周启、董天鹅、张倩倩撰写。各章撰写分工如下：第一章、第八章和第九章由周启撰写，第二章、第三章和第四章由董天鹅撰写，第五章、第六章和第七章由张倩倩撰写。

本专著在撰写过程中得到了李建芹教授、申家龙教授等的支持和帮助，在此深表感谢和敬意！也参考、借鉴、引用了大量的著作、论文、文件、网络资料等，在此一并向所有参考文献资料的作者表示感谢！

由于能力和水平有限，对职业教育教师专业发展的认识存在局限，本著作有许多不足之处，恳请有关专家、学者、职业教育教师等予以批评指正，以便我们进一步修改和完善。

著　者

2022 年 8 月

目　　录

第一章　职业教育教师专业发展概述

顾明远教授曾指出：社会职业有一条铁的规律，即只有专业化才有社会地位，才能受到社会的尊重。如果一种职业是人人可以担任的，则在社会上是没有地位的①②。像医生、律师一样，教师不仅仅是一种职业，也是一种专业，具有不可替代性。职业教育教师有不同于普通中小学教师独有的特点，其专业发展既有一般教师的阶段特征，又有明显的特有的阶段特征。自改革开放以来，职业教育教师专业发展已走过40余年的历程。《中等职业学校教师专业标准（试行）》的出台，赋予了我国职业教育教师专业发展新的内涵，标志着我国职业教育教师专业发展进入新阶段。

第一节　职业教育教师职业及特点

职业伴随着社会分工的出现而产生，教师职业在中外古代就已出现。《中华人民共和国教师法》总则中规定：教师是履行教育教学职责的专业人员。作为一种职业，教师具有不同于其他职业的一些特点。但职业学校教师又不同于普通中学教师，其独有的特征也非常明显。

一、职业内涵

职业一词最早见于《国语·鲁语》："昔武王克商，通道于九夷、百蛮，使各以其方贿来贡，使无忘职业。"这里的"职业"指"职分，应作之事"。后来，"职业"也有"职务"之意，如《资治通鉴·后周太祖广顺二年》："李谷足跌，伤右臂，在告月余；帝以谷职业繁剧，趣令入朝，辞以未任趋拜。"

现代人们对于职业的理解，不同的人站的角度不同，就会有不同的解释。常见的一些定义有：职业是人们在社会中所从事的作为谋生手段的工作；职业是指性质、内容、形式、操作均不相同，特定的、专门的劳动岗位③；职业是

---

① 刘微．教师专业化：世界教师教育发展的潮流［J］．中国教育报，2002-01-03（4）．

② 教师专业化发展（讲稿）［EB/OL］．［2022-02-10］．http://www.docin.com/p-33855990.html.

③ 马望华．职业类技术学院课程改革下的体育课程改革［J］．改革与开放，2011（24）：3.

一个人为了不断取得个人收入而连续从事具有市场价值的特殊活动[①]；等等。正如卢双盈所说的那样：从一般意义上说，职业是劳动者相对稳定从事的并赖以生活的工作；从社会学角度上看，职业是劳动者获得的社会角色，职业是与劳动分工体系中某环节产生联系的劳动者的社会标志[②]。

总而言之，职业是指人们从事的相对稳定的、有收入的专门类别的工作，是对人们生活方式、经济状况、文化水平、行为模式等的综合反映，也是一个人的权利、义务、职责及社会地位的一般性表征，体现了一个人的社会角色。其一般具有目的性、社会性、稳定性、规范性、群体性等特征[③④]。

职业伴随着社会分工而产生，每一种职业都是社会分工中的一部分，也会随着产业和社会分工的变化而发生变化，社会中新职业不断产生、旧职业不断消亡是常有的事。2015 年 7 月颁布的《中华人民共和国职业分类大典》，将我国的职业分为 8 个大类，75 个中类，434 个小类，1 481 个细类（职业）。教师属于第二大类“专业技术人员”。

二、教师职业及特点

关于教师，其概念与教育、教师职业的发展密不可分。最早出现的是兼职教师。古代原始部落的氏族首领和具有生产、生活经验的长者，有意识地把生产知识、生活经验，尤其是风俗习惯、行为准则传授给下一代，这些人就成为最早的兼职教师。有了学校之后才出现专职教师。西周时期，实行政教合一、官师一体，官学中设有专职的教育官；战国时期以吏为师；秦始皇实行的是吏师制度；汉代以后，中央及地方官学中有“博士”“祭酒”“助教”“直讲”“典学”等专职教师；唐代以后，除了有“祭酒”“司业”“博士”“助教”以外，还有“学正”“学录”“监丞”“典薄”“典籍”“掌馔”等专职教师[⑤]。春秋战国之后私学兴起，私学里既有官吏兼任或辞官还乡的专任教师，又有名儒大师不愿意当官退而讲学者，还有清贫文人充当乡间的塾师、书师者。

在西方，古希腊时期出现的“智者派”就是最早的教师。中世纪的僧院学校、教会学校的教师以“僧侣”“神父”“牧师”为主。

---

① 朱翠梅．浅谈教师职业幸福感的价值取向［J］．学生之友（初中版），2011（10）：78.

② 卢双盈．中等职业学校教师专业发展理论与实践［M］．北京：科学出版社，2017.

③ 曲丽娜，王伟．职业教育课程开发［M］．北京：高等教育出版社，2016.

④ 河南省职业技术教育教学研究室．中等职业学校专业教师教学能力提升［M］．北京：北京师范大学出版社，2019.

⑤ 全国 12 所重点师范大学．教育学基础［M］．北京：教育科学出版社，2014.

教师是一种职业，是在学校工作的专业技术人员。《中华人民共和国教师法》总则中指出：教师是履行教育教学职责的专业人员，承担教书育人，培养社会主义事业建设者和接班人，提高民族素质的使命。教师职业不同于律师、医生或者护士。工作岗位的不同、工作环境的差异，决定着教师有其特定的思维方式与行为习惯。其特点主要表现在以下几个方面：

1. 复杂性

教师职业的复杂性主要体现在三个方面：一是劳动对象较为复杂。教师的劳动对象是具有一定自觉意识，有独立思想和情感，不同年龄、不同性别、不同个性的人，他们正处于生长发育之中，影响因素诸多，每一位学生都有特殊的心路历程。二是教育任务较多。教师既教书，又育人，要求学生在德智体美劳等方面全面发展，不仅注重学生的知识、技能的掌握，还需要培养学生良好的心理品质，形成良好的性格。三是综合了脑力劳动和体力劳动。教师职业是一种特殊的职业，需要运用教师的知识和智慧，教育既是一门科学，又是一门艺术，所以需要经过专门的培养训练才能胜任。教师需要备课、上课，也需要管理学生，还需要与其他一些教育部门、学生家长沟通联系，需要付出很多精力和体力，单纯用工作日 8 小时衡量教师的工作是远远不够的。

2. 社会性

职业的社会性是指在特定社会生活环境中所从事的一种与其他社会成员相互关联、相互服务的社会活动。教师职业特定的生活环境就是学校教育教学环境，是与人打交道的环境。一名教师，不但与同事、学生、学校领导打交道，而且与学生家长、教育行政部门工作人员、其他学校教师等与学校工作有关的其他单位工作人员打交道。所以说，教师职业是一种社会性的职业。

3. 稳定性

教育是人类永恒的话题，只要人类永续，教育就不可避免，所以教师职业是一种永恒的职业。尤其在当前，世界各国均非常重视教育事业，把教师素质提升作为一项重要工作来抓。教师具有一定的薪酬，有一定时间的假期，工作比较稳定，受人尊重。

4. 技术性

技术性是教师职业专业化的重要体现。不是说每一个人都适合做教师，都能做教师，而是教师职业具有较强的技术性。不但要具备丰富的专业知识和娴熟的专业技能，而且要懂得学生的心理发展规律，进而采用合适的教育教学方式和方法，还要掌握一定的班级管理方法和一定的沟通技巧。这也是教师职业专业化的重要依据。

5. 示范性

教育劳动的特质之一是教育劳动主体与工具的统一性。教师用他自己的身体与人格作为教育的工具，教师的言行举止都是“上所施下所效”的教育，所以教育的主体与工具无法分离①。教育的劳动手段是教师自身，教师自身就可以成为具有影响力的榜样，教师的人品、才能、态度、价值观等都可以成为学生学习的榜样。教师犹如一面镜子，被无数学生模仿。

6. 创造性

任何劳动都具有一定的创造性，由于教育对象的特殊性，决定了教师职业的创造性。教育对象是人，是具有不同兴趣、爱好以及不同能力、气质、性格的人，是具有一定主观能动性的人。苏霍姆林斯基曾说过，教育的创造性最重要的特征之一是他的工作对象——儿童经常在变化，永远是新的，今天同昨天就不一样②。教育对象的这种特殊性，必然会使教育的过程和教育的情境都非常复杂和多变，需要教师具有一定的创造性和艺术性，既要遵循教育教学规律，又要遵循学生身心发展的规律。

7. 反思性

反思是指行为主体批判地审视、重新考察自己的行为及其情景的能力。教师的反思是指教师在教育教学实践中，以自身行为表现及其行为之依据的“异位”解析和修正，进而不断提高自身教育教学效能和素养的过程①。反思，通俗地讲，就是指教师对自身教育教学工作的重新思考，总结经验，发扬优点，克服不足，以便进一步提高教育教学水平。因为教育是育人的工作，教师的教育教学活动是非常复杂的社会实践活动，教学的目的、教学的内容、教学的方式方法，不可能每一次都那么贴近教学环境和学生实际，需要不断地进行反思、修正和提高。当前，不少教师会从自己的教育实践中进行反思，不断提高自己的反思能力。

三、职业教育教师职业的特点

《中华人民共和国职业教育法》指出：职业教育是指为了培养高素质技术技能人才，使受教育者具备从事某种职业或者实现职业发展所需要的职业道德、科学文化与专业知识、技术技能等职业综合素质和行动能力而实施的教

① 李清雁，林永柏．教育学［M］．北京：教育科学出版社，2012.

② 苏霍姆林斯基．给教师的一百条建议［M］．北京：教育科学出版社，2016.

育。职业教育的教师与普通教育的教师相比，虽然均具有教师职业的特点，但由于职业教育对象的特殊性以及职业教育的特殊性，强化了职业教育教师职业的一些特点，主要体现为以下几个方面：

1. 教育对象的复杂多样性

与普通中学生相比，经过中招考试的选拔，大多数学习成绩不好的学生只能进入职业学校学习，而且素质参差不齐，不像普通高中那样整齐划一。职业学校的学生不但学习成绩不好，而且有些学生的学习习惯、自律意识、品行素质等也不容乐观。并且中职生中有家庭问题的学生也不在少数。目前对于中职生源，也不仅仅限于初中毕业生，应往届初中毕业生、未升学普通高中毕业生、退役士兵、青年农民、农民工、在职职工等都可以进入中职学校就读，生源也比较复杂。

高职生比中职生的基本素质要好，但与本科生也有一定的差异。以河南省为例，2014 年以来，文理专科分数线均在 200 分以下，文科二本比专科高出 200 分以上，理科二本比专科也高 200 分左右①。对于总分 750 分来说，200 分确实较低。自 2019 年以来，高职院校连续扩招补招，补招的生源多是应届高中毕业生和退役军人、下岗职工、农民工等。

所以，不论从生源结构、学习成绩、基本素质来看，还是从社会经验来看，职业学校学生情况均比普通中学和普通本科生复杂得多。

2. 教育内容的职业性

职业学校的教育内容不同于普通中学，职业教育的性质和任务就决定了职业学校教师教育内容的职业性、专业化特征。不仅要向学生传授基本的文化科学知识，还要向学生传授专业理论和专业技能；不仅要教学生学习书本知识，还要引导学生吸收新知识、新技术、新经验；不仅要求学生掌握理论知识，还要求学生强化实践能力；不仅要重视学生职业道德教育，还要注重学生良好职业心理培养；不仅要夯实学生的理论知识、专业技能，还要做好学生的就业指导和职业规划。对于职业学校文化课教师来说，也需要了解一定的专业知识，践行文化课为专业建设和学生专业素质服务的理念，对于不同专业的学生，文化知识的侧重点要有所不同。对于职业学校专业基础课、专业课、实践技能课教师来说，其教育内容的职业性更为明显。

3. 教育方式的多样性

普通中学的教师，其教育方式手段一般是教科书、黑板、挂图、实验设

---

① 河南历年高考分数线［EB/OL］.［2021-08-20］. http://www.gaokao.com/henan/fsx/.

备、现代化多媒体教学设备，而职业学校的教师，特殊的培养目标决定了教师教育方式手段的多样性。教师不但要和普通教育的教师一样传授科学文化知识，而且要比普通教育的教师多出一样本领，就是传授一定的职业技能，所以采用的方式手段要复杂得多。除了普通中学教师常用的这些手段以外，还需要在培养学生技能的教学中接触到真实的机器、设备、工具和消耗一些材料，尤其在实习企业指导学生毕业实习时其教育方法手段更加多样复杂。这种大跨度的劳动手段对教师提出了更高的要求，即教师在使用之前必须理解、掌握并学会运用，能够把凝结在教材、机器、设备中的智能、思维方法等转化为教师自己的智慧、情感、世界观等，才能有效地将知识、技能、思想等传授给学生，为学生所掌握和运用①。

4. 教育过程的创造性

教育过程的创造性首先体现为教育内容的创造性。普通中学教师传授的语文、数学、物理、化学等学科知识具有较强的稳定性和基础性，受科学技术日新月异的变化影响较小，教学的稳定性相对较强。而职业教育与产业结构紧密相连，与行业企业新技术新技能的运用密切相关，职业教育与产业、行业、企业的相互适应是职业教育发展的一个重要规律。所以职业学校教师的教学内容不是固定的，而是随着社会的发展、行业的要求、企业岗位的变化而变化的。现代科学技术的发展对劳动者提出了更新更高的要求，这就要求职业学校的教师不仅要从当前的社会需要出发来培养教育学生，而且要考虑到学生未来的需要，关注经济走向，关注行业发展，把最新的科学技术创造性地运用于教学活动中。

其次，教育过程的创造性体现为教育对象的复杂性。如前所述，职业学校的教育对象在年龄、经历、家庭背景、兴趣爱好、个性特征等方面均有较大的差异，这就要求职业学校教师必须采用更加多样的教育教学方法，对于每位学生必须采用不同的方法和措施，真正实现因材施教，才有可能达到培养目标。单从这一点来说，职业学校教师的创造性比普通中学教师的创造性更高更难，需要付出艰辛的劳动。

5. 教育时空的无限性

绝大多数从事物质生产和服务业的劳动者，其工作有一定的空间和实践性，超过了这一时空便意味着劳动时间的终止。而教师的劳动具有时间的无限性和空间的广延性，不像工人那样有明确的时空界限。学校教师不仅没有上下

① 严全治，张社字，王冰蔚，等．现代职业教育原理［M］．北京：中国农业出版社，2004.

班的时间界限，而且没有地点限制，不论是星期天、节假日，不论是校内、校外，也不论是否面对学生，其教书育人的职责始终存在[①]。与普通中学教师相比，职业学校教师的教育时空更加多样、复杂和无限，劳动时间更长，空间更大，因为职业教育发展需要政府统筹、工学结合、校企合作。课堂、操场、实验室、实习车间、合作企业、生产现场、社会实践基地、政府单位、学生家中等都是职业学校教师实施教育教学的重要场所。

6. 教师素质的“双师”性

职业学校教师素质的“双师”性是区别于普通中学教师的根本特征。20世纪90年代一些学者就已提出“双师型”教师的概念，政府文件首次提到这一概念的是1995年国家教育委员会颁布的《国家教育委员会关于开展建设示范性职业大学工作的通知》（教职〔1995〕15号）。职业教育的培养目标决定了学生不仅要掌握一定的科学文化知识和专业理论知识，而且要掌握一定的专业技能。这就要求职业教育教师不仅要拥有较高的文化知识与专业理论水平，还要具备扎实的专业实践技能，对教师素质的要求明显比普通中学教师要求高。

职业教育直接面向工作实际，这一点职业学校及其教师必须十分清楚，并根据实际积极应对、主动改变。通晓职业学校与企业两个领域，集专业理论与专业实践于一体的职业能力发展，成为职业教育教师专业化发展的基本趋势[②]。

第二节　职业教育教师专业发展内涵

教师工作不仅仅是一种职业，更是一种专业。教师专业化，就是指教师职业的专门化发展。它既是一种发展过程，又体现为一种发展结果。教师专业化是教师专业发展的必然结果，教师专业发展使教师专业化变为可能，也为教师专业化提供坚实基础。职业教育教师专业发展有其独特的概念界定，也有其特定的发展阶段。

一、专业与专业化

1. 专业

专业（profession）一词是从拉丁语演化而来，原始的意思是公开地表达

① 严全治，张社宇，王冰蔚，等．现代职业教育原理［M］．北京：中国农业出版社，2004.

② 卢双盈．中等职业学校教师专业发展理论与实践［M］．北京：科学出版社，2017.

自己的观点或信仰，与行业（trade）相对，是一个充满歧义的概念，包含着中世纪手工行会所保留的对其行业的专门知识和技能控制，即只传授给本门派的人的神秘色彩[①]。德语中“专业”（bruf）一词则具有丰富含义，认为某项社会职业需具备学术的、自由的和文明的三方面条件，才能被认为是合格的专业[②]。《现代汉语字典》把“专业”解释为：①专门从事某种学业或职业；②专门的学问；③高等学校或中等专业学校所分的学业门类；④产业部门的各业务部分[③]。我们所说的“专业”，不是教育学所说的“学科专业”，它是一个社会学的概念。首次对“专业”作出解释的是凯尔·桑德斯（Carr-Saunders），他认为，专业是指一群人在从事一种需要专门技术的职业，这种职业需要特殊的智力来培养和完成，其目的在于提供专门性的社会服务。国际上一度盛行的是利伯曼（Lieberman）的定义，他对专业提出了 8 项基本条件[④]。

从社会学的角度去理解，一般认为，专业是指一群人经过专门教育或训练，具有较高和独特的专门知识与技术，按照一定专业标准进行专门化的处理活动，从而解决人生和社会问题，促进社会进步并获得相应报酬和社会地位的专门职业[⑤]。

从专业的内涵上来理解，社会上某一领域的从业者要成为专业人员，必须具备以下条件：①经过专门的特殊的教育和严格的训练；②具有高度专业化的或特殊的专门知识和专门技术技能；③符合一定的专业标准或者通晓一定的行业规范；④具有高度的职业伦理和职业精神[⑥]。

与一般的职业相比，专门职业领域从业者的这种特殊工作要求就决定了该专业不是人人都能胜任的，其社会地位要高于一般职业人员，获得的劳动报酬一般也较高。这些专业人员具有明显的专业特点：坚定的职业信念和道德自律意识，自主的专业发展倾向和职业归属感，高度的专业权威性和专业自主权，令人羡慕的职业声望和经济报酬[⑦]。

最早认为专业的职业是医生、律师和牧师，随着社会的发展，工程师、建

---

① 卞红．论中学班主任专业化［D］．南京：南京师范大学，2004.
② 李存生．乡村教师专业发展理论［M］．北京：人民出版社，2018.
③ 许天心．析教师专业化与教师教育改革［J］．继续教育研究，2009（8）：102-104.
④ 于胜刚．教师专业发展导论［M］．北京：北京大学出版社，2015.
⑤ 王希海．专业化视野中的高校教师专业素养研究［D］．长春：东北师范大学，2007.
⑥ 王延文．教师专业化的系统分析与对策研究［D］．天津：天津大学，2004.
⑦ 陈文心，彭正文．教师专业发展［M］．北京：北京师范大学出版社，2019.

筑师、会计师等职业也成为社会认可的专业。教师工作不仅仅是一种职业，更是一种专业，现在已普遍得到人们的共识。既然是一种专业，就要像医生、律师、工程师等一样作为专业工作者来对待和要求。

2. 专业化

专业化是一个社会学的概念，通俗地讲，就是指职业的专门化，即一个普通的职业群体，经过专门的教育培养、培训和实践，在一定时期内逐步符合专业标准，最终成为专门职业并获得相应专业地位的一个过程。

专业化是一个动态的过程，一种职业要成为一种专业，需要经过专业化的过程。这种专业化的过程需要一套专门的知识和技能体系，有专门的职业道德规范，有完善的教育培养、培训制度和成长机制，有专业的资格认证制度和准入制度，有专门的培养、培训组织。

同时，专业化也是一种结果，即达到了该专业的什么样的专业水平或者结果。对于教师职业，常常被认为是“半专业化”，就是说教师职业的实际专业化程度不如医生和律师那么高。当前，只要考取教师资格证书，不管之前学的是不是师范专业都可以当教师，就是一个典型的例证。这就涉及教师职业专业化的提升问题，要使教师职业专业化，就要不断提升教师职业专业化的水平。

二、教师专业化与教师专业发展

在已有文献中，教师专业化和教师专业发展常常互用，二者之所以并用或者说互用，主要是因为两者之间既存在一定的差别，又有一定的联系。

教师专业化主要包括教师职业专业化和教师个体专业化。

一般认为，教师专业化是指教师职业争取成为专业而持续不断努力与提升转化的过程，主要强调教师职业的专业化。教师专业发展是指教师个体由新手教师的不成熟、不熟练逐渐成长为成熟而熟练的专家型教师的一个过程，主要强调教师个体的专业发展。

教师职业作为一种专业化职业，有自己独特的职业要求和职业条件，有专门的培养机制和规范的管理制度，一般包括四层意思：一是教师专业，一方面指学科专业性，另一方面指教育专业性，国家对教师任职有学历标准要求，也有相应的教育知识、教育能力和职业道德要求；二是国家有教师教育专门的培养培训机构、专门的教育内容和措施；三是国家有对教师资格和教育机构的认证制度和管理制度；四是教师专业发展是一个持续不断的发展过程，教师专业化本身也含有发展的意思，既表明一种状态，又是一个不断深化发展的过程①②。

对于教师个体来说，教师专业发展是指教师依托一定的专业组织，通过终身专业学习和专业实践，掌握教育专业知识和专业技能，具有符合专业要求的道德素质，实现专业自主发展的过程。简而言之，其就是一个新手教师成长为专家型教师的专业成长过程。

教师专业化侧重于从社会学的角度进行考察，注重教师群体的外在的专业性，其目标是争取一定的专业地位和权益，重在于教师集体向上流动。教师专业发展侧重于从教育学的角度进行考察，注重教师个体内在的专业化，其目标是灵活运用和掌握教育教学的知识和技能，不断提升教育教学的素质、能力和水平。基于此，如果每位教师均努力进行着自身的专业发展，那么必然会形成教师专业化的结果。

三、职业教育教师专业发展的概念

关于教师专业发展内涵的研究，学者们普遍围绕三个方面进行：一是自觉与自主，二是学习和训练，三是持续不断地提高。霍伊尔（Hoyie）认为，教师专业发展是指在教学职业生涯的每一阶段，教师掌握良好专业实践所必备的知识与技能的过程。佩里（Perry）认为，教师专业发展意味着教师个人在专业生活的成长，包括信心的增强、技能的提高、所任教学科知识的不断更新拓宽和深化，以及对自己在课堂上为何这样做的原因意识的强化。哈格里夫斯（Hargreaves）和富兰（Fullan）认为，教师专业发展指通过在职教师教育或教师培训而获得的特定方面的发展，也指教师在目标意识、教学技能和与同事合作能力等方面的全面的进步③④。

我国学者叶澜等认为，教师专业发展就是指促进教师专业成长或教师内在结构不断更新、演进和丰富的过程⑤。朱宁波等认为，教师个人在历经职前师资培育阶段、任教阶段和在职进修的整体过程中都必须持续地学习与研究，不断发展其专业内涵，逐渐达到专业圆熟的境界⑥。刘万海认为，教师专业发展

---

① 李晓波．教师专业发展［M］．南京：南京大学出版社，2016.

② 魏铁英．教师专业发展的校本培训研究与探索［D］．济南：山东师范大学，2007.

③ 王立国．基于教师专业发展的教师素质标准研究［D］．兰州：西北师范大学，2007.

④ 黄雪锋．国际文凭组织教师专业发展的研究：以一个中国国际文凭大学预科项目学校为例［D］．上海：上海师范大学，2012.

⑤ 叶澜，白益民，王枬，等．教师角色与教师发展新探［M］．北京：教育科学出版社，2001.

⑥ 朱宁波．中小学教师专业发展的理论与实践［M］．长春：吉林人民出版社，2002.

是以教师专业自主意识为动力，以教师教育为主要辅助途径，教师的专业技能和信念系统不断完善的动态发展过程①。

总体上看，教师专业发展是教师个体从初任教师，到有一定经验教师，再到熟练教师，直到专家型教师的持续发展过程。教师专业发展强调教师个体的专业知识、专业技能、专业情意、专业自主、专业价值观、专业发展意识等方面由低到高逐渐符合教师专业人员标准的过程②。

职业教育教师是履行中高等职业教育教学工作职责的专业人员。职业教育的功能和特征规定了职业教育教师的责任和使命，不仅教授一般知识，还要教授具有明显职业导向的专业知识，传授职业技能，培养学生的职业伦理和职业精神，注重未来胜任职业岗位的能力与发展潜力。职业教育教师包括文化基础课教师、专业课教师和实习指导课教师。由于职业教育的特殊性，要求文化基础课教师在教学中结合学校开设的专业实际，有意识地服务于学生的专业学习，为学生未来发展提供基础学力。专业课教师，主要促进学生职业导向、专业知识的学习和掌握，为学生未来职业选择提供"立身之本"。要求专业课教师不仅懂专业理论，还应该掌握实践技能；不仅是一个教师，还应该是一个工程师（农艺师、会计师等）。这就是我们常说的"双师型"教师。实习指导课教师，主要为学生传授职场行为规范、实践应用能力，训练学生职业习惯，增强学生职场能力，树立正确的职业观和培养负责任的态度。不仅要精通专业技能，还应该具有一定的专业理论；不仅是一个工程师（农艺师、会计师等），还应该获得教师职业资格，是一名教师。

从职业教育教师固有的职业特点出发，一些学者对职业教育教师专业发展进行了内涵解读。陈永芳（2007）分析了职业教育教师所独具的双重实践特征：一是作为职业教育教师的教学实践（该实践存在于教学的具体组织和实施过程中），二是作为专业技术人员的生产实践（该实践存在于生产劳动的具体组织和实施过程中）③。米靖（2010）指出了职业教育教师的双重身份：一是教育家，二是职业专家④。李毓秋等（2004）指出，职业教育教师专业化是教师个体成为教学专业的成员并且在教学工作中越来越成熟的一个转变过程，是

① 刘万海．教师专业发展：内涵、问题与趋势［J］．教育探索，2003（12）：103.

② 杨晓．教师专业发展［M］．北京：北京师范大学出版社，2013.

③ 陈永芳，颜明忠．德国职业教育的专业教学论研究［J］．中国职业技术教育，2007（8）：54-56.

④ 米靖．论职业教育教师的专业化及其要求［J］．职教通讯，2010（9）：25-31.

一个教师的职业理想、职业道德、职业情感、社会责任感不断成熟、不断提升和不断创新的过程[①②]。

关于职业教育教师专业化的目标，我国学者提出了“双师型”概念。“双师型”概念的提出，适应了以能力为主线的职教理念的发展，既是对所有职教教师提出的一种专业发展要求，也是单一型的理论教学教师和实践教学教师继续教育和成长的目标导向[②③]。

吴全全（2011）从职业的角度论述了职业教育教师专业化的内容：第一，强化专业理论知识更新，要求掌握本专业领域的最新理论成果以及涉及前沿技术和关键技能的理论知识；第二，强化企业职业实践训练，要求教师直接参加有关企业实际工作训练；第三，强化职业教育理论学习，要求学习与职业有关的基本的教育理论；第四，强化职教教学实践效果，要求参加与职业有关的教育过程的设计与实施[④]。

本研究的教师专业发展主要是指教师个体的专业发展。依据职业教育的特殊性和教师专业发展的内涵，我们认为，职业教育教师专业发展是指教师个体在外部引导、激励与创设的环境中，通过自觉主动地学习和努力，由“准教师”、新手教师逐渐成长为专家型“双师型”教师的过程，是教师个体的专业理念、专业知识、专业能力、专业情意等方面由低到高逐渐符合职业教育教师专业人员要求和标准的过程。

由此，可以从两个方面理解职业教育教师专业发展的概念：一方面，既然是高中阶段或者高校教师，其专业发展就应与普通中学或者高校教师要求相同；另一方面，既然是中职或者高职教师，其专业发展就要与普通中学或者一般高校教师不同，应具有符合职业教育教学特殊要求的专业素养和专业技能，具有较强的实践动手能力和一定的创新能力[⑤]。

四、职业教育教师专业发展的阶段

教师专业发展是一个持续社会化和个性化的过程，教师专业发展的空间无

---

① 李毓秋，崔艳萍．试论职业教育教师的专业化发展［J］．中国职业技术教育，2004（20）：39-40.

② 林克松．工作场学习与专业化革新：职业教育教师专业化发展路径探新［D］．重庆：西南大学，2014.

③ 郑秀英，周志刚．“双师型”教师：职教教师专业化的发展目标［J］．中国职业技术教育，2010（27）：75-78.

④ 吴全全．职业教育“双师型”教师基本问题研究：基于跨界视域的诠释［M］．北京：清华大学出版社，2011.

⑤ 吴美华．技术本科院校教师专业发展研究［D］．上海：华东师范大学，2013.

限，成熟只是相对的，而发展是绝对的。所以说发展是有阶段的。关于教师专业发展的阶段，我国最有代表性的是叶澜等学者的研究，他们把教师专业发展分为五个阶段，即“非关注”阶段、“虚拟关注”阶段、“生存关注”阶段、“任务关注”阶段、“自我更新关注”阶段①②。

刘猛等学者将职业教育教师的专业化划分为三个阶段③④：

第一阶段，即“开始教学，寻求适应”阶段。适应期的长短（一般为1～3年）或成效的大小主要取决于学校环境与个人努力程度。学校环境主要指校风、教风和学风，学校环境对教师专业成长的影响重大。教师的个人努力程度体现为：能否学习并熟悉本专业培养方案、所任教学科的课程标准、教科书等课程资源，能否认识到自己理论教学和实践教学的不足并努力改进，能否使用现代教学手段等。

第二阶段，即“目标明确，胜任教学”阶段。该阶段持续时间较长。在该阶段，教师教育教学实践经验逐渐丰富，教育教学任务目标明确，教育教学成果初步显现，期望争取更多的外部评价。主要的阶段特征是：能够进一步领会本专业培养方案、所任教学科的课程标准和教科书，具有独立进行教学设计的能力、总结教学经验能力和一定的批判性反思能力，能够熟练使用现代化教学手段，开始寻求相邻学科与本专业的结合点，专业自信得以增强，等等。处于职业教育教师专业化成长的这一关键时期，是教师形成自己教学风格和特色的重要时期。

第三阶段，即“自主发展，形成风格”阶段。该阶段是职业教育教师专业化成长的最高境界，是教师形成风格、追求特色、实现自我的崭新阶段。主要的阶段特征是：对本专业培养方案、所任教学科的课程标准和教科书有研究、有创新，达到了“用教材教”的高度；能够基于学生实际进行教学创新，已经形成了品牌效应的教育教学风格或特色；能够自由发挥教师的主导作用，引导学生进行职业生涯规划，充分挖掘每个学生的潜能；具有强烈的专业自信；等等。

职业教育教师最终发展目标是专家型的“双师型”教师。本研究借鉴郑国

① 叶澜，白益民，王枬，等．教师角色与教师发展新探［M］．北京：教育科学出版社，2001.

② 张乐天．教育学［M］．北京：高等教育出版社，2012.

③ 刘猛．论职业教育教师的成长与发展［J］．教育与职业，2007：37-38.

④ 廖胜文．论职业教育教师的成长规律及培养［J］．高等函授学报（哲学社会科学版），2008（3）：26-28.

富的研究，以专业技术职务层级①以及教师职业技能的渐进发展为依据，认为职业教育教师专业发展的阶段分为以下四个阶段②③：

1. “双师”素养发展阶段

“双师”素养发展阶段是指职业教育专业教师入职3～5年，已具备基本的教学技能及素养，具有相应的初级职称；同时经历一定时间（两个学期，不少于200天）的企业一线工作实践或指导学生企业顶岗实习，并具有初级职业资格证书及掌握两项以上相应专业操作技能或熟悉两项以上专业岗位实践；具备应用新生产工艺的能力，能够解决生产中出现的一般技术问题。

2. “双师”资格发展阶段

“双师”资格发展阶段是指职业教育专业教师入职5～10年，已具备教师教学技能和一定的理论水平，具有相应的中级职称；在相关企业生产一线的岗位上有集中2年以上的工作经历，累计不少于400个工作日，熟练掌握相关行业生产技能，精通2项以上专业岗位实践，具有中级职业资格证书及掌握相应专业操作技能；能够主要参与改进旧生产工艺，运用新工艺生产，解决实际生产中出现的技术难题，并取得良好效果。

3. “双师”熟练发展阶段

“双师”熟练发展阶段是指职业教育专业教师入职10年以上，具备全面、系统专业理论知识，在专业建设和课程建设方面起骨干或核心作用，具有相应副高级职称；在相关企业生产一线岗位上有集中5年以上工作经历，累计不少于1 000个工作日，主要参与专业实验室建设、实训基地建设、实践项目或课题，具有高级工程师或本专业相应高级职称，或本专业相应的高级以上国家职业资格证书或者初级以上国家职业资格证书的考评员和相应的职业实践能力及行业操作规范；能够面向行业企业实际需求，主持与专业相关的技术应用项目，主持或承担来自相应行业企业的横向课题或者获得具有产业价值的技术专利；参与培养企业的员工及技术人员。

4. 专家型“双师”发展阶段

专家型“双师”发展阶段是指职业教育专业教师入职15年以上，具备全

---

① 中学教师专业技术职称一般分为中教二级、中教一级、中小学高级职称、正高级中小学高级职称，职业院校教师专业技术职称一般分为助理讲师（二级实习指导师）、讲师（一级实习指导师）、高级讲师（高级实习指导师）、教授级高级讲师；工程系列的职称一般分为助理、工程师、高级工程师、教授级高级工程师。

② 郑国富．“双师型”教师专业发展阶段研究［D］．上海：华东师范大学，2010．

③ 郑国富．“双师型”教师的专业发展阶段与成长策略［J］．中国人力资源开发，2012（4）：40-42．

面、深厚专业理论知识，在专业建设和课程建设方面起核心或引领作用，是本专业人才培养方案、人才培养模式开发设计者，在本专业、行业具有重要的引领地位，具有相应正高级职称；在相关企业技术领域具有一定影响力或主持实习、实训专业教学基地建设，领导教师团队对传统教学仪器设备的改造和二次开发，以及设计和更新相应的教学实训项目，并使之有效应用于本专业领域教学中，有一定推广价值，具有本专业高级工程师或本专业相应高级职称，或本专业相应的高级以上国家职业资格证书或者中级以上国家职业资格证书的考评员，具有相应的企业实践影响力及行业影响力。

第三节　我国职业教育教师专业化发展

一般来说，教师职业产生和发展经历了非专门化、专门化、专业化三个阶段。教师职业产生和发展的过程，与教师专业化的过程紧密相连。师范教育的诞生，标志着教师专业化的发轫。

严格地说，我国职业教育教师专业化发展始于改革开放之后，国家专门设立职教师资培养机构，重点建设职教师资培训基地，各个高校积极探索职教师资培养培训之路。2013 年，《中等职业学校教师专业标准（试行）》出台，标志着我国职业教育教师专业化发展进入了新的发展阶段。

一、教师专业化发展的历程

教师作为一种历史悠久的社会职业，其产生及发展变化与培养教师的师范教育的发展变化一脉相承，发展变化的历程可分为三大阶段：

1. 教师职业非专门化阶段

应该说，教师职业伴随教育的产生而产生。早在原始社会，由于人们生产生活的需要就存在着教育的活动，这一时期的教育是在生产生活中进行的，教师职业还未分离，往往是那些长者、能者担起教师的角色，如伏羲氏、神农氏。到了奴隶社会，教育逐渐与生产生活相分离，就产生了专门的教育机构——学校，但这一时期专门从事教育工作的教师并不是专职的，多是“以吏为师”“僧侣为师”，这一时期，教师职业还未独立，也没有专业的教育机构进行专门的训练。封建社会虽出现以教书为谋生手段的教书先生与讲学的学者，但他们并不具有从教的专业技能，只是因为掌握文化知识较多。从奴隶社会到封建社会，整个社会的教育水平低下，能接受教育的人实际很少。可以说，当时教师职业的专业化程度很低，从事教师职业的人数也很少。

2. 教师职业专门化阶段

教师职业由兼职到独立的发展变化，主要是社会发展的要求以及独立师范教育的产生。法国是世界上最早产生独立师范教育机构的国家。法国天主教神父拉萨尔（LaSalle，1651—1719）于1681年创立了第一所师资训练学校。在德国，法兰克于1695年在哈雷创办了一所师资养成所，成为德国师范教育的先驱。法国于1795年在巴黎设公立师范学校，1810年设立高等师范学校。1832年法国建立统一的师范学校系统，隶属中央。1870—1890年，世界许多国家颁布法规设立师范学校①。我国于1897年创立了以专门培养教师为主的师范学校。师范教育的诞生，标志着教师专业化的发轫。

20世纪60年代以来，世界主要发达国家基本普及了基础教育，对教师数量的需求逐渐降低，但对教师的质量要求却提高了，教师职业成为令人羡慕的职业之一。在多种因素的综合影响下，那些独立设置的师范院校开始并入文理学院，目前形成了独立设置的师范院校、综合大学的教育学院或师范学院等专门化、多元化培养教师的局面。

3. 教师职业专业化阶段

自20世纪30年代以来，教师职业进入了专业化阶段。1933年，英国社会学家凯尔·桑德斯（Carr-Saunders）最早提出教师职业专业化的概念。1955年召开的世界教师专业组织会议，就率先研讨了教师专业问题。随后学者和一些专业组织从不同角度对教师专业化问题进行研究，认识到了教师专业化的价值。一些国家还相继颁布了教师专业标准，如澳大利亚，将教师的专业要素规定为专业知识、专业实践能力、专业品质和专业关系协调能力②。

我国于1993年颁布《中华人民共和国教师法》，1995年国务院颁布《教师资格条例》，2000年教育部颁布《〈教师资格条例〉实施办法》，2012年教育部出台《幼儿园教师专业标准（试行）》《小学教师专业标准（试行）》《中学教师专业标准（试行）》，2013年教育部出台《中等职业学校教师专业标准（试行）》，标志着我国教师专业化发展进入了一个新时期。

二、我国职业教育教师专业发展历程

1. 注重成立职教师资专门培养机构

自1978年党的十一届三中全会以来，全党全国的工作重心转移到经济建

---

① 公共教育学讲义［EB/OL］.［2021-10-20］. https://www.mayiwenku.com/p-7830593.html.

② 卢双盈．中等职业学校教师专业发展理论与实践［M］．北京：科学出版社，2017.

设上来，中等职业教育得到了快速发展。1980 年 10 月，国务院批准教育部、国家劳动总局《关于中等教育结构改革的报告》，指出，教育部门、劳动部门和有关业务部门要有计划地为发展职业技术教育培养师资，省、自治区、直辖市应积极筹办职业技术师范学院，各地师范院校和各级教育学院（教师进修学校）应开办专业课教师培训班。1984 年 4 月，教育部、国家计委和财政部联合发布的《关于普通高等学校举办中等学校教师本科班和专科班的通知》指出："尽快改变目前各类中等学校教师质量偏低的状况，决定从 1984 年起，在一部分普通高等学校举办中等学校教师本科班或专科班，培训、提高普通中学、中等专业学校和职业学校（含同类成人学校）中需要继续加以培养的教师①。" 1985 年 5 月发布的《中共中央关于教育体制改革的决定》指出："要建立若干职业技术师范院校，有关大专院校研究机构都要承担培训职业技术教育师资的任务，使专业师资有一个稳定的来源。" 1986 年 6 月，国家教育委员会颁发的《关于加强职业技术学校师资队伍建设的几点意见》指出："理论课教师主要依靠现有各类普通高等院校解决，有关大专院校有计划地设置职业技术师资班、专业或系，纳入高校招生计划，为职业技术学校培养师资。高等师范院校应根据学校师资、设备等条件，增设相关或相近专业的艺术师范系、科、班，担负起培养部分专业课、专业基础课师资的任务。各地职业技术师范院校或师资培训中心负担培养空白、短线专业及需要量大的通用专业教师……当前高等专科学校（含现有职业大学）要用主要力量来担负专业课师资的培养、培训任务。"

1979—1988 年，全国各地相继建立了天津职业技术师范学院（现名为天津职业技术师范大学）、吉林职业技术师范学院（现名为吉林工程技术师范学院）、河北职业技术师范学院（并入河北师范大学）②、河南职业技术师范学院（现名为河南科技学院）、安徽职业技术师范学院（现名为安徽科技学院）、常州职业技术师范学院（江苏技术师范学院）、上海技术师范学院（并入上海师范大学）、南昌职业技术师范学院（现名为江西科技师范大学）等独立设置的专门为职业教育培养师资的本科高校，简称"职技高师"。北京联合大学职业技术师范学院、湖南师范大学职业技术学院、长沙职业技术师范专科学校、山西职业师范专科学校、浙江农村技术师范专科学校等也相继成立。另外，一些省还在高等院校设立职业技术师资班、专业或系，如浙江工学院于 1985 年 7

① 卢双盈．中等职业学校教师专业发展理论与实践［M］．北京：科学出版社，2017.

② 1998 年河北农业技术师范学院更名为河北职业技术师范学院，现名为河北科技师范学院。

月创建技术师范系，湖南农学院于1986年成立职业技术师范部。1998年，广东民族学院改为广东职业技术师范学院，又一所独立设置的专门为职业教育培养师资的本科高校成立，该校现名为广东职业技术师范大学。

自20世纪80年代末开始，国家也在部属重点高校建立二级职业技术教育学院，主要目的也是开展职教师资培养工作，如天津大学、浙江大学、东南大学成立的职业技术教育学院以及同济大学职业技术学院等。

到20世纪90年代中期，职教师资培养形成了以独立设置的职业技术师范学院和普通高校职业技术教育学院（系）为主体的格局。尽管从目前来看，这些高校有的被合并，有的不再专门培养职教师资，有的已更名，但当时，这些高校为职教师资培养均作出了巨大贡献，目前仍是职教师资培养的主体。

2. 重点建设职业教育师资培训基地

1983年8月，教育部发布《关于1983—1984学年度全国中等专业学校选派教师到全国高等学校进修的通知》，对进修名额、进修教师条件、进修教学计划作出详细规定。这是国家教育委员会首次针对专业课教师进修工作制定的文件。此后还有出国进修文件的出台。1989年1月劳动人事部颁发的《关于加强职业技术培训师资队伍建设的意见》提出，各地区、各部门要积极创造条件，建立师资培训基地。自1989年10月起，国家教育委员会在8所部委直属高校相继建立了职教师资培训基地，如天津大学职业技术教育学院、浙江大学职业技术教育学院、湖南大学职业技术教育学院、河北农业技术师范学院农村职教师资培训中心、四川联合大学职业技术教育学院等。

1998年，国家教育委员会改为教育部。1999年1月，国务院批转教育部《面向21世纪教育振兴行动计划》，提出："实施跨世纪园丁工程，大力提高教师队伍素质。依托普通高校和高等职业技术学院，建设职业教育专业教师和实习指导教师培养培训基地。"11月，教育部批准天津大学等20所学校为首批全国重点建设职业教育师资培训基地。2000年5月，批准哈尔滨工业大学等第二批全国重点建设职业教育师资培训基地24所。2001年3月，又批准北京师范大学等第三批全国重点建设职教师资培训基地8所。到2007年，全国重点建设职业教育师资培养培训基地已达56个。同时，鼓励企业参与职教师资培训，确定上海宝钢集团公司等8个全国职业教育师资专业技能培训示范单位。各省、自治区、直辖市也根据实际，建立省级职教师资培训基地300多个。2012年，教育部批准天津职业大学等33个单位为全国重点建设职业教育师资培养培训基地和神州数码网络（北京）有限公司、浙江天煌科技实业有限公司2个单位为全国职业教育师资专业技能培训示范单位。自1999年起，全国高职高专教育师资培训基地也相继建立。

3. 积极探索职业教育教师教育模式

早在1981年1月，教育部转发辽宁省《关于中等教育结构改革情况和今后意见的报告》，提出建设专兼结合的职业教育师资队伍。1986年6月，国家教育委员会印发的《关于加强职业技术学校师资队伍建设的几点意见》提出，中等职业学校专业课教师的来源主要通过“改”“分”“调”“聘”“留”五种渠道解决。“改”，即将文化课教师改为专业课教师；“分”，即普通高校或职业技术师范学院毕业生分配；“调”，即从教育系统外调进专业技术人员；“聘”，即从社会上聘请兼职教师；“留”，则是选择少数优秀毕业生留校做实习指导教师。为提高职业教育教师素质和能力，国家十分注重加强教师培训工作。自1987年始，还选派职业学校的中青年教师出国进修。

20世纪90年代，为提高职教师资培养水平，国家教育委员会先后召开高等职业技术师范教育办学指导思想座谈会、职教师资建设研讨会、职教师资队伍建设交流会、职教师资培训基地研讨会等。高等职业技术师范教育国际研讨会、职教教师标准及其开发方法国际研讨会也相继召开。

为贯彻《中共中央　国务院关于深化教育改革全面推进素质教育的决定》精神，落实《面向21世纪教育振兴行动计划》提出的采取多种形式，大力提高中等职业学校教师队伍素质，努力实现“高中阶段教育的专任教师和校长中获硕士学位者应达到一定比例”的要求，自2000年起，教育部、国务院学位委员会决定在部分全国重点建设的职教师资培训基地学校，开展中等职业学校教师在职攻读硕士学位工作。2016年按照国务院学位办的要求，停招中职教师在职攻读硕士学位研究生，在教育硕士下设职业技术教育领域。这些政策的实施，有力促进了职业教育教师专业化发展。

2001年《国务院关于基础教育改革与发展的决定》提出：“完善教师教育体系，深化人事制度改革，大力加强中小学教师队伍建设。”至此，正式用“教师教育”取代“师范教育”。2005年《国务院关于大力发展职业教育的决定》提出实施“职业院校教师素质提高计划”，“建立职业教育教师到企业实践制度，专业教师每两年必须有两个月到企业或生产服务一线实践”。2006年，教育部、财政部出台《关于实施中等职业学校教师素质提高计划的意见》，自此开始实施了职业学校教师素质提高计划，注重提高中等职业学校教师队伍的整体素质，优化教师队伍结构。

在国家注重加强职业教育教师队伍建设的同时，职技高师院校和一些地方政府也积极探索职教师资培养培训模式，先后形成了独具特色的培养培训模式。如天津职业技术师范大学的“双证书、一体化”“本科＋技师”培养模式、江西科技师范大学的“三位一体分流培养”模式、广东职业技术学院“3＋2专升本”职教教师培养模式、河南科技学院的“四双工程”“双岗实习、置换培训”培养培训模式，以及天津市的“4＋0.5”、广西壮族自治区的“4＋1”分段培养模式等，均为我国职业教育教师教育发展作出了巨大贡献。这些职教师资培养、培训模式的产生，标志着我国职教师资培养向教师专业化的方向发展。

2010年，《国家中长期教育改革与发展规划纲要（2010—2020年）》颁发，提出“努力造就一支师德高尚、业务精湛、结构合理、充满活力的高素质专业化教师队伍”，标志着职业教育进入了建设中国特色现代职业教育体系、全面提高职业教育质量的新时期。2011年，《教育部关于“十二五”期间加强中等职业学校教师队伍建设的意见》提出：以推动教师专业化为引领，以加强“双师型”教师队伍建设为重点，以创新制度和机制为动力，以完善培养培训体系为保障，以实施素质提高计划为抓手，加快建设一支数量充足、素质优良、结构合理、特色鲜明、专兼结合的高素质专业化中等职业学校教师队伍。

进入新时代以来，职业教育教师专业发展的步伐进一步加快。2013年，《中等职业学校教师专业标准（试行）》出台，标志着我国职业教育教师专业发展进入了新的发展阶段。之后，国家出台了《关于加快发展现代职业教育的决定》(2014)、《关于全面深化新时代教师队伍建设改革的意见》(2018)、《国家职业教育改革实施方案》(2019)等文件，对职业教育师资队伍建设以及教师个人专业发展提出了新目标和新要求。《国家职业教育改革实施方案》提出：职业院校“双师型”教师占专业课教师总数超过一半。职业院校、应用型本科高校教师每年至少1个月在企业或实训基地实训，落实教师5年一周期的全员轮训制度。定期组织选派职业院校专业骨干教师赴国外研修访学。教育部、财政部《关于实施职业院校教师素质提高计划（2021—2025年）的通知》提出：深化产教融合、校企合作，突出“双师型”教师个体成长和“双师型”教学团队建设相结合，努力造就一支师德高尚、技艺精湛、专兼结合、充满活力的高素质“双师型”教师队伍。这些政策的出台，对职业教育教师专业化发展提出了更高的要求，也促进了职业教育教师的专业发展。

从以上梳理可知，我国职业教育教师教育经历了从无到有、从满足数量到提高质量的转变。当前，我国职业教育教师教育既注重职前教师培养，也非常注重职后培训，加强培养和培训的紧密结合；既注重教师在学校内的成长，也注重教师在企业内的成长，实行“学校＋企业”养成模式；既注重教师教育教学能力的提升，又非常重视教师专业实践技能的掌握，注重“双师型”教师的养成。正如李美忱、曹晔所言，新时代，我国职教师资发展正朝向专业化、协同化、卓越化迈进①。

三、我国职业教育教师专业标准出台

2013 年，教育部出台《中等职业学校教师专业标准（试行）》，这是继《幼儿园教师专业标准（试行）》《小学教师专业标准（试行）》和《中学教师专业标准（试行）》之后印发的第四个教师专业标准，是我国教师专业化建设的又一重要成果，也是推进我国职业教育教师队伍建设的重要举措②。中等职业学校教师是履行中等职业学校教育教学工作职责的专业人员，专业课教师和实习指导教师还要具有企事业单位工作经历或实践经验并达到一定的职业技能水平②。该标准是国家对中等职业学校教师专业素质的基本要求，是合格中等职业学校教师开展教育教学活动的基本规范，是引领中等职业学校教师专业发展的基本准则，是中等职业学校教师培养、准入、培训、考核等工作的基本依据，指明了中等职业学校教师专业化发展和队伍专业化建设的根本方向③。

该标准贯穿了“师德为先、学生为本、能力为重、终身学习”的基本理念，从专业理念与师德、专业知识、专业能力三个维度，具体分为职业理解与认识、对学生的态度与行为、教育教学态度与行为、个人修养与行为、教育知识、职业背景知识、课程教学知识、通识性知识、教学设计、教学实施、实训实习组织、班级管理与教育活动、教育教学评价、沟通与合作、教学研究与专业发展等 15 个领域，对中等职业学校教师职业提出了 60 条基本要求②。在专业理念和师德方面，突出立德树人、人人成才和身体力行；在专业知识方面，突出职业知识与专业知识的联系、课程知识与岗位知识的联系、专业发展与技术技能发展的联系；在专业能力方面，突出理论与实践相结合、知识讲授与技能训练相结合、专业教学与职业指导相结合。

该专业标准为中等职业学校教师专业发展提供了重要依据，中等职业学校教师可以根据标准要求，制定个人专业发展规划，增强专业发展自觉性；主动参加教师培训和自主研修，提升专业素质水平；针对教育教学一线实际，积极开展教育教学改革创新②。

---

① 李美忱，曹晔．我国职教教师教育：40 年变迁与成就［J］．职教通讯，2019（23）：45-52.

② 教育部出台《中等职业学校教师专业标准（试行）》［EB/OL］．［2021-09-23］. http://tj.offcn.com/html/2013/10/19899.html.

③ 中等职业学校教师队伍建设的重大举措——教育部出台《中等职业学校教师专业标准（试行）》［EB/OL］．［2021-09-24］. http://gd.zgjsks.com/html/2013/zcfg_1114/1321.html.

第二章　职业教育教师专业发展理念

基本理念是职业教育教师专业发展的灵魂。它既是职业教育教师专业发展的方向定位，又是确定职业教育教师成长目标及内容的重要依据。本章将基于新时期职业教育发展的现代背景和《中等职业学校教师专业标准（试行）》，对职业教育教师专业发展应该坚持的基本理念尝试解读，以促进职业教育教师专业发展和职业学校内涵式发展。

理念是教师立德树人的引领性价值观，它对教师的专业情意、专业知识及能力的架构起着导向和基准作用。教师是否愿意自主发展，是否会产生职业幸福感，都与教师专业发展理念密切相关。理念分为社会认知性主流理念和个体实践性发展理念，因此，职业教育教师专业发展理念既应与社会主义核心价值观相符，也应与职业学校教师专业实践发展方向相符，基本把其分为师德为先、学生为本、能力为重、终身学习以及创新发展五个方面。其中，师德为先是教师专业发展的首要前提，学生为本是教师专业发展的主体保障，能力为重是教师专业发展的重要途径，终身学习是教师专业发展的根本动力，创新发展是教师专业发展的时代要求。它们相辅相成，密不可分。

第一节　师德为先

职业道德为行业发展之根本。《论语》中提出教师应“正人先正己”“以身作则”等，《学记》中提到了“师道尊严”，唐代韩愈则将教师概括为“传道授业解惑者”，蔡元培则认为“教员者，学生之模范也”，恩格斯也曾言：“每一个阶级，甚至每一个行业，都各有各的道德[①]。”从政有政德，经商有商德，行医需医德，任教当然也要有师德。只有囿于职业道德，才能确保行业人员不脱离正轨，确保职业发展的专业方向。教师的根本任务是立德树人，是为培养未来的建设者和接班人服务的，教师不仅是在校学生的道德示范者，还是整个社会的道德引领者，教师的职业道德不仅调节着学校内部的教育对象和教育过

---

① 恩格斯．费尔巴哈和德国古典哲学的终结//马克思恩格斯选集（第4卷）[M]．北京：人民出版社，1995.

程，还通过学生的家长影响着全民的道德水准。因此，与农、工、商等行业相比，教师的职业道德显得更为关键，师德是职业教育教师专业发展的首要前提。

教师的职业道德不是自发形成的，而是通过初期的培养、中期的发展以及后期的反思逐步提升的。

初期的培养是教师职业道德的奠基阶段。它既包括接受师范教育阶段，也包括在此之前的整个基础教育阶段，如果师范教育是教师师德形成的成型期，那么基础教育阶段就是教师师德养成的积淀期，任教教师的一言一行、一举一动都对未来的准教师起到了一定的熏陶作用。

中期的发展是教师职业道德的锤炼阶段。教师在正式入职后，师德认知阶段开始转为师德实践阶段，在教育教学过程中，师德评判标准不再是简单的非此即彼的判断，而因其细节变得异常复杂，我们不仅应关注行为的出发点本身，还应关注行为方式是否有利于学生健康发展，如为了规避学生的越轨行为而对学生体罚，为了应试教育而挤占学生休息和锻炼的时间，这些教育行为不仅不会因其出发点而被提倡，反而会因其结果而被师德所否定，教师的师德实践也会随之不断完善。

后期的反思是教师职业道德的升华阶段。教师在入职多年后，一方面回顾自身多年的教育教学实践行为，另一方面总结其他教师的教育教学成功经验，不断反思，不断升华，完成内部的整合，在原有的专业发展基础上，形成一套特有的师德实践模式，一般这个阶段的教师能够从他律阶段转为自律阶段，对师德的认同逐步成为价值观的一种内化。

师德为先，需要爱岗敬业、关爱学生、严谨治学、甘于奉献四方面齐抓共管。

一、爱岗敬业

梁启超曾言，中国职业道德的两大法则是敬业与乐业。爱岗敬业是从业的一种态度，它既是为人民服务在教育领域的重要体现，又是教师实现人生价值的有效途径，也是教师从教的基准前提，关系到职业理解、教育教学、学生同事等诸多领域。如果没有这种态度，仅将教师作为权宜之计，教育教学就会疲于应付；如果没有这种态度，就会对学生简单粗暴或“佛系”应对；如果没有这种态度，就会损害学生利益或权利；如果没有这种态度，就会使知识和能力付之东流。因此，教师只有爱岗敬业，认同教师职业，才能在入职后面对种种困难和困惑时积极应对，妥善解决。

爱岗敬业如此重要而其衡量又如此困难，传统的考核方式很难判定教师的职业态度，即使教师专业知识与能力、综合素质等考试分数很高，也不能就此判定教师的职业认同感。为此，部分学校要求教师入职后进行专门的师德培训或者情境考试，或者入职后进行入职宣誓或保证，或者将其作为教师年终考核的一项重要内容，这些方式既是对教师职业态度的考查，又是对教师职业态度的培养。

二、关爱学生

教师教育教学面对的是学习者，基本是未成年学生，这个阶段正是世界观、人生观、价值观形成的关键时期，面对学生的困惑、问题、错误，如果没有足够的爱心，将很难拉近与学生的距离，很难调动学生的主动性和积极性。因此，关爱学生，首先要了解学生，从学生实际出发，在思想、学习、生活等多方面关心爱护学生，只有了解学生，才能真正走进学生；其次要尊重学生，教师面对任何学生，都应保持师生间的一种人格平等，始终坚持正面教育，不用体罚或变相体罚方式损害学生的自尊心；再次要懂得欣赏学生，渴望被肯定是人的基本需求，对于孩子而言赏识尤其重要，教师难免会遇到纪律观念差、学习成绩差或者生活习惯差的学生，既要给予足够的爱心和耐心，多多鼓励和表扬，又要主动帮助他们扬长避短，鼓励他们树立信心；最后要懂得倾听学生，倾听心声是了解学生的一个有效途径，当学生成绩下滑时，当学生违反纪律时，当学生情绪低落时，当学生与你对抗时，不是急于批评指责，而是耐心倾听，润物细无声，只有尊重和信任才能换来真心，才有可能达到教育目的。

三、为人师表

徐特立曾言，教师的两项重要任务，一为“经师”，一为“人师”，教师不仅要向学生传播知识，而且应成为学生灵魂的塑造者。首先，为人师表要身教重于言传，教师的言行无疑会对学生产生潜移默化的影响，面对问题学生，我们既要把好语言关，文明豁达，掌握分寸，更要注重身教。凡是要求学生必须做到的，自身应率先垂范；凡是要求学生诚实的，自身必须磊落；凡是要求学生避免浮躁的，自身必须坦然。晓之以理、动之以情的说教固然重要，但更重要的是教师用自己的一言一行、崇高人格来感化学生灵魂，净化学生心灵，让学生在潜移默化中得到改变。其次，为人师表要既乐观又豁达，乐观既是人生的一种情绪体验，又是生活工作的一种态度，悲观的心态会让人丧失斗志，而乐观的心态会激发人的希望。乐观的心态就是无论是何种境遇，都能既不低估自己又不过高奢望，经常借鉴身边的教训来完善自己，吸纳身边的经验来丰富自己，待学生以诚，待学生以宽，让学生在教师的品行中感受最深切的关心和爱护，既成就学生，又成就自身。

第二节　学生为本

从本质上讲，教育是培养人的社会实践活动，可见，以学生为本是教师工作的根本宗旨，学生也是教师教育教学的对象前提，如果没有学生，教师职业也就成为无根之木，无源之水。“一切为了学生，为了学生一切”不仅是一种教育口号，更重要的是一种以生为本的教育理念。那么，以生为本是不是要对学生言听计从，是不是要对学生过度保护，或者要对学生“佛系”管理，抑或是一种形式上的以学生为中心？对于职业教育教师而言，以生为本需要我们如何待之？与普通教育又有何区别呢？总体而言，我们需要从实际行动上对学生的身心健康、职业知识、职业技能、职业素养等全方位、多方面系统规划，整体负责。

一、关注学生身心健康

教育的终极目标是学生的全面发展，而身心健康既是学生全面发展的基本前提，更是学生可持续发展的重要条件。如果教师的教学是以牺牲学生的身心健康为代价的，那么我们的学校教育就违背了初衷。如果教育中忽略学生的身心健康，即使学生学富五车，即使学生技艺超群，但因缺乏身体锻炼而体弱多病，因缺乏关注而心理扭曲，因缺乏指导而发生事故，都将是教育的极大失败。因此，以学生为本最重要的就是关注学生的身心健康和生命安危，这是职业学校也是全体教师的职责所在。

与普通教育相比较，职业教育学生的身心健康问题基本不是来自学习压力。众所周知，职业教育学生无论是在中职阶段，还是在高职阶段，绝大多数不是学习中的佼佼者，甚至可以说是竞争淘汰者，自卑心理和受挫感受在所难免。如果不加以关注和调整，就很容易让这种挫败感愈演愈烈，如果延续过去的教学方式和教学内容，就很容易让学生产生学习倦怠感，如果不区别于普通教育，不突出职业导向，就很容易让学生产生另一种自卑感。对于职业教育教师而言，一方面要通过活动戒除问题学生的不良习惯，让他们恢复自信，另一方面要及时发掘学生的闪光点，施以引导和鼓励。如果基础教育阶段着重端正学生的学习态度，为升学做进一步准备的话，那么，职业教育阶段着重关注学生职业态度，为就业做好技能准备。

与普通教育相比较，职业教育学生的身心健康问题也基本不是因为缺乏体育活动而造成的，实习实训是职业教育学生不可或缺的必修课之一，他们经常会因为疏忽大意或者没有掌握操作要点而受到身体伤害。作为职业教育教师，为了在实习实训过程中最大限度减少工伤事故的发生，一方面要把防护措施和操作要点作为教学的重点，另一方面要让学生学会如何规避风险，做好自我保护。另外，学生作为未成年人最易受到外界尤其是同伴群体的不良影响，或厌学，或网瘾，或校园暴力，导致其身体或心理受到不同程度的伤害，作为教师，一方面要掌握学生近况，注重思想引导，另一方面要科学规划，经常组织丰富而多彩的有益活动，让学生树立正确的世界观、人生观和价值观。

二、兼顾学生理论知识和实践知识学习

无论是普通教育还是职业教育，理论知识和实践知识是学生知识框架体系的两大部分，但因各自的培养目标有所区别，两种知识体系也各有侧重，即普通教育更侧重理论知识，而职业教育则更关注实践知识，同时，因教学实践的偏离，出现了普通教育学生理论知识无法应用于实践，而职业教育学生实践知识无法回归理论的理论与实践相脱节现象，背离了教育的根本宗旨。为了规避这种问题，职业教育教师在教育教学过程中关注理论内容的同时更重要的是侧重强调理论知识的应用前提和使用方法，同时，在实习实训指导时应引导学生架构与理论知识的联系，让学生能回归理论知识，进一步检验或完善理论知识，双向结合，真正做到理论知识和实践知识的结合。

理论知识向实践知识的转化三个方面是关键：首先，理论知识内容是核心，在开展教育教学之前，教师应将系统的知识体系转化为通俗易懂的教学内容或行动指南，让学生在原有知识经验的基础上通过可接受的方式来完成学习；其次，应用前提是关键，学习中之所以会理论脱离实践，很重要的原因不是知识内容没有掌握，而是我们对假设前提一无所知，每种知识体系或理论内容都应有其理论假设，我们之所以选择看原著就是还原理论的全貌，知道什么情况什么条件下应用，否则理论就无法指导实践；最后，使用方法是重点，理论脱离实际还有一个重要原因就是过分关注知识内容本身，而很少涉及理论的使用方法，即使运用了理论但起不到应有的效果，仍会造成理论与实践相脱节。因此，知识内容、应用前提、使用方法三者缺一不可。

实践知识向理论知识的升华就是教师在实习实训之中或之后要对学生获得的碎片化知识进行整合和提升，将这些知识与学生以往经验进行梳理，使之成为系统化、清晰化的知识体系。在当今信息化时代，我们如何从众多信息中获取有效信息并将其系统内化，是最关键也是必须思考的问题。教师应坚持学习，引导学生从网络等新媒体中提取和梳理知识，而不是将自身淹没于信息垃圾之中。

三、指导学生掌握学习和就业技能

与普通教育相比，学生的学习技能和就业技能需双管齐下，这既是职业教育的培养目标使然，也是职业教育教师的职责所在。

职业教育学生的学习技能不同于普通教育学生的听、说、读、写、算、记等能力，更不是应试教育的背诵能力或者做题能力，而是一种发现问题、思考问题并解决问题的能力。具体到职业学校学生，就是既要学会从实践中发掘技能需求，又要学会从理论中获取技能知识，做到理论积淀与技能习得两不误，理论与实践相结合。在此过程中，最为关键的就是发挥学生的学习积极性、主动性，教师应抓住教育时机，通过深入观察和了解学生，通过掌握学生的特长和兴趣，通过学生对学习成就感的体验，最大限度地激活学生学习的内在动力，一方面提高其学习技能，另一方面为学生获取就业技能做准备，实现学习技能向生活技能、就业技能的迁移。

就业技能是职业教育与普通教育培养目标的鉴别性要素之一，就业技能的高低既是职业学校办学的重要标志，也是教师绩效的核心指标。一般而言，就业技能即社会职场能力，是学生通过专业的理论知识和实践知识高效地解决工作问题、完成工作任务、从事工作实践以及应对复杂人际关系的能力，它既包括当前就业技能的培养，又包括未来潜在技能的发掘，它既需关注本专业的就业岗位需求，又需关注相关专业的拓展岗位需求，涉及人的终身性发展。就我国目前情况看，尽管国家、政府和学校对学生的就业技能给予了高度重视，但无论是培养内容还是培养模式都有待于进一步改善：一方面，就业技能培养内容过窄，仅局限于传统技能或书本所列，远远不能适应实践需求；另一方面，就业技能培养模式过于落后，学生未能全面掌握，上岗后必须重新培训方可适应岗位要求。作为职业教育教师，以生为本，就是要在教育教学或实习实训过程中让学生系统掌握各项技能，并帮助学生领悟技能背后的原理，真正让学生做到循序渐进，举一反三。就像陶行知先生所言，职业学校的课程，应以一事之始终为一课。每课的学习既有学理，又有实习，需要先成事再学事，从简单到复杂，才能完成升课到毕课[①]。

四、关注学生职业素养和职业精神培养

如果身心健康是职业教育以生为本的基本前提，知识和技能是职业教育以生为本的重要体现，那么职业素养和职业精神就是职业教育以生为本的重要保障。具体而言，职业素养是职业教育学生必须坚守的底线，而职业精神则是职业教育学生始终追求的目标。职业素养主要包括职业规范、职业道德等，而职业精神则主要包括职业信仰、职业信念等，两者相辅相成、密切相关，共同构成职业教育学生职业技能的内在动力。

职业素养的形成需要一个长期的过程，小的时候，受到爸爸妈妈职业的影响，形成初步的职业观念，长大入学后，通过教师隐性的熏陶和显性的培养，形成基本的职业观念。教师的一言一行、一举一动以及其他品行等都会对学生产生潜移默化的影响。同时，职业教育教师还会通过专门的教育教学内容和其他管理活动来系统培养学生的职业习惯和规章制度意识，整体提升学生的职业素养，为将来走入社会参加工作提供保障。如果仅具有扎实的专业知识和技能，而缺乏相应的职业素养，虽然也可以完成工作任务，但违反职业规范就会使职业形象受损。

随着科学技术的不断进步和产业的不断升级，企业需要的不仅是一般技能型人才，更需要具备优秀职业素养和职业精神的可持续发展型人才，如果职业素养是低标要求，那么职业精神就是对员工的高标要求，明确职业担当，理解职业文化，认同职业理念，这既是企业发展的立命之本，又是企业核心竞争力的体现。尽管国家和学校对职业学校的专业建设、课程实施、教学模式等方面做了全面改革，但对学生职业素养和职业精神的培养始终不够重视，导致职业教育学生在就业过程中出现反复跳槽、敬业意识淡薄、急功近利、工作挑肥拣瘦等问题，既影响个人成长，又影响企业发展。对于职业学校而言，应加强产教融合、校企合作，积极创新包括职业知识、职业技能以及职业素养全方位的课程模式。对于职业教育教师而言，一方面通过案例教学培养学生对职业精神的思想认识，让学生明确社会对现代企业、未来职业人的基本要求，另一方面鼓励学生实习实训，通过专业实践深入了解企业文化，将书本抽象条框转化为真实有温度的职业精神，并不断反思内化为学生的自主意识和自主行动。

---

① 夏金星，石伟平．职业教育学实用专题［M］．北京：北京师范大学出版社，2013．

第三节 能力为重

能力是实现一种目的或者完成一项任务所具备的个性心理特征，它与具体的实践活动密切相关，因此，它既与先天素质有关，又与知识应用和社会经验有关。那么，如何衡量职业教育教师职业能力的高低呢？除了传统的学生学业成绩是否提升外，还需要考虑职业技能是否掌握，职业精神是否具备。因此，职业教育教师除了要具备基本的通用能力外，还需要具备从事领域的专业能力，以及职业可持续发展的延伸能力。

一、基本能力

基本能力是职业教育教师入职的前提，是不同专业或者学科教师应具备的通用能力，如果不具备基本能力，即使专业知识再丰富、专业技能再高超，也很难胜任教师工作。因此，教师入职除了要考查其学历要求外，还必须要考虑其逻辑思维能力、语言表达能力、沟通协调能力、组织管理能力等，而传统职场上，对教师考查最多的就是学历标准和专业技能方面，这也不同程度上造成了师资质量的参差不齐。

教学口语表达是职业教育教师教学的主要工具，它是将转化的书面语言和优化的口头语言相结合，从而完成教学任务实现教学目的的一种能力，它既体现了书面语言的严谨性、逻辑性特点，又体现了口头语言的流畅性、通俗性特点。如果一个教师不善于口头表达，就既不能准确讲授教学内容，也不能有效管理学生。教师的语言表达不同于普通口语表达，口语表达相对比较随意，但教师语言表达面对的是未成年的学生群体，也许不经意的表达就会对学生产生潜移默化的影响，包括学生的思想观念、学习方法、学习习惯、学习态度等，因此，教师的语言既需要有一定的教育性、科学性、针对性，又需要有一定的可接受性、规范性和启发性。当然，教师的语言表达不仅取决于先天素质，更重要的是后天的培养和训练。准教师、新手教师应多参与语言训练实践，珍惜每一次模拟实操，减小心理压力，锻炼心理状态，坚持不懈，持之以恒，最终实现顺畅、自然表达。

觉察能力是职业教育教师教学的重要工具，它主要指对学生的兴趣、爱好、性格、行为、心理、交往、学习及家庭等方面进行观察、分析以及预判的一种能力。具有一定觉察能力的职教教师往往可以通过学生的言行举止、着装打扮等方面判别学生的思想状态，然后针对性地采取措施，而觉察能力比较差的职教教师却难以从学生的点点滴滴中获取有效信息从而预判问题或调整教学。当然，觉察能力一方面与教师个人的特质有关，另一方面也与教学经验以及社会阅历有关，只有有意识地训练觉察能力，同时提升敬业精神，才能真正做到以生为本，不断改善教育教学效果。

沟通协调能力是职业教育教师教学的关键能力。随着教师专业化程度的不断发展，教师拥有的专业自主权不断扩大，尽管学校组织中存在各种纵向和横向的教师合作组织，但从本质上讲，真正的、有效的沟通合作仍然难以形成，这种现象也被业界形象地称为“马赛克文化”，这种文化一般分为三种：第一种是“个人主义文化”，为了维持自身的自我效能感，教师的教育教学是独立封闭的，教学管理是自我掌握的，群体之间无法形成有效交流；第二种是“派别主义文化”，在学校组织中，每个教师个体按照年级、学科、地域、性格等特征分属于不同的组织类型而归类于不同派别，与个人主义文化不同，派别主义文化中的教师之间彼此不是孤立的，而是可以实现派别内部成员之间的交流沟通；第三种是“强制合作文化”，学生培养的完整性要求教师劳动具有一定的集体性，同时，教师职业的特点又使得教师劳动具有一定的个体化，因此，学校通过各种横向项目或规章制度来加强教师群体之间的合作，集体备课、教研项目、听课评课等都属于这种文化类型。个人主义文化阻碍了教师的专业发展，而派别主义文化又造成了派别之间的非均衡发展，强制合作文化其持久性又很差，那么，随着教师专业化发展要求的不断提高，应逐步促进教师沟通协调能力的有效提升，包括同事之间、师生之间、家校之间、校企之间等，只有有效沟通、合作，才能深入了解学生、实现专业发展并提升教育教学效果。

组织管理能力是职业教育教师教学的基本能力。由于班级授课制的实施，教师教学面对的是学生群体而不是个体，因此，无论是班主任还是任课教师首要的任务不是教育教学，而是组织管理，如果没有很好的组织管理，即使教学技能再高超，也难以成为有效教学，只有有序控制整个课堂，才能调动学生的学习积极性，实现教学目的。而现实中，部分教师认为其职责就是传递教学内容，对于课堂越轨学生或问题学生不管不顾，听之任之，束手无策。如果教师能深入了解学生，知晓背后原因，针对性调整教学方案，或者掌握一定的组织管理措施，既会促进学生的学业成长，又会提升教师的专业发展，达到事半功倍的效果。

二、专业能力

专业能力是职业教育教师职业能力的核心指标，它是社会专业化在教育领域的直接体现，是与相应的学科或专业相对应的，具体到职业教育教师教学实践，专业能力包括课程研究、教材研究、教学实施、学生指导等方面。

在课程研究方面，教师综合考虑相关的现实条件，在一定的价值取向指导下，对课程中的各种要素进行整合，既包括课程目标的确定、课程内容的组织，又包括课程的实施与评价等。首先，课程目标既是课程实施的出发点，又是课程评价的归宿点，课程目标如何确定，学生在学习完成时掌握哪些知识与能力，形成哪些过程与方法，达到什么样的情感态度与价值观，如何均衡学生需求、社会需求与学科需求三者之间的基本关系，都是需要教师在课程实施前重点考虑的问题；其次，课程内容的选择与组织是课程研究的核心内容，教师要根据学生的身心发展特征、社会生活经验以及学科本身的发展等方面选择课程内容，同时，按照连续性、顺序性、整合性等特征将课程要素组织起来；最后，课程实施与评价是课程研究的关键。

课程实施是将课程计划转化为课程现实，而课程评价是对这种转化进行判断的过程。课程实施不是简单地、按部就班地执行课程计划的过程，而是需要根据师生互动情境不断调整、不断适应的过程。而课程评价既需要形成性与终结性评价相结合，又需要质性与量化评价相结合。

在教材研究方面，教师不应一味地照本宣科，而应该根据所教学生的知识基础和身心特征对教材部分内容进行调整和改变。根据学生已有的知识经验和生活经验，结合教师自身的专业知识与阅历，在遵循课程标准和考试大纲的基础上，适当对教材内容做出符合学生身心发展规律的调整，不仅可以减少学生的学习困难，而且可以有效完成课程标准要求。反之，如果不考虑学生认知水准，不考虑当地社会与经济环境，盲目引进或使用不切实际的教材，就会为我们的教学带来极大困难。教师应在课程标准的指导下，认真研究使用教材，清晰地了解学生，再选择切合学生发展实际的教材。

在教学实施方面，教师应有效组织课堂教学，通过自身的专业素养采取灵活的模式，更好地调动学生学习的积极性和主动性。首先，教师要合理确定教学目标，它是教学实施的出发点和归宿点，预设的教学目标应根据教学的实际情况及时调整，从而保证教学目标的有效实施；其次，教师要构建民主平等的师生关系，只有教学氛围宽松，学生才能最大限度地发挥思维能力、分析能力、表达能力，才能真正地提升学生的学习效果；最后，教师要关注教学的生成性，教学实施不同于教学计划，是教师和学生根据教学情境双向互动构建的过程，它不仅需要师生之间相互合作，也需要其他积极的情境因素才能动态生成。

在学生指导方面，教师应根据学生的认知基础、兴趣爱好、身心特征、气质性格、情绪情感等方面的不同进行差异化指导。认知基础不同会影响学生学习能力的高低，兴趣爱好不同会影响学生学习偏好的不同，性格特征不同会影响学生外部认知的不同，情绪情感不同会影响学生学习耐力的不同，性别特征不同会影响学生身心特征的不同。面对不同个性特征的学生，教师应采取不同的指导策略，面对不同发展阶段的学生，教师应设置不同的阶段目标，有目的、有计划、有系统地进行指导。

三、延伸能力

延伸能力是职业教育教师教学的拓展能力，是对专业能力的提升和延展，主要包括教育智慧、预判能力以及教研能力等，这些能力既关乎教师的专业发展，又涉及学生的成长。

教育智慧就是在教育教学、学生管理过程中随着教育情境的不断变化正确而迅速应对的一种问题解决能力，这些情境主要分为两种情况：一种是来自学生的各种挑战，另一种是突发事件的出现。这些挑战包括中断课堂的学生违纪、漫无目的的学生提问、并非善意的学生责难等，这些干扰会造成课堂教学的中断，如果教师能巧妙地运用语言、神态或者动作巧妙化解，不仅不会造成尴尬，相反会取得更佳的教学效果。除此之外，正常的教学秩序会遭遇突发事件，如地震、水灾、火灾、突发疾病，或者人为冲突等，面对突发性的地震、水灾、火灾，教师如何冷静应对，如何最大限度地保护学生？面对学生突发疾病，教师应继续教学还是第一时间救治学生？面对学生冲突，教师应如何公平公正地解决？面对师生矛盾，教师能否沉着冷静，如何用恰当的方式和语言巧妙化解？面对学生成长中的若干学习、生活以及交往问题等，教师如何耐心教导，及时劝导，积极引导？这些方面虽不在专业能力之列，但会直接影响教师的专业发展，甚至影响学生的全面发展。

预判能力就是教师在正式的教育教学之前对周围的环境因素、学生的发展状况、教学内容的适切性以及教学效果的预测等。预判能力比较强的教师，可以根据学生现有的发展实际，采取相应的培养模式，科学判断学生的未来发展目标和方向；通过对学生的家庭、学校或者其他环境因素的调查，采取积极的思想引导有效规避干扰因素对学生的影响；通过对课程与教材内容的分析，采取恰当的教学方式促进学生对教学内容的有效掌握；通过对教学效果的研判，对教学策略作出针对性的、系统性的调整。如果教师没有一定的预判能力，要么会忽略学生个体差异而采取整齐划一的教学模式，要么会忽略学生实际而缺乏对教材内容的科学安排，要么会缺乏对环境因素的调查而使教学遭遇阻力，要么会过分依赖教学经验而对教学缺乏充分的预案准备。

教研能力是指教师对于教育教学以及教学管理中出现问题的分析判断、研究解决能力，既包括对自身、家长、班级、学生等主体的研究，又包括对专业、课程、教材、教法等客体的研究。教育是个复杂的系统，教师职业会与学生、班级、家长、学校等多个主体产生联系，教师要想真正促进学生的发展，既需要严格要求自己，努力提升自我，又要加强与家长沟通，深入了解学生的思想与生活状态，既要关注班级群体整体的认知水平和潜在能力，根据两者的差距寻找最近发展区、选择契合的教学内容，又要关注学生个体的发展差异和优势不足，抓住学生的闪光点，因势利导，长善救失。除了对相关主体的研究外，教师还应加强对课程、教材、教法等内容和教法的研究，对学科专业的研究，就是对相关领域理论前沿以及实践应用等方面的关注，否则学生培养就会落后于社会发展；对课程教材的研究，就是课程资源的开发和课程实施方式的选择，课程不等同于教材，教材仅是课程资源的其中一种，除此之外，还包括电子资源、信息资源、社会资源、自然资源等，课程实施方式也不应仅仅局限于传统的讲授，可以是参观，可以是实践，可以是作业，可以是合作等；对教学方法的研究，就是根据教学内容以及学生发展实际，选择切实、可行的方法。

第四节 终身学习

庄子曾言，“吾生也有涯，而知也无涯”。20 世纪 60 年代出现的终身教育思潮，即顾名思义活到老、学到老。随着经济的飞速发展和知识的不断更新，新问题、新情况不断涌现，为了更好地适应外部世界的变化，就需要将传统的阶段性学习变为现代的终身性学习，将求知性学习变为求生性学习，努力将终身学习深入人心。

教师作为立德树人的职业，如果不及时充电学习，就会落后于时代，落后于学生，就会有负于教师盛名。陶行知先生曾言：“要想学生好学，必须先生好学，唯有学而不厌的先生，才能教出学而不厌的学生[①]。”总体而言，终身学习既包括专业态度方面，又包括专业知识、专业技能方面。

---

① 方明．陶行知全集［M］. 成都：四川教育出版社，2005.

一、终身学习的动力之源——积极向上的专业态度

随着工作时间的不断推移，许多职业包括医生、教师等会由于工作任务增加、工作待遇偏低、工作难度增加等原因产生不同程度的职业倦怠感，一旦失去兴致就会逐渐产生一种疲惫、厌倦、应付的工作心理。职业倦怠作为一种负面的专业态度，与工作环境包括物质资源的改善密切相关，物质条件的改善有助于一定程度上缓解职业倦怠，但这只是必要条件而不是充分条件，因为即使峥嵘岁月也有甘于奉献者，而富裕时代也有甘于堕落者。因此，与物质环境相比，职业教育教师专业发展更持久的精神动力是终身学习，只有终身学习，更新观念，关注专业学科，才能常教常新，才能发挥创造力和想象力，才能形成积极向上的专业态度。

教师的职业生涯是不断分化的过程，有些教师会因为这样或那样的原因退出，有些教师会因主客观条件的限制磨掉兴致，而有些教师却会因专业精神而坚定信念，不断更新理念，不断完善知识结构，不断弥补自身缺陷，坚持终身学习。终身学习不是通过手机、电视、报刊等碎片化学习，而是有计划地、系统地学习，可以是线下培训，也可以是线上学习，无论采取哪一种形式，都应在学习计划指导下围绕教师关注的热点、焦点问题进行阶梯式学习，既可以是专业领域，又可以是拓展领域。教师在学习过程中，一方面为了拓展专业发展视野，另一方面为了改善专业发展路径，实现内容和方法的同步完善，真正做到与时俱进。

终身学习不仅可以让教师获得专业发展底气，而且可以获得专业发展动力。教师作为脑力劳动者，精神生活是其职业生涯的重要组成部分。尽管物质待遇的改善能提升教师的职业幸福感，但精神追求、精神食粮才是教师专业发展的内在动力。教师之所以终身学习，不是为了获得证书学历提升，而是能够在学习中获得一定的专业提升和思想洗礼，找到专业发展问题的解决方法和目标方向，不但可以弥补专业发展缺陷，提升现有专业发展水准，而且可以激活专业发展潜能，增强专业发展信念。有了这种动力和基础，教师的专业发展就不会受到外部经济和社会地位的影响，就不易产生职业倦怠心理。

终身学习不仅能获得专业发展动力，而且能重塑职业态度和职业理念。教师在正式入职前，在师范教育阶段学习形成的职业理念和职业态度，由于没有教育实践也未能接触学生，一定程度上具有理想化的倾向性特征。教师在正式入职一两年后，逐渐认识到学生比想象中的还要难教，教学也比想象中的复杂，家长也比想象中的难以相处，理论与实践之间总是存在一定的差距，因

此，部分教师会选择退出。在入职三五年后，又会进一步出现分化：部分教师不断学习、不断反思，不断调整教育教学思想和方法，形成自我的教学风格，而部分教师不思进取，因循守旧，依旧沿用传统的教育模式，在没有外部压力和内部动力的状态下延续到退休。相比较而言，前者坚持不断学习，形成积极的专业态度和先进的教育理念；后者疏于学习反思，形成消极的专业态度和落后的教育理念，甚至将这种学习状态、职业倦怠传染到学生群体。

二、终身学习的知识建构——富有个性的知识体系

教师进行终身学习，或者是为了解决教学困惑，或者是为了提升职业素养，这些都与教师的知识体系有关系，而这些知识体系不仅取决于职前教育与培训，更重要的取决于职后实践与学习，如果仅仅停留在职前阶段的学科知识结构，不继续学习反思，教师的知识体系就会接近于学生或者落后于学生，同时，教师的知识结构也会停留于通用知识而缺乏专业优势或者学科特长。因此，教师的终身学习不仅是为了及时补充知识解决燃眉之急，而且更重要的是形成富有个性的知识体系。

富有个性的知识体系形成首先需要教师自主建构。与职前阶段的学习不同，终身学习更多出于自觉自愿。教师在入职后会出现很多书本中没有遇到的问题，为了解决这些问题，教师选择的学习内容与教学实际困难密切相关，有目的性的学习比职前输入性学习更有实效性和针对性。因此，职前阶段学习更多是被动的，而职后的终身学习则是主动的、带有问题的学习。例如，教师在职前阶段学习的是通用性知识、普适性知识，没有涉及具体的教学对象和教学情境，但入职后，教师面对不同的教学情境和不同的教学对象，需要差别性的教育知识体系。东部地区和西部地区，农村地区和城市地区，发达地区和落后地区，其教学设施、教学对象等方面都有极大差异，教师的知识体系也会有明显差异。如果教师忽略教学的情境性，忽略对教学对象的关注，忽略自身知识结构的短板，就很难提升教学的针对性。

富有个性的知识体系形成其次需要教师扬长避短。教师的教育教学不仅需要扎实的知识功底，而且需要较强的综合素养，而综合素养并不是一朝一夕所能形成的，它与教师的道德修养、品性修炼、技能训练、逻辑思维等方面密切相关。与职前教育相比，终身学习以自觉自愿为基础，而教师的自主课程选择除了与教学实践相关联之外，还与教师个体的兴趣爱好、发展特长密切相关，这种个性化的知识架构实际上也是个人修养的前提基础。与其他社会职业一样，教师在完成工作任务的同时，也需要个人修身养性。不难想象，一个脾气

暴躁、缺乏底蕴的教师，怎么能真正做到立德树人？怎么能真正对学生产生长远影响？教师职业是一种良心职业，除了向学生传递知识与技能外，更需要人格魅力、精益求精、认真负责，只有这样，才能提高自身的吸引力和号召力。

三、终身学习的能力建构——动态立体的能力框架

终身学习，不仅包括积极向上专业态度的塑造和个性差异专业知识的完善，更需要动态立体的综合能力的架构。在教师的教育教学实践中，教育情境远比我们想象的复杂得多，而某一单项能力不足以解决教学情境中的各种问题和困惑，即使是简单的、常规性问题，也同样需要教师多项能力的综合运用。更何况教师面对的是活生生的学生，教学情境瞬息万变，随时突发，这就更需要教师形成以综合能力为基础的教育智慧，而这种综合能力的形成是动态的。如果能力不经常训练，则容易下降；如果能力不经常提升，则容易退化。

首先，终身学习能完善教师认知能力发挥的匹配条件。教师在教育教学过程中，除了要关注能力本身外，还要注意能力发挥的匹配条件，尤其是把握能力发挥的分寸与时机。教师即使语言表达能力再强，也不要在公众场合对学生点名批评，尤其是性格比较内向、敏感的学生，这样不仅不会制止学生的越轨或错误行为，而且会对学生造成心理伤害甚至使学生产生敌对情绪；即使教师专业知识再丰富，教学技能再精湛，也不能在课堂秩序混乱的情况下发挥作用，课堂管理是第一位的，而管理并不是一味地严厉、打压、约束，反之，吸引学生注意力的重要方法就是贴近学生生活，关注学生兴趣，外在管控可能只对小学生能奏效，而对高年级学生可能会适得其反。人的性格类型多种多样，有的人沉稳大气，有的人暴躁易怒，有的人反应灵敏，有的人反应稍迟钝，性格没有好坏，不能对哪种性格有所褒贬，教师应结合自身的性格特点，自主选择终身学习内容，针对不同的教育情景和教育对象，选择契合实际的、针对性强的教育教学模式。

其次，终身学习能让教师完善能力的构成元素。每当教师在教育教学实践中遇到棘手的问题，有的人可以迎刃而解，有的人却总是觉得非常困惑，无能为力，或者总想寻求外界的援助，原因就在于有的人坚持不断学习，不断储备，最后融会贯通，而有的人却“头痛医头，脚痛医脚”，缺乏储备。目的性是教育与其他社会实践活动的重要区别之一，教师每节课的精心安排、每个问题的有效处理都是其学习储备、实践反思的结果。“台上一分钟，台下十年功”，从长远看，教师入职后首先要做好科学合理的职业规划，确定职业目标，围绕规划目标不断积累直接经验和间接经验，不断学习反思，提升自我；从近

处看，教师在每门课程开始之前，每节课时之前要达到什么教学目标，学生会遇到哪些问题，如何突破教学重点难点，教师都需胸有成竹，因此，面对各种复杂多变的教学环境，教师需要储备各种经验，各种能力，随时提取，随时应用。

最后，终身学习能让教师更新能力的时代链条。教师的职业成长尤其是能力发展不仅要考虑其自身的兴趣、专长，而且更重要的是要多从学生与家长的实际需求出发考虑。如何面对独生子女，如何教育单亲家庭子女，如何应对互联网等电子媒体对教育教学的影响，如何让学生学会关心他人、相互合作、独立思考，如何与高知家长相处，如何应对不同家长的教育期盼等，都是教师当前的能力需求，也是职前教育中缺失的部分。因此，作为时代性非常强的教师职业，其学习内容随着时间的推移更新速度非常快，教师只有不断学习才能满足时代要求，而教师的终身学习，除了要结合自身的兴趣爱好、专业特长外，更重要的是工作实践中学生与家长的实际需求。总之，职业初期教师由于教学经验的欠缺需要学习，成熟期教师由于知识技能的落后需要学习，无论对于哪个阶段的教师专业发展，不断学习反思都是非常必要的。

第三章 职业教育教师专业发展目标

职业教育改革与发展的实践充分证明，作为一种教育类型，职业教育与普通教育的本质区别在于，就业导向的职业教育已跨越了传统学校的界限。如果说，传统的企业培训是定位于企业的一种思考，传统的学校培养是定位于学校的一种思考，那么职业教育必须从割裂的思考升华到跨界的思考。这就意味着，职业教育不能只遵从教育规律、认知规律，还要遵循职业发展与成长的规律，显然，这是职业教育最本质的特征，正如职业教育学者姜大源教授所言：职业教育是一种“跨界性”的教育。

正是这种“跨界性”的特征导致了职业教育校企合作的办学模式，必须由供给驱动向需求驱动转变，必须根据产业升级、职业变化等作出培养目标的调整以及专业设置的应对，因此，在职业教育办学模式的改革中，必须使教师具备学校与企业紧密“合作”的意识，如果没有教师的跨界参与，没有教师的跨界投入，职业教育的改革与发展不可能达到预期目标。因此，“双师型”教师是职业教育“跨界性”的必然选择，也成为职业教育教师专业发展的目标追求。

第一节 “双师型”：职业教育教师发展目标的历史必然

“双师型”教师堪称是除黄炎培先生提出的“大职业教育”之外最具有中国特色的职业教育理论创造[①]。它是在我国职业教育改革与发展过程中逐步形成的，源自20世纪80年代初中等教育阶段的职业高中出现时技能型教师短缺的环境中，成型于20世纪80年代末90年代初高等教育阶段的高职高专实习，受推于20世纪90年代中期后国家出台的多项职业教育政策，可见，“双师型”教师与职业教育的发展相伴相随。可以说，专家型“双师型”教师就是职业教育教师专业发展的最终目标。随着职业教育重视程度的不断提高，相关研究和探讨也越来越多，那么，为什么说“双师型”教师是职业教育教师专业发展的目标？其发展历程对我们有什么启示？究竟如何准确界定“双师型”教师？围

① 刘猛．“双师型”教师：一个中国特色概念的语用分析［J］. 教师教育研究，2012（6）：26-30.

绕这些问题，本章将从历史必然、产生发展、概念界定等方面多维度、多视角进行探讨。

《中等职业学校教师专业标准（试行）》（2013）中指出："中等职业学校教师是履行中等职业学校教育教学工作职责的专业人员，要经过系统的培养与培训，具有良好的职业道德，掌握系统的专业知识和专业技能，专业课教师和实习指导教师要具有企事业单位工作经历或实践经验并达到一定的职业技能水平。"成为"双师型"教师已经成为职业教育教师专业发展非常重要的职业目标，本节将从社会需求、国家政策、教师发展、学生培养四个方面阐述其历史必然性。

一、社会需求的不断增加

以美国经济学家罗默（Romer）、卢卡斯（Lucas）为代表的新增长理论提出，现代经济增长的核心是技术进步，它是经济增长的内生变量，而其原因就是教育培训能够促使人力资本的增加与改善。这一观点几乎直白地告诉我们教育尤其是职业教育在促进技术进步、经济发展中的重要地位，现代职业教育发展必须始终以提升教育质量、促进学生就业、服务经济发展为根本宗旨。随着一系列经济政策的出台尤其是中国制造2025与"一带一路"两大国家战略的形成，我国产业结构转型不断加快、技术创新与应用不断升级，职业教育的发展面临诸多挑战，尤其是"双师型"教师的需求不断增加，无论是数量还是质量，无论是理论素养与技能素质，都有待于进一步提升。

自1998年教育部出台《面向二十一世纪深化职业教育教学改革的原则意见》将"双师型"教师明确为我国职业教育师资建设的目标以来，截至2018年，我国中等职业教育专任教师人数占全国职业学校专任教师总数的62.6%；而中等职业学校"双师型"教师人数占全国"双师型"教师总量的58%，中等职业教育"双师型"教师与专任教师比例约为1∶3[①]。2019年8月，教育部等四部门出台《深化新时代职业教育"双师型"教师队伍建设改革实施方案》的通知，进一步提出建设目标：到2022年实现所有职业学校"双师型"教师占专业课教师中50%以上的比例，校企合作、产教融合的"双师型"教师培养培训基地和国家级企业实践基地各达到100家，择优派遣骨干教师和专业带头人出国学习访问，与此同时，国家级职业教育教师教学创新团队数量达到

① 中共中央 国务院．关于新时代推进西部大开发形成新格局的指导意见［M］．北京：人民出版社，2020.

360个，教师应依据国家职业标准和教学标准开展教学、培训，同时实现评价能力的全面提升，全面实施教师分工合作的模块化教学，有序推进“1＋X”证书制度试点工作，辐射带动各地各校“双师型”教师队伍建设，为全面提高复合型技术技能人才培养质量提供强有力的师资支撑。可以看出，国家政策对于“双师型”教师的频繁关注正是“双师型”教师在社会需求中的影响不断增大、质量逐步提升的直接体现。

二、国家政策的价值引领

“双师型”教师首次在我国政策中明确提出是20世纪90年代，到如今已有20多年的发展历史。1995年国家教委《关于建设示范性职业大学工作的通知》在申请条件中指出：“专业课教师和实习指导教师具有一定的专业实践能力，其中1/3以上达到‘双师型’教师。”同时，在谈及师资建设目标时，还提到无论是专业课教师还是实习指导教师都要达到“双师型”要求，“双师型”教师要求逐渐辐射到所有的中职阶段与高职阶段。紧接着，教育部1998年在《面向二十一世纪深化职业教育教学改革的原则意见》中进一步明确了“双师型”教师的概念。进入21世纪，《国家中长期教育改革和发展规划纲要（2010—2020年）》再次提出要加强“双师型”教师队伍建设。同年，教育部《中等职业教育改革创新行动计划（2010—2012年）》确定了“双师型”师资队伍建设的具体行动计划。2014年6月，教育部等六部门印发《现代职业教育体系建设规划（2014—2020年）》，进一步完善“双师型”教师认定标准，在此之后，校企合作、产教融合相关政策的不断推进也使得职业学校“双师型”教师的专业发展问题进一步提上日程，进一步成为职业教育领域的热点话题。

可以看出，国家要求不断完善教师资格准入制度，加强师资培养培训，加强“双师型”师资队伍建设，提升专业素养，目前，“双师型”教师不仅是职业教育教师专业发展的目标，而且已经成为衡量职业学校发展水平的重要指标。

三、教师成长的内在诉求

1972年美国学者卡茨结合自身的学前教育工作经验，运用问卷和访谈法提出了教师发展阶段理论，将教师专业发展分为生存、巩固、更新、成熟四个阶段，无论是哪种教师专业发展理论，我们普遍认为“双师型”教师专业发展是一个渐进性、连续性的由不成熟向成熟转变的发展过程，与其他职业相比较，其职业性、技能性特征更加明显。在职业教育教学实践中，“双师型”教师既要承担理论讲授工作，又要承担实践指导工作，现代职业教育的改革与发展使得教师不但要拓展学生的专业基础，还要考虑经济转型对技能型人才的需求。但反观我国职业教育师资的发展现状，“双师型”教师无论从数量上还是质量上都还远远不能满足职业教育和学生培养的需求，其专业发展水平还有待于进一步提升，其主要症结就在于：师资来源虽然广泛，但都难以达标。职业学校教师要么来自师范院校或综合大学，要么是少数工厂企业技术人员任教，要么是本校毕业生留校，要么是理论课教师经过短暂培训转岗任教，总体而言，无论哪一种方式，都难以适应职业教育“双师型”教师的要求，即使是资深的教师也存在专业知识老化、专业技能陈旧、实践经验欠缺、教学改革落后等问题，这也成为“双师型”教师专业发展的最大难点。

因此，作为职业教育教师，要认清现代职业教育改革与发展形势，不断完善专业知识体系，不断加强专业技能训练，只有这样，才能更好地提升教育教学质量。那么，依据教师发展阶段，“双师型”教师专业发展怎样才算达标呢？这就涉及“双师型”教师专业标准的问题。目前，以德法等为代表的职业教育发达国家不断完善教师资格认定制度，逐步将其作为教师管理的重要环节，包括教师的职业准入、教师专业知识和教育教学能力等都是其考察的重点。为促进“双师型”教师专业化的发展，同样也需要建立健全“双师型”教师资格认定标准，这不但能够加强职业教育师资队伍建设，而且能够保证职业教育培养质量朝着高水平、创新型方向发展。

四、学生培养的职责担当

2019 年 4 月国务院在《国家职业教育改革实施方案》中提出，在整个国民教育体系中，职业教育和普通教育虽属两种不同的教育类型，但具有同等重要地位，尤其是随着我国生产力水平的不断提高，产业结构不断调整，经济转型不断加快，社会各界对技能型、劳动型人才需求越来越大，职业教育在经济发展中的作用越来越明显。

现代职业教育既要适应于经济一体化局势，又要充分考虑学生就业需求，既要适应于科技发展，又要充分考虑市场需求，这些都对职业教育教学理念及实践提出了明确的指导方向。职业教育不同于普通教育，其学校办学、学生培养应密切关注职场需求，在 21 世纪全面进入信息社会时代，科学技术、市场资本的双重驱动下，快速转型经济结构和产业结构使得人力资本市场对职业教育学校办学、学生培养提出了更高、更明确的要求，因此，要使职业教育学生就业时能广泛满足和适应现代职业岗位要求，职业教育必须改变现有的人才培养模式，进一步提升人才培养质量。这既是现代职业教育体系构建的使命与职责所在，又是学生高质量培养、学生充分就业的实际需求。职业学校的“双师型”教师是教育教学质量提升的关键，同时也是学生培养的中坚力量，他们一方面需要具备宽广、扎实的专业基础知识，另一方面需要有熟练的专业实践技能与技巧，只有这样，才能更好地提升教学质量，保证学生培养成为未来需要的技术技能型人才。综上所述，“双师型”教师对职业教育学生培养和学校办学至关重要，因此，对职业教育教师专业发展目标的研究最具实际价值。

第二节 “双师型”职业教育教师的发展历程

马克思曾言，社会发展是一个螺旋上升的过程，虽然会有波折但发展是肯定的。在教师专业发展过程中，教师职业从最初的经验型、知识型再到今天的专业化程度越来越高，这既体现了社会发展的一般性规律，又体现了教师专业发展的根本趋势，“双师型”作为职业教育教师专业发展的目标，其发展历史是与职业教育发展相生相伴的，无论是界定其内涵，还是厘清其内容，都需要首先考察其产生发展、标准化方向以及未来发展趋势。

一、“双师型”教师发展的实然演变

在考察其发展历程之前，首先我们应该认识到“双师型”教师并不是因其概念提出而后存在的。正如教学实践、教学理论早在德国教育家拉特克首次提出“教学论”概念之前已存在，比如我国乃至世界范围内第一本教育专著《学记》中就有非常丰富的教学理论内容。实际上，人类早期的教育实践中就存在着事实性的“双师型”教师。

1. 以劳动技术教育为主的“双师型”教师

早在春秋战国时期的诸子百家中，与儒家学派代表人物孔子、孟子不同的墨家学派代表人物墨子长期关注生产技术劳动，被称为我国职业教育的“第一人”，他将理论知识与生产实践相结合，取得许多成就。他认为“官无常贵而民无终贱，有能则举之，无能则下之”，这不仅是对孔子“有教无类”的充分肯定，同时也是对其“上智下愚不移”的有力驳斥，他认为底层的生产劳动者也同样可以接受教育，同样能成为可用之才，只不过教育方式应因个体差异而

有所区别。据记载，墨子日常生活中动手能力极强，不仅可以制造生产劳动工具，而且可以制造守城器械，不仅自身重视生产技术，而且将这些技能技巧传授给学生，让他们掌握一些基本的生产技能和工艺技巧，因为他认为底层民众只有掌握这些技能技巧，才能赖以生产提高生存质量，而且墨子所教内容种类繁多，包括力学、几何、光学等各种自然科学知识，除了关注这些间接经验外，还重视“耳目之实”的直接经验，真正做到理论与实践相结合、抽象与实操相结合。墨子堪称我国最早的“双师型”教师。

除了墨子外，清代的颜元也是一位职业教育大家。他知识渊博，在从事教育教学研究的同时，还经常参与生产生活劳动，诸如颜元这样终身不脱离生产劳动的教育家并不多见。他主张培养经世济用、实德实才之士，既能“上下精粗，皆尽力求全”，又能“终身止精一艺”①。他在教育教学实践中，一方面重视农业生产知识，除了传统的“六艺”外，还要求学生必须学习水利、农业以及产粮等农学知识，并撰写《农政要务》作为农业生产技术知识的教材；另一方面非常重视劳动育人，劳动不仅可以促进经济的发展和社会的强盛，还能起到育人的作用，不仅可以“正心”“修身”，起到德育的作用，还可以强健体魄，起到体育的作用。

与之相比较，文艺复兴时期的裴斯泰洛齐更是一名名副其实的“双师型”教师，他认为人的能力主要体现在脑、心、手三个方面：“脑”主要负责精神层面，是人判断事物、认识世界的官能基础；“心”主要指感情层面，是伴随知识和观念的道德情感；“手”主要涉及能力层面，如劳动能力、手工能力以及其他职业能力等。这三方面的能力相辅相成，将理论与实践相结合。他认为“功课和劳作合一，提倡职业训练，是提高人的工作能力，增加实际生产量的最好途径②”，因此，他一方面重视引导学生经常参加田间劳作、纺织手工，另一方面重视对学生进行各种职业训练。

可以看出，以上几位教育大家属于“双师型”教师的先驱，一方面他们向学生系统传授理论知识，另一方面也身体力行引导学生动手实践相关生产劳动技能。这些知行合一的宝贵经验为现代“双师型”教师的形成提供了典型范例。

2. 以生产技术为主的“双师型”教师

木艺是中国古代建筑中支撑性的行业之一，也是我国传统文化的瑰宝之

① 王炳照．中国教育思想通史（第四卷）[M]．长沙：湖南教育出版社，1994.

② 贺应跟，霞金星．职业教育“双师型”教师内涵研究综述 [J]．职业技术教育，2005（13）：55-57.

一。众所周知，鲁班被称为木匠的鼻祖，他生长于工匠世家，从小耳濡目染，参与了不少土木工程建设并积累了非常丰富的实践经验，据说曲尺、刨子、锯子等都是鲁班的重要发明。因此，百姓把每年的农历六月十三日称为“鲁班诞”，以木工、打石、泥水为代表的三行都非常重视这个节日，以此纪念鲁班精益求精、不断进步的职业精神。相传这一天还会举行“师傅饭”的节日活动，就是在这一天，要用铁锅煮大米饭，同时还要加上豆类、粉丝等配料食用，只要吃了这种饭的徒弟，定能像鲁班师傅那样刻苦钻研、勤劳创新。

古今中外，诸如鲁班这样的工匠型人才层出不穷，他们靠着世袭家传以及师傅带徒弟的方式创造了很多栩栩如生、巧夺天工的作品。他们不仅是杰出的劳动者，更是技艺超群的“双师型”师傅，一方面自己从事生产劳动，另一方面将自己的生产技艺传承下来，实际上就相当于今天的“双师型”教师。

3. 技术、教育相融合的“双师型”教师

随着科学技术的不断发展，单靠生产经验积累的方式已经不能满足生产的快速发展要求，这就给现代职业教育的发展带来了更大的挑战，尤其是对技术与教育相融合的“双师型”教师的需求不断增大。一方面，随着科学技术的不断发展，生产实践的科技含量不断加大，精细化、专业化程度不断提高，以往单纯工匠型或者理论型教师已经不能满足职业教育教学的需求；另一方面，随着市场经济的发展，企业竞争的压力越来越大，对产品质量、特色、个性化的要求越来越高，企业需要通过不断教育、不断培训从而让员工掌握新技术新技能，一定程度上倒逼了职业教育教学与市场的联系。可以看出，无论是科技的进步还是企业的发展，都促使职业教育必须做到生产技术与理论教学、知识传授与技能培训相结合，这就为现代融合性“双师型”教师的诞生提出了重大命题。

二、“双师型”教师发展的理性回归

伴随着我国职业教育的发展，“双师型”教师这一概念的提出从民间实践探索，到学术研究关注，再到国家政策引领，一方面可以看出人们对于“双师型”教师的认识逐步理性和丰富，另一方面也可以反映出国家对“双师型”教师发展逐步重视和强调。

1. 民间实践探索

“双师型”教师民间概念的出现主要是源于我国职业教育当时的发展困境，

是对职业学校办学实践、师资培养的一种概括与总结。改革开放之后我国百废待兴，从20世纪80年代至90年代初期，我国职业学校数量陡增：一方面，将部分普通高中尝试改制为职业高中，中等职业学校迅速发展；另一方面，通过对当时的职业大学、部分高等专科学校或成人高校调整、改制或者将部分重点中专学校升格来发展、补充高等职业教育，最终形成“三改一补”的高等职业教育格局。随着职业学校的高速发展，基础理论知识扎实、丰富而专业实践技能落后、薄弱，特别是从普通高中转岗到职业学校的教师成为影响职业学校发展的关键问题。迫于形势的发展和职业教育的需求，这些职业学校一方面尝试聘请行业企业专业技术人员担任专职或兼职教师，另一方面着力发展在岗教师的专业技能。1990年《中国教育报》第三版介绍了上海冶金专科学校仪电系主任王义澄老师的教师培养实践探索文章——建设“双师型”专科教师队伍，这是我国可查的最早“双师型”教师概念①，在此之后，“双师型”教师问题的相关讨论形成热潮，并在20世纪90年代后开始纳入国家政策的议事日程。

可以看出，任何概念的提出都是实践探索的结果，这也再一次证明了理论来源于实践而又高于实践的真理，随着我国职业教育教学实践的不断发展，这一概念必将被广泛关注、热烈讨论，并被赋予新的内涵和使命，而这种非官方的、民间状态的、初始的、朴素的研究必将为下一步科学化的、理论化的研究奠定基础。

2. 学术研究进展

(1)“双师型”教师研究综述。学术研究基本包含是什么、为什么、怎么样三类问题，即事实研究、价值研究、行为（操作）研究，据此逻辑，梳理我国“双师型”教师的主要研究进展和成果。

①“双师型”教师的事实研究。“双师型”教师的初期研究基本集中在历史发展、内涵界定、特点分析、素质结构四个方面，下面进行部分剖析：

“双师型”教师内涵界定的相关研究。“双师型”教师内涵界定可以说是仁者见仁，智者见智，代表性的说法有“双职称说”“双能力说”“双素质说”“双证书说”“双层次说”“双元说”。从研究内容看，这些多样化的概念说法本身就证明人们对“双师型”教师的众说纷纭，看法不一，可以说从不同侧面反映“双师型”教师的实践需求和时代要求。从研究对象看，鉴于初

① 贺应跟，霞金星．职业教育“双师型”教师内涵研究综述［J］．职业技术教育，2005（13）：55-57．

期探讨阶段，多数研究是基于微观层面的教师个体研究，而较少涉及宏观层面的教师群体研究，这些界定既为后期研究提供了基础，也为后期完善留下了空间。

“双师型”教师特点分析的相关研究。谷群广等（2001）认为，“双师型”教师是职业技术教育特有的教育类型，是职业教育的重要标志之一，除了具备一般教师应具备的专业理念与道德、专业知识、专业能力等方面外，还需要具备综合职业能力、熟悉和探索职业技术规律、组织管理学生能力、科研能力等方面①。崔发周（2011）认为“双师型”教师具备一些基本特征：一种具备特定职业领域的复合型人才、创新型人才，培养途径具有双重性，评价标准具有动态性、层次性和现实性②。

“双师型”教师素质结构的相关研究。刘子真（2008）认为“双师型”教师既需要从事理论教学，又需要指导学生技能，其素质结构应该包括一般素质和特质性素质两部分，其中的特质性素质主要包括实践经验、专业技能、理论与实践结合及其教育转换能力、职业指导和创业教育能力等③。崔恒义（2008）认为“双师型”教师应具备思想政治素质、职业道德素质、知识素质、能力素质和身心素质等方面④。可以看出，研究相对笼统，内容不够深入，如：“双师型”教师的特质性素质究竟包括哪些？每方面的具体内容是什么？如何培养这些特质性素质？这些问题还需要进行进一步深入研究和探讨。

②“双师型”教师的价值研究。基于前面的事实研究，2010 年后“双师型”教师的实践性倾向更加明显，研究内容更加深入，主要集中于价值文化、专业标准、评价体系等方面。

“双师型”教师价值文化的相关研究。刘灵芝（2014）从信念、态度和行为三方面对“双师型”教师的价值文化进行建构研究，重点突出行为文化研究的特色⑤。刘子真（2009）提出“双师型”队伍形成的过程就是教师文化重塑的过程，教师的专业发展与教师群体文化密切相关，需要构建一个政府部门、

① 谷群广，宋新书．论“双师型”教师的意义、内涵和特征 [J]．邢台职业技术学院学报，2001（4）：16-17.

② 崔发周．“双师型”教师的基本特征与认定标准 [J]．南方职业教育学刊，2011（2）：86-90.

③ 刘子真．“双师型”教师的内涵维度与素质结构探析 [J]．当代教育论坛（校长教育研究），2008（8）：101-102.

④ 崔恒义．“双师型”教师的素质结构浅析 [J]．科技信息，2008（9）：162.

⑤ 刘灵芝．三螺旋视阈下双师型教师的价值文化重构 [J]．现代管理，2014（8）：49-51.

职业学校、教师群体共同构成的系统网络[①]。

“双师型”教师专业标准的相关研究。唐林伟等（2005）在“双师型”教师标准代表性的行政标准、院校标准、学者标准研究的基础上对其进行了重构，具体划分为经师能力、技师能力、人师能力、事师能力四个标准[②]。孙翠香（2012）在分析“双师型”教师专业标准制定背景的基础上，建构了“双师型”教师专业标准的内容体系：专业伦理与专业信念、专业知识、专业能力及专业实践四个方面[③]。以上专家学者丰富的研究和探讨正是2013年教育部出台《中等职业学校教师专业标准（试行）》的重要基础。

“双师型”教师评价体系的相关研究。李娟等（2013）认为“双师型”教师的评价指标体系应从理论水平和实践能力两方面来确定一级指标[④]。黄义兵（2020）采用实证研究方法提出“双师型”教师评价的四个维度：实践教学能力、职教理念、理论知识水平和政策理解[⑤]。

通过以上文献综述可以看出，“双师型”教师的价值研究相对比较薄弱，尤其是跨界研究相对较少，“双师型”教师无论是个体成长还是群体发展都与组织文化密切相关，已有研究更多是基于学校文化展开探讨，由于研究团队比较单一而导致对植根于企业文化的专业技能领域探讨相对较少。

③“双师型”教师的行为研究。这一部分的研究主要集中在发展阶段、培养模式、教师管理等方面。

“双师型”教师发展阶段的相关研究。郑国富（2012）通过对发达国家职业教育教师专业发展先进经验总结比较，将“双师型”教师分为素养发展、资格发展、熟练发展、“专家型”教师四个阶段，并在此基础上提出了政府制定企业法律规范、完善职教教师评聘制度、推进企业社会团体参与、发挥职业学校作用四个方面策略[⑥]。

“双师型”教师培养模式的相关研究。国内专家学者一方面吸收借鉴国外

① 刘子真．论“双师”文化的培育［J］．现代教育管理，2009（8）：70-72.

② 唐林伟，董桂玲，周明星．“双师型”教师专业标准的解构与建构［J］．职业技术教育，2005（10）：45-47.

③ 孙翠香．“双师型”教师专业标准构建：背景、理念及内容架构［J］．国家教育行政学院学报，2012（8）：70-72.

④ 李娟，肖志雄．“双师型”教师评价指标体系的构建及评价方法研究［J］．职业技术教育，2013（5）：75-77.

⑤ 黄义兵．“双高”计划背景下职业院校“双师型”教师评价研究［J］．安徽职业技术学院学报，2020（3）：75-78.

⑥ 郑国富．“双师型”教师的专业发展阶段与成长策略［J］．中国人力资源开发，2012（4）：40-42.

职业教育教师培养的先进经验，另一方面结合我国职业教育师资建设现状，提出多种代表性“双师型”教师培养模式。王灿利（2013）重点从建立职校教师培训基地、教师以赛促建、以优带新、校企“双向”挂职五个方面对“双师型”教师培养模式进行探索。何育霖（2015）提出了定向性培养模式、校企合作模式以及校本培养模式三种。韩秋黎（2008）认为“双师型”教师培养不同于一般教师培养，需从内涵界定、培养模式、激励机制、发展环境等方面综合考虑“双师型”教师培养的理论基础、资源基础、政策基础以及运行基础。综上所述，“双师型”教师培养模式大抵可以分为三种：以“院校培养”为基本模式、以“校企合作”为有效模式、以“校本培训”为重要模式。

“双师型”教师管理的相关研究。首先，部分学者就“双师型”教师的招聘、评价、考核、分配等方面进行了相关理论或实践性研究，如实行“双师型”教师资格认定制度、聘任制度、单独考评制度、双职称制度等；其次，部分学者对兼职教师的聘任、认证、管理等提出了策略与方法，如黄斌（2007）等提出应首先对兼职教师的供求状况进行调查、分析和预测，并提高其工资待遇，聘请企事业单位一线专家担任兼职教师等建议。这些理论或实践的相关研究成果从“双师型”教师的资格准入、考核聘用、评价激励等方面对其管理作了多方面的探索性研究，也为后期的“双师型”政策出台奠定了学术基础。

(2)“双师型”教师的研究述评。

①研究内容。研究内容主要分为理论层面和实践层面两部分，具体内容分析如下：第一，“双师型”教师的事实研究不同于普通教育研究，虽引起学术界普遍关注，但学者角度各不相同，意见尚未统一，随着职业教育实践改革的不断推进有待于进一步深化；第二，“双师型”教师的价值研究相对于事实研究实践性取向更加明显，目标、文化、标准等方面研究更加丰富，尽管国家在2013年已经出台统一的中等职业学校教师专业标准，但其操作性、量化性仍有待于进一步提升，这既给管理工作带来困惑，又给研究工作带来空间，价值文化、认证标准等方面的研究因研究背景、研究视角的不同而呈现多元化的倾向；第三，“双师型”教师的行为研究主要集中于培养和管理方面，由于教学实践的需求，这方面的研究已引起学术界普遍关注，但研究比较分散，一方面理论研究缺乏实践基础，学理探究较多也未能上升到规律层面，另一方面实践研究注重经验介绍，没有形成系统的归纳和总结，同时，对“双师型”教师的研究偏重职后培训，而对职前培养如课程设置、教学改革、实践培训等方面的问题关注较少。

总而言之，随着职业教育教学改革的不断深入，“双师型”教师的研究领域不断拓展，从内涵分析到实践培养，从价值文化到教师管理，研究内容不断深化，但仍存在以下问题：第一，部分研究者视角过于狭隘，仅以学校为本位，过分强调在岗教师专业实践技能的培养与考核而忽视对企业技能人员基本素养的要求；第二，研究团队比较单一，绝大多数来自中职或高职学校一线教师，企业呼声几乎没有，对于需要跨界培养的“双师型”教师，无论是职业学校的单打独斗，还是研究者的短期关注，都使该领域的研究缺乏持续性和深入性；第三，“双师型”研究的实践性指向非常明确，但跟踪性研究较少，表象研究、重复研究较多，导致研究文献影响力有待于进一步提升，高频引用论文数量较少。

②研究方法。经过多年的探究和积累，“双师型”教师的研究方法随着研究内容的拓展而不断丰富，从过去单纯的理论架构到现在具体的实践问题探索，方法运用更加多元，但在现有的研究成果中，多数重理性思辨、经验总结、理论分析，因此历史法、文献资料法以及经验描述法运用较多，相对于理论研究，实践研究尤其是基于“双师型”个案研究的实证分析相对较少，而且多数研究是基于一种研究方法剖析问题，而从多重角度深入探讨问题的不同层面还远远不够。总之，目前的多数研究基本处于两个极端：要么是对个别的经验总结和实践探索，没能形成普适性的规律指导，相当于一种“形而下”的成果展示；要么是缺乏实践支撑的理论设计与推演，很难指导职业教育教学改革实践，相当于一种“形而上”的逻辑推理。

（3）“双师型”教师的研究展望。美国教育哲学家乔治·F·奈勒说：“教育的一切主要问题，在实质上都是富有哲理性的问题[①]。”特定视野下所形成的思维习惯常常会成为一种思维定式，进一步窄化研究者的研究视角。我国的“双师型”教师研究一度局限于职业教育学的视野，将研究内容聚焦于“双师型”教师的内涵、特点及培养等，忽视了其复杂性、整体性和系统性，因此，研究者只有融合不同学科，从不同维度、不同层次深入分析“双师型”教师问题，才能真正实现多学科领域的融合，才能促进“双师型”教师研究的多元发展。

①研究主体的拓展与深化。第一，“双师型”教师认定标准问题。“双师型”教师如何认定，如何评定其资格问题，“双师型”教师专业标准如何落地？第二，“双师型”教师的专业发展问题。“双师型”教师应具备怎样的专业素养，应具备怎样的知识结构和教学能力，如何构建不同专业不同类型“双师

① 陈友松．当代西方教育哲学［M］．北京：教育科学出版社，1982.

型”教师的素质结构及具体专业标准，如何推动专业课教师定期到企事业单位实践？第三，“双师型”教师的培养问题。如何改革“双师型”教师的职前培养如课程设置、实习实践与职业学校改革相互衔接，如何调动企业参与“双师型”教师培训的积极性，如何制定和实行企业技术人才参与职业学校教育教学实践的相关制度？所有这些问题都有待于进一步拓展、深入、系统地研究。

②研究基础的跨界与融合。“当一门学科正在产生的时候，要想取得进步，必须借鉴所有现成的科学，将这些学科中宝贵的经验弃之不用，显然是很不明智的[①]。”有些问题并不纯粹是教育问题，其背后往往有更深层次的心理、文化、经济、管理甚至是社会原因，因此，我们的眼光或视角也不能局限于教育学的视野，对于“双师型”教师问题的研究，就需要从多角度、多学科出发分析，只有这样才有可能克服片面研究，齐抓共管系统解决。例如，我们可以从心理学角度分析“双师型”教师的专业发展阶段，从文化学角度探讨“双师型”教师专业发展的文化基础或倾向，还可以从管理学角度架构“双师型”教师培养培训的长效机制。

③研究方法的组合与互补。在研究方法体系中，除了定量研究和定性研究外，逐步出现了混合型研究方法，也称为多元分析方法，即在研究过程中综合运用定性和定量多种研究方法，它不是两种方法的简单叠加，而是对两种方法的交叉融合，致力于将两种方法的优势尽可能扩大，而将其劣势降到最低程度。总体而言，混合性研究方法超越了原有的主观与客观、整体与部分、一般与特殊等方面的相互对立。关于“双师型”教师的相关研究，也应以此类推，针对不同层面、不同类型的问题采取不同的研究方法，尤其是对于一些相对复杂的问题，更应多种研究方法综合运用，互相弥补。例如，“双师型”教师专业标准的落地实施，既需要采用调查、统计等定量研究方法，又需要理性构建“双师型”教师专业标准的整体框架，既需要借助理论文献搭建标准框架，又需要借助教师成长的个案实践归纳标准细则，与普通教育相比较，“双师型”教师的实践性很强，既需要理论探讨，又需要扎根实践。吉尔伯特·赖尔在《心的概念》中提出，从历史的观点看，实践先于理论，即便是在今天，也有很多没有理论体系指导的理智的实践[②]。

3. 政策话语体系

经历了实践探索和学术研究后，“双师型”教师研究终于进入了政策议事

① 迪尔凯姆. 社会学研究方法论［M］. 胡伟，译. 北京：华夏出版社，1988.

② 吉尔伯特·赖尔. 心的概念［M］. 徐大建，译. 北京：商务印书馆，1992.

日程，上升到政策层面，其政策内容也经历了从无到有、由浅入深，由其价值意义到其专业标准再到培养管理的发展历程。“双师型”教师概念首次出现于国家政策层面是在1995年国家教委发布的《关于开展建设示范性职业大学工作的通知》，其中明确将1/3以上的“双师型”教师作为示范性职业大学试点的申请条件之一，这个政策文件的出台标志着“双师型”教师正式进入政策话语体系，在此之后“双师型”教师逐步作为职业教育政策的关键词之一，其政策内容基本分为意义定位、内涵结构以及培养管理三个方面。

（1）“双师型”教师政策的意义定位。1997年全国召开第一次职教师资队伍建设工作座谈会，国家教委发布《关于高等职业学校设置问题的几点意见》，提出要将“双师型”教师队伍建设作为建设重点，截至2010年中职学校的“双师型”教师所占比例应不低于60%。可以看出，最初政策话语体系中的“双师型”教师是专指实习指导教师或者专业技能课教师，后来逐步扩大到公共课教师乃至全体职业学校教师。1998年《面向二十一世纪深化职业教育教学改革的原则意见》仍提出“双师型”教师概念，即“双师型”教师应既具备一定的教育教学理论能力，又具备一定的专业实践能力，还提出一方面要从企事业单位中招聘技能型人才做兼职教师，另一方面要重视学校本身“双师型”教师的培养，在此之后，兼职教师逐步作为“双师型”教师的重要补充备受关注。1999年中共中央、国务院《关于深化教育改革全面推进素质教育的决定》再次强调，“注意吸收企业优秀工程技术和管理人员到职业学校任教，加快建设兼有教师资格和其他专业技术职务的‘双师型’教师队伍”。

（2）“双师型”教师政策的内涵结构。2000年以后“双师型”教师的内涵更加丰富。2000年3月教育部发布了《关于开展高职高专教育教师队伍专题调研工作的通知》，对“双师型”教师做了如下界定。“双师型”教师不含公共课教师，工科类“双师型”教师应具备以下条件之一：第一，具有2年以上实践经历，能有效指导专业实践教学；第二，参与或主持2项工程项目，或发表2篇以上的校级工程论文。其他科类参照工科类标准执行。随后教育部高教司进一步提出“双师型”教师的评价体系，提出“双师型”教师必须具备以下条件之一：第一，有2年以上的实践工作经历，能指导专业实践教学，具有中级以上教师职称；第二，既有教师职称，又有专业职称；第三，参与或主持2项应用型研究项目，研究成果产生良好社会效益。2004年《高职高专院校人才培养工作水平评估方案》对“双师型”教师的界定是：应具有中级以上的教师职称并具有以下条件之一的专业教师。近5年中有2年以上实践工作经历，或获得教育部教师培训相关证书，能指导专业实践教学；近5年有2项技术成果应用并获得良好效益。

(3)"双师型"教师政策的培养管理。随着我国职业教育的大力发展,"双师型"教师的认证、评聘等培养管理问题开始备受关注。2005年《关于大力发展职业教育的决定》明确指出,职业学校中的教师除了相应的专业技术资格职务,还可以评聘第二个专业技术资格,以促进"双师型"教师队伍建设。2006年教育部发布的《关于全面提高高等职业教育教学质量的若干意见》提出,应逐步构建"双师型"教师资格准入制度和任职标准,逐步建立"双师型"认证体系。2008年,教育部印发了《高等职业院校人才培养工作评估方案》,其中对职业学校专业课教师范围的"双师型"再次明确,规定"双师型"素质是既具备一般教师资格,又具备三个条件之一的校内专任教师和校外兼职人员。除此之外,文件还明确规定"双师型"教师包括那些"聘请来校兼课的一线管理、技术人员和能工巧匠"的兼职教师。2010年《国家中长期教育改革和发展规划纲要(2010—2020)》再次将"双师型"教师发展作为职业教育师资队伍建设的重点,分别从基础能力建设、教师培养路径、师资队伍建设内容、教师培养支持、教师来源五个方面强化了"双师型"教师队伍建设工作。2012年《国务院关于加强教师队伍建设的意见》再次强调了"双师型"教师是职业学校教师队伍建设的重点,提出"双师型"教师职前培养和职后培训体系构建的重要性,同时应不断建立健全技能型人才到职业学校从教的相关制度,增强企事业单位在"双师型"教师培养中的作用。

通过以上"双师型"教师政策文件的梳理分析,可以看出,无论是"双师型"教师个体专业发展,还是"双师型"教师队伍建设,国家都将其作为职业教育质量提升的关键所在。从开始"双师型"教师价值定位,到"双师型"教师概念界定,再到"双师型"教师素质结构,最后到"双师型"教师培养管理,无不体现国家政府、教育行政部门对"双师型"教师专业发展和师资队伍建设的重视,我们也希望国家构建更加有效、更加具体的"双师型"教师政策体系,进一步促进职业教育教师的专业发展,提升职业教育培养质量。

第三节 "双师型"职业教育教师的概念界定

随着职业教育改革的不断深入,"双师型"教师已经成为一个非常关键的概念,但同时又是一个非常复杂、界定模糊的概念,"双师型"概念的理解既反映着职业教育人才培养的目标取向,又反映着职业教育教师专业发展的职业方向。因此,为了更加全面更加深刻地理解、认识这一概念,本研究将根据以上“双师型”教师的发展历程及研究趋势，尝试对其内涵进行多学科、多角度的诠释。

一、“双师型”教师概念的多学科分析

1. “双师型”教师的文化学视角：职业文化传承者

美国著名学者塞缪尔·亨廷顿（Samuel P. Huntingdun）指出：文化即一个社会中的态度、价值观、信念、取向，以及人们普遍持有的观念①。20世纪90年代后，“生态理念”作为一种思维方式开始深入人心，教育界也开始运用这种理念去分析、解决各种教育现象或教育问题包括教师专业发展问题，从而诞生了“生态取向”的教师专业发展倾向，即教师的专业发展不仅仅取决于其个人，更重要的是取决于教师所在的群体，取决于教师所在的群体文化。与普通教师相比，“双师型”教师是企业文化与学校文化结合的产物，它代表着一种特殊的文化类型和文化形态，“双师型”教师所形成的教育理念、行为习惯以及职业道德、发展目标等无不代表着一种特殊的职业主义文化，因此，“双师型”教师无论其培养还是个体专业发展都需依赖学校文化与企业文化两方面。

首先，“双师型”教师是一种典型的职业文化。文化是人类在生存和发展过程中所积累的物质财富和精神财富的综合，不同时期不同地域其文化观念、文化类型也不同，它既包括物质、精神层面的，也包括制度、行为层面的，可以说它既是一种价值观念，又是一种存在方式。职业是社会分工的产物，不同的职业不仅有技术、职能方面的差异，更有职业文化方面的差异，与普通教育相比较，职业教育既蕴含一定的学校文化，又蕴含一定的职业文化。“双师型”教师所蕴含的职业文化是人们在长期的职业实践活动中所逐渐固化的，包含职业理念、职业精神、职业道德、职业制度、职业素养等方面，从其结构分析，它既包括外显性的职业行为，又包括中观层面的职业规范，同时更重要的是内隐性的职业观念等。从这个角度讲，职业教育不是单纯的技术实践活动，更重要的是深层次的职业文化的熏陶。因此，“双师型”教师专业发展的价值定位不能仅停留在技术层面的获取，更重要的是要聚焦在教师个体职业文化的熏陶上，只有这样，才能实现“双师型”教师持续性、整体性的职业文化素养的提升。从文化层面讲，“双师型”教师不是仅能传授理论与实践的普通教育者，

---

① 塞缪尔·亨廷顿，劳伦斯·哈里斯．文化的重要作用［M］．程克雄，译．北京：新华出版社，2010.

更应是潜移默化的职业文化传承者。

其次，“双师型”教师职业文化既关乎专业发展又关乎学生培养。一方面，“双师型”教师的专业发展依赖于其所在的群体文化，这种文化集职业文化、学术文化、教师文化于一体，无论对教师的观念还是行为，都有直接影响；另一方面，在学生培养过程中，“双师型”教师带给学生的不仅仅是专业知识与技能，更重要的是一种产业文化、企业文化，无论是在理论知识传授还是生产实践训练，这种文化对学生的职业态度、职业道德、职业素养等方面的影响更加深刻、更加深远、更加持久。

2.“双师型”教师的知识学视角：复合知识统合者

美国著名的教育心理学家舒尔曼提出，倘若要证明教师的专业化，就必须阐明教师职域中存在着特殊的专业知识领域与结构，这是保障教师专业属性的知识基础①。教师是否具有专业知识是教师专业发展的重要表现。对教师知识结构的研究无论是对教师的职前培养还是教师的职后培训都有直接的影响。《教育——财富蕴藏其中》（联合国教科文组织）提出，如果我们把教师的教学视为一种专业，那么就需要教师具备专门知识与能力，这种专门知识与能力既包括教师要教的知识，又包括教师采取什么方法教授这些知识。那么，“双师型”教师又应具备哪些知识呢？与一般教师相比较，“双师型”教师在教育教学实践中所应具备的知识是具有复合型的，即理论性、职业性与师范性相结合的特征，因此，从知识学角度考察“双师型”教师，必须综合考虑本体性知识、教育类知识、职业类知识三部分，当然，与知识相对应的，还包括基本的实践活动、认知活动以及教育教学反思活动等。鉴于此，将“双师型”教师的知识结构分析如下：

（1）本体性知识。教师要从事教育教学活动，首先要具备本体性知识，包括理论性知识、实践性知识以及一系列反思性活动，三者相互结合才能夯实“双师型”教师专业基础。“双师型”教师首先需要具备专业理论知识，如对于自动化专业来讲，就需要掌握机械设计、机械制图、机械制造工艺、工程学等相关专业内容；除了专业理论知识外，“双师型”教师的人才培养工作中，还需要开展大量的实习、实训等实践性活动，需要在实践活动中将专业技能传授给学生，同时还有培养目标确定、人才培养方案修订、课程结构调整等相关专业实践性知识；专业反思知识是对教育教学活动中的理论及实践性知识综合性

① SHULMAN L. Paradigms and research programs in the study of teaching：a comtemporary perspective//WITTROCK M. Handbook of research on teaching [M]. London：Macmilla，1986.

的认识活动，例如，“双师型”教师在教育教学过程中，不仅要思考如何有效提升教学质量，而且要思考专业本身，专业如何育人。专业不等同于教育本身，教师不仅要不断提升自身素养，而且要提升学生素养，这就需要教师对自身的教学活动不断反思、不断提升，只有这样才能更好地实现专业培养目标。

（2）教育类知识。“双师型”教师不同于一般的专业人员，其第一身份是教师，因此，除了本体性知识外，“双师型”教师还需要具备一定的教育科学类知识，包括教育理论性知识、教育实践性知识以及教育反思性知识三部分。教育理论性知识是教育教学本质及规律等方面的知识，如教育类、心理类、课程类、德育类、管理类等方面，只有正确理解并掌握教育科学知识，才能有效提升教育教学质量；教师是一个情境性非常强的职业，除了掌握一定的教育理论知识外，更重要的是教育实践性知识，即教师将教育理论知识内化于心后运用到教学实践中而外化于行的知识，它既与教师的工作经验有关系，又与教师对理论知识的理解程度有关系，“双师型”教师的教育实践性知识既需要借鉴专家学者、优秀教师已有的基础，更需要教师自身的不断实践、不断探索，因此，既具有群体性，也具有个性化；教育反思知识可以说是前两者的基础和动力，如果教师不能正确理解教育教学实践活动开展背后的价值意义以及背后动因，那教师的专业发展就是被动的、不持续的，“双师型”教师的教育反思知识包括教育教学的各个环节如教学目标、教学互动、教学评价等方面，在新的教育理念指导下，各个环节都应以学生为中心，如学生哪些知识和技能容易掌握，哪些还没掌握，学生的学习方法指导如何，均可以通过学生的错误来分析其知识和技能掌握的盲点。

（3）职业类知识。职业教育不同于普通教育，除了升学需求外，更重要的是就业需求，“双师型”教师作为职业学校的教育者，职业知识与职业技能的掌握必不可少。职业理论知识主要特指某一职业领域的理论知识、职业标准、职业文化、职业制度等方面，这就需要教师与时俱进，及时了解职业技术变化趋势，掌握企业发展信息，在教学中将基础知识与变化趋势相结合。职业实践知识是某一职业实操性知识，即如何设计制图、如何生产操作、如何改进工艺等方面，当然，在此过程中，也需要有相应的反思性知识，在掌握职业知识与技能过程中，需要对自身的职业观念、职业行为等方面不断反思，因此，“双师型”教师的教育教学活动不是单向的传递过程，而是师生互动过程中对知识与技能不断反思、不断调整的过程，只有不断反思，才能不断改进，教学效果才能不断提升。

因此，从以上对“双师型”教师知识结构的分析中可以得出其基本特征：

理论与实践相结合。与普通教师相比较，“双师型”教师的情境性、内隐性以及经验性特征更加明显。

3. “双师型”教师的技术学视角：技术技能教育者

职业教育与人们的工作、职业密不可分，职业学校的学科专业，既是文化知识传承的结果，更是社会职业发展的反映。因此，对于职业教育“双师型”教师而言，既要关注文化知识领域，又要关注职业工作领域。与普通教育相比较，职业教育可以说是一种特殊的“跨界”教育类型，从这个角度讲，“双师型”教师必须具有不同职业技术领域素质特征，从技术视角看，“双师型”教师是技术技能教育者。

第一，“双师型”教师与普通教师的区别即技术技能。传统的我们对于教师的认知就是“传道授业解惑”，教师的知识传授和教学科研被放在首位，而对技术技能相对漠视。随着职业教育的发展，传统教师已经无法满足职业技术要求，于是实践知识和技能被进一步强调，逐步解决理论与实践相脱节的问题，这就是“双师型”教师出现的最大背景。因此，职业教育的培养目标，就是培养各级各类职业技术技能人才。

第二，“双师型”教师的职责之一即技术技能的传授。职业教育作为“跨界”的一种教育类型，与普通教育最大的区别就在于其学习内容的技术性、实践性，尤其是在国家发展战略的要求下，职业学校的教师不仅要向学生传授科学文化知识，而且更重要的是锻炼学生的实践技能，从应然角度讲，“双师型”教师可以代表国家技术技能的发展水准。2013 年 4 月，教育部副部长鲁昕在职教系统中国梦活动中指出，中国职业教育梦就是技术技能强国的梦，是人人尽展其才的梦，职业教育可以说是与经济社会发展最为密切的教育类型，“双师型”教师在实现中国梦、实现技术技能强国梦的过程中发挥着不可替代的作用。

第三，“双师型”教师主要教授应用技术知识。1958 年波兰尼在其著作《个人知识》中指出：通常知识被分为两种，一种是大家所熟知的，是以文字、数字或者图标等形式来表示的，称为“明言知识”，另一种则是表现为我们实践行动中的知识，称为“意会知识”，这种知识的意会性决定了其无论是存在方式还是教授方式都不同于明言知识，不是传统的外部讲授所能获得，而必须在具体的实践中才能掌握，需要专业的技术指导者通过讲解、示范、训练进行传递。他认为：“技术知识的这种意会性，在一定意义上形成了设计共同体的特定意会背景性，或者说，形成了植根于共同体内并影响其成员的前理解。这类知识的传播与接受主要通过面对面、人对人的方式而实现。从年轻设计人员到高级设计者，根本而言，是在设计过程中通过师傅带徒弟的方式实现的[①]。”与普通教育相比较，技术知识具有较强的情境性，而“双师型”教师是技术知识的直接传播者，这就意味着其专业发展也与真实的生产情境、企业的生产经历密不可分。因此，“双师型”教师具备的技术技能不是通过简单的外部传授所获得的，而必须通过亲身经历、亲身示范、行为指导才能将与生产实践、企业实际相关的技术技巧传授给学生，从这个角度讲，“双师型”教师是与生产劳动实践密切相关的技术技能教育者。

4. “双师型”教师的复合视角：跨界多重素质的教育者

通过以上内容的分析可以看出，“双师型”教师是一种理论与实践统一、学校与企业并重、教学与生产共具备的职业类型，这种职业类型不是简单的双方面的基本要求，更是一种整合的、系统的表达，是职业教育教师素质的特殊类型，是职业学校教师专业发展的理想状态。从复合的角度讲，“双师型”教师是跨界的具有多重素质的技术技能教育者，具体体现在以下三个方面：

第一，理论与实践相统一。与普通教育相比较，“双师型”教师的专业发展需要同时关注理论素养与实践技能。理论素养主要分为专业领域和教育领域两部分，既需要扎实的专业功底，又需要教书育人的功底，实践技能既包括与生产实践相关的专业技能，又包括与教育实践相关的教学技能，这可以说是“双师型”教师最显著的特征。

第二，教学与研发相统一。“双师型”教师不仅要理论与实践相统一，而且是技术、产品的开发者，“双师型”教师既掌握一定的理论又掌握一定的技术，将产学研相结合起来，将教学与生产结合起来，从而推动教育教学的创新。

第三，专业与教育相统一。职业教育是一种专业性很强的教育类型，专业是其发展方向，而教育是其发展手段。因此，“双师型”教师可以说是职业教育与企业生产之间的中介与桥梁。从这个角度讲，“双师型”教师具有理论素养、实践技能以及创新开发等基本素质，能根据职业教育特点在教育理论的指导下不断探索的教育素养，以及随着专业化发展要求不断提升的职业素养。

二、“双师型”教师概念界定的困惑

“双师型”教师概念研究已经有近 30 年的发展历史了，从学术研究到政策

① 赵乐静. 理解技术知识 [J]. 科学技术与辩证法，2008（2）：55-61，112.

文件已经基本认可“双师型”教师这一说法。随着职业教育改革与发展的不断深入以及对职业教育教学本质研究的不断深入，逐渐把其作为职业教育教师专业发展的个性化特征：与普通教育教师相比较，职业教育教师既有联系又有区别，他们既具有一般教师职业的共性，又具有跨界性的教育教学特征。因此，职业教育无论是教师专业发展还是学生培养必须以这一特征为问题的出发点，也正是“双师型”教师称谓的变化，才凸显了职业教育的这一特征。因此，无论是教师的个体发展还是群体建设，都应根据社会职业的发展需求，将理论与实践相结合进行教育教学，并让学生在动手实践的过程中逐步掌握专业知识与技能，进而实现学生的优质就业以及可持续发展。

从理论上讲，尽管我们对“双师型”教师的目标是清晰的、概念界定是具有共识性的，但从现实状况看，仍然存在一些歧义和问题。如贺文瑾深刻分析了“双证”与“双师”之间的误读，正是因为这种误读，使得许多教师加入考证行列，结果出现的是数学老师争考会计证，语文教师争考旅游证，歪曲了“双师”的基本理解，更有甚者还出现了买假证的现象，实际情况是不但没有促进职业教育的发展，反而严重影响了“双师型”教师的培养培训工作。

为正确理解“双师型”教师的内涵，还需对一些似是而非的界定进行谨慎的辨析。

1. 误区一：教学水平论

在职业教育的理论研究界和实践工作界，始终存在着一种普遍的理解和看法，就是把“双师型”教师作为权衡或评价教师教学水平或能力高低的杠杆，也就是认为“双师型”教师的教学水平是优于普通老师的，如有文件中曾将“双师型”教师与教学骨干、优秀教师、学科带头人相提并论，那我们进一步思考，难道教学骨干、优秀教师、学科带头人不需要成为“双师型”教师吗？很显然，这就是忽视职业学校教师素养基本特征的表现，当然，如果从教师激励角度讲，这也不失为一种举措。但“双师型”教师的确不能与其他教学骨干、优秀教师、学科带头人等划为同一个层次。因此，“双师型”教师其实不是教学水平的差异，而是一种能力结构的差异要求。

2. 误区二：教师类型论

目前，在职业教育的理论研究界和实践工作界，还存在着另一种“二元论”的认识和看法，即从教师类型角度区分“双师型”教师，将“双师型”教师对比于职业学校非文化课教师。这种说法不尽全面，同一个职业学校，同一种教育类型，尽管具体的教育教学任务不同，但其培养目标是一致的，对于从事职业教育的教师，无论是专业课，还是文化课，培养的对象是一样的，都是即将走入社会参加工作的，职业学校的专业教育很大程度上是职业性的而非学理性的，因此，如果职业学校的教育内容只是按照文化课与专业课进行划分，很显然会割裂两者之间的联系，不利于培养目标的实现。同样的，公共课程与文化课程有通识教育的功能，但更重要的是为专业课程服务。因此，职业学校的教师要统筹分析培养方案中公共课程、文化课程与专业课程之间的基本关系，要善于将公共课或者文化课中的内容与专业课中的教育内容加以整合，在此过程中，就要求文化课教师应具备“双师型”教师的基本素养，当然，与专业课教师相比，这种能力和素养是有所区别的。因此，“双师型”教师也不是类别的区分，而应是素质结构的差异要求。

三、“双师型”教师内涵的界定

要界定“双师型”教师的内涵，必须从职业教育的办学目标、职业学校的教学任务、职业教师的教学能力等多方面出发考虑，离开职业教育、职业学校而谈“双师型”教师职业，就使其成为无根之木、无源之水，就真正失去了“双师型”教师的发展土壤。

1. 双重功能——“双师型”教师内涵的基础

中共中央、国务院发布的《关于大力发展职业教育的决定》等文件中多次强调，职业教育在我国工业化进程、经济增长方式转变、产业结构调整、促进再就业过程中发挥着不可替代的作用和功能。由此可见，职业教育的功能包括两方面：一方面是教育活动，通过职业教育或培训促进经济发展；另一方面是社会活动，通过开展即时的社会技术服务，为企业的技术革新创新作出贡献。因此，国家出台的职业技术教育文件已经作出了非常明确的界定：“以就业为导向，以服务为宗旨。”

（1）在教育活动方面，职业教育的功能又可以分为两方面：一是为相关职业提供适应的人力资源，二是为就业需要提供适合的教育方式。因此，这种教育活动既包括职业教育，又包括职业培训。职业教育主要集中在职前阶段，主要是对应届学生开展的全日制学历教育；职业培训主要集中在职后阶段，包括职业学历教育和职后专业培训，同时还包括职业学校要开展各种形式的以提高基本素质为目的的终身教育。

（2）在社会活动方面，职业学校的功能主要体现在开展咨询服务、技术服务以及促进经济发展等方面。咨询服务主要是为了生产管理、经营服务的优化调整，技术服务是为了解决生产服务、经营管理的技术问题，经济发展是为了解决经济增长、结构调整的发展问题。

因此，与普通教育相比，职业教育的基本功能更加凸显了其“跨界”的基本特征：学校与企业、职前与职后相结合。而落实这一功能的主体就是“双师型”教师，既需要过硬的教育教学能力，又需要一定的社会服务能力，这就代表，其教育活动和社会活动是“双师型”教师与普通教师的本质区别，即职业学校培养的是未来的技术应用型人才，这就是职业学校“双师型”教师内涵的基础标志。

2. 双重职能——“双师型”教师内涵的平台

就目前我国职业教育的相关政策及法律讲，职业学校的双重职能决定了“双师型”教师的双重职能，基本可以概括为：首先要执行国家职业教育方针，对学生进行道德教育、法治教育、职业教育等，并传授一定的职业知识与技能，从而提高劳动者的基本素质和劳动素养，培养与社会主义经济结构相适应的应用型技术人才。

就目前我国职业学校发展生存的实践路径讲，“双师型”教师的双重职能主要包括三方面：一是校企合作的“双”，主要涉及教育教学地点层面的学校与企业的跨界；二是产教融合的“双”，主要涉及教育教学方式层面的产业与教育的跨界；三是工学结合的“双”，主要涉及教育教学内容层面的产业与教育的跨界。

可以看出，由于“双师型”教师职能的思考角度不同，当然就出现了“双师型”教师职能的多维度诠释，归结起来，可以将“双师型”教师的双重职能分为以下两方面：

第一，基于职业角色的要求——“师德”的职能内涵。在徐特立先生经师—人师观念的指导下，徐建认为“双师型”教师既应该是一般的教师，又应该是技师、艺师，一方面要注重知识传授，另一方面要关注方法的把握、技能的掌握①。王俊华等认为“双师型”教师除了要具备一般教师的基本教育教学能力和素质外，更重要的是具有良好的职业道德、政治素养、创新素养、身心素养等。

第二，基于专业任务的要求——“师责”的职能内涵。王俊华等认为“双师型”教师核心工作是专业课教学，教师一方面要将与生产管理相关的知识与能力内化，另一方面要将这些知识与能力有效传递给学生，让学生不仅理解这些知识与技能，而且掌握这些知识与技能②；姚贵平认为“双师型”教师是既

① 徐建．职业教育“双师型”教师：认识与实践［J］．教育发展研究，2006（12）：55-61，112.

② 王俊华，刘俊芹．论应用型本科“双师型”师资队伍建设问题［EB/OL］．（2011-09-04）［2022-02-25］．http：//www. jingpinke. com.

需要掌握专业理论知识，又需要指导专业实践，既能传授学生知识与技能，又能引导学生职业选择的复合型教师①。

因此，“双师型”教师的双重职能就是基于职业角色要求的“师德”职能以及基于专业任务要求的“师责”职能，“师德”职能是对“双师型”教师做人方面的基本要求，“师责”职能是对“双师型”教师做事方面的基本要求，就像人的手心手背，只有学会做人，才能更好地做事，两者缺一不可。

3. 结构要素——“双师型”教师内涵的模型

“双师型”教师的结构要素既与前面职业教育或职业学校的双重功能有关，又与职业教育或职业学校的培养对象有关。这样，对于“双师型”教师而言，一方面，为了培养经济建设所需的技术应用型人才，需在校企合作、产教融合的路径下，将职业所需的新技能、新技艺有效传递给学生，另一方面，为了实现不同类型教育对象的全面发展，既要传授职业知识，又要关注学生的职业道德素养。因此，从结构要素讲，“双师型”教师既需要具备一般教师的职业素养，又需要具备职业学校教师的专业素养，下面对“双师型”教师的结构特征及结构要素进行分析：

第一，“双师型”教师的结构特征。一是基于身份特征的双重属性，既要关注到教师自身的职业属性，又要关注到培养学生的专业属性。二是基于运作特征的双重属性，教师既要关注教育教学本身的规律，又要关注生产活动的规律，协调好教育公益性与企业功利性两者的关系，通过有效的教育教学活动设计与实施，解决好学生的可持续发展问题。三是基于发展特征的双重属性，无论是教师的双重身份还是职业教育运作的双重属性，都在不断发展变化，“双师型”教师既需要关注教学内容的更新，又需要关注教学技能的提升。

第二，“双师型”教师的结构要素。要促进教师的专业发展，“双重属性”“跨界特性”这类笼统表述必须细化为结构要素，只有细化其结构要素才能进一步挖掘其隐性的本质内涵。而结合以上的分析，与传统的“双证书”“双职称”概念相比，职业教育教师教育教学能力已经成为“双师型”教师内涵研究的新视角和新焦点，具体分为三方面：首先，从静态角度分析，“双师型”教师重点强调其身份、资质、来源、任务四方面；其次，从动静结合角度分析，“双师型”教师重点强调经历、操作、机制、发展四方面；最后，从动态角度分析，“双师型”教师重点强调资质审查与行动评价两方面，包括是否能制定

① 姚贵平. 解读职业教育“双师型”教师 [J]. 中国职业技术教育，2002（6）：12-16.

合理的职业教育计划，是否具有行动导向的学习能力，是否具备引导学生职业选择与规划的能力。

尽管三种维度分析视野不同，但可以清晰地看到“双师型”教师的跨界性，因此，基于教育教学能力角度的“双师型”教师的内涵要素包括专业理论、专业理论实践、职业理论、职业理论实践四部分。

第四章　职业教育教师专业发展内容

与普通教育相比，职业教育无论是内涵还是外延，都是一种更为开放的教育，可以说它是教育与职业、学校与企业、学习与工作相结合的领域，是一种与社会经济发展最为密切的教育类型，“跨界”是其最为显著的特征及属性。因此，职业教育“双师型”教师专业发展既需要遵循职业发展规律，又需要遵循教育发展规律，不能只在学校、教育的“围城”中求专业发展。

据此，我们将“双师型”教师的专业发展内容确定为三方面：专业理念与师德、专业知识、专业能力。专业理念与师德包括教师对职业如何认识、对学生如何认识、对教学如何认识、对自己如何认识四方面，即教师对职业的态度、对学生的态度、对教学的态度和个人素养方面。这是职业教育教师发展的价值基础，只有树立“师德为先”“学生为本”的专业发展理念，才能给教师专业发展提供持久动力。专业知识是教师专业发展的理论基础，包括通识类知识、职业类知识、教育类知识以及教学类知识四部分，教师的知识水平不仅影响教师专业发展，而且影响学生培养质量。专业能力是教师专业发展的综合体现，基本包括教育教学能力、专业实践能力、班级管理能力、沟通与合作能力以及自主发展能力五方面。

第一节　专业理念与师德

叶澜认为，“专业理念即教师在对教育工作本质理解基础上形成的关于教育的观念和理性信念[①]”。专业理念是教师专业发展的价值基础，专业与非专业的差异首先表现在对教育工作是否有科学的、先进的教育理念方面，它一方面会影响教师的专业态度、专业情意，另一方面会影响教师的专业认知、专业行为，在现代职业教育改革与发展的进程中，形成与时俱进的职业教育理念是教师专业发展的首要任务。人的理念与行为总是保持一致的，有什么样的理念就会形成什么样的行为，只有形成科学的教育观、人才观、学生观、教学观，才能真正实现职业教育培养目标，才能真正实现普职分流政策落地，真正扭转

① 叶澜．新世纪教师专业素养初探［J］．教育研究与实验，1998（1）：41-46，72.

中等教育结构，为我国产业升级和结构转型提供支撑。专业理念中的核心是“教育观”“学生观”，与普通教育相比较，职业教育教师要始终坚持知识与技能并重、理论联系实际，培养学生“做中学”，这就必须学校企业相结合、课堂生产相结合，通过课堂促生产，通过生产改课堂；同时，职教师资要坚持完整性、发展性、差异性等学生观，善于引导学生、挖掘学生潜力、发现学生闪光点，让学生在原有的基础上得到进一步发展。

2012年党的十八大报告提出：教育的根本任务是立德树人，培养德智体美全面发展的社会主义事业建设者和接班人。师德是职业教育教师专业发展的核心素养，是为师之本，是教师与其他专业工作者最根本的区别，《中等职业学校教师职业道德规范（试行）》（2000）指出，教师应坚持正确方向、热爱职业教育、关心爱护学生、刻苦钻研业务、善于团结协作、自觉为人师表。当前，在职业教育改革与发展的新形势下，职业教育师德应重点落实“立德树人”，一方面要率先垂范、为人师表、以身作则，另一方面要重点关注学生的职业道德培养，在此基础上再培养学生的技能和素养。

由此，专业师德与理念是职业教育教师专业发展非常重要的一个维度。其中专业师德主要以“立德树人”为根本任务。一方面，教师要形成对职教工作、对学生发展、对教育教学、对自身发展方面的科学、正确的道德认识，真正做到“立德”，另一方面，教师应在教育教学过程中严于律己、言传身教，将道德认识、道德信念转化为道德行为、道德实践，真正做到“育人”，最终，认知与实践双管齐下，真正做到“立德树人”。专业理念包括职教工作、学生发展、教育教学、自身发展四方面的与时俱进的教育理念。

一、职业教育观

如何理解和认识自身所从事的职教工作，不仅需要教师了解相关的职业教育法律、法规、政策，而且需要教师深刻领会职业本身的社会价值和功能。因此，对于“双师型”教师，职教工作理解与认识应重点关注三方面：一是从政策法律角度框定专业发展的基本规范，二是从职业教育的培养目标出发强调专业发展的行动方向，三是从职业教育的职业特性入手要求专业发展的内在动力。

1. 依法执教

依法治教是依法治国在教育领域的直接体现，而依法执教是依法治教的重要内容，我国拥有数量庞大的职教师资，虽然每年会表彰大批师德模范，但仍有相当数量的教师法律意识淡薄，侵犯学生权益的事件时有发生，如教师体罚学生、教师帮学生作弊，严重影响到职教师资形象，影响到教师专业发展。从社会规范角度讲，职业教育教师必须首先做到依法执教，即在教育教学过程中，一方面要坚持贯彻党的路线、方针和相关教育政策，另一方面要依法执行各项教育教学法律法规，总之，教师应坚决维护学生及自身的合法权利。

坚持贯彻党的路线方针。职业教育作为国家教育活动的重要组成部门，与国家的经济发展、社会发展密切相关，必须严格遵守党的教育方针，坚持马克思列宁主义、毛泽东思想、邓小平理论、“三个代表”重要思想、科学发展观、习近平新时代中国特色社会主义思想等理论的重要指导作用，作为一名教育者，任何时候、任何地点、任何情况都要坚持党的思想基本原则，坚持改革开放基本国策，保持清醒的政治头脑；同时，教师的所有教育教学行为必须符合公共利益，不得以营利为目的，不得侵害学生的利益。

自觉遵守法律法规。首先，教师应自觉遵守和贯彻教育法、职业教育法等一系列法律法规，明确一名教师应有的权利和义务，所有的教育教学行为要在法律法规允许的范围内开展，学会用法律法规正确解决和处理各种各样的教育纠纷。其次，教师还要学会运用法律武器维护自身的利益。在教育教学的同时，教师应学习相关教育法律法规知识，明确自身的基本权利和义务，善于运用法律武器切实保护自我权益。

2. 立德树人

管子曰：一年之计，莫如树谷；十年之计，莫如树木；终身之计，莫如树人①。党的十八大报告指出立德树人是教育的根本任务，也是现代职业教育体系的首要目标，是职业教育教师专业师德与理念的重要体现，人们普遍认为职业学校就应该培养学生的专业知识和技能，但作为未来的职业人员，职业教育首先关注的应该是其职业道德，只有具备综合素养的人才是符合社会发展需求的职业人才。因此，立德树人既是评价一个教师的最根本的标准，同时也是教师人才培养的最重要的标准。

立德树人，首先要树立正确的学生观。学生是受教育的主体，教师在教育教学过程中应坚持学生的发展性、完整性、差异性等观念，尊重学生，爱护学生，让学生在民主、平等、和谐的氛围中真正发挥自己的主观能动性。与普通教育相比较，职业学校学生成绩不理想，整体素质比较差，面对这样的群体，教师难免出现打骂学生、讽刺学生的情况，不自觉地丢失了该有的修养和品

---

① 卞桂平，焦京．浅议立德树人：内涵、实质与要求［J］．南昌工程学院学报，2014，33（2）：50-52.

德，这样既不利于管理学生，也不利于教书育人，教师只有爱护学生，尊重学生，建立民主平等的师生关系，才能真正做到立德树人。

立德树人，其次要提升自身的道德修养。改革开放后，随着社会主义市场经济体制的建立和完善，人们观念不断改变，教师群体中“失德”的现象屡有发生，不仅不利于学生培养，而且影响教师群体形象。教师必须不断加强自身的道德修为和道德建设，将“立德”作为“树人”的前提和基础，不断接受学生、家长和社会舆论的监督和评价，通过潜移默化的作用去影响学生，培养学生。

立德树人，还要践行社会主义核心价值观。立德树人不是一成不变的，而是具有一定的历史性，不同历史时期，其内容、范畴、标准、表现都会有所差异。在现代社会，教师必须将立德树人与社会主义核心价值观统一起来，将爱国主义、集体主义、敢于担当、勤劳勇敢等时代精神融入教育教学以及课程内容，只有为“立德”确立时代标准，才能使“立德”与时俱进。

3. 合作共生

“跨界性”是职业教育的本质特征之一，在现代职业教育体系建立时期，为了更好地促进校企合作、产教融合，教师团队之间的合作、交流、沟通就显得尤为重要和迫切。现代教育是一种群体协调性强的职业活动，要求教师之间坦诚相待、团结合作、互相支持、形成合力①。合作共生既是现代教师专业道德的基本内容，又是职教师资专业发展的重要路径。

合作共生，就是要自我开放，扩大交往范围。教师工作一方面任务繁重、异常复杂，另一方面以学校、班级单位，疏于外界沟通交流。随着时间的推移，人们越来越认识到学生培养是系统工程，不仅需要学校、教师的努力，还需要家长和社会各界的共同配合，教师必须摒弃自我封闭，与家长、社会各界展开积极主动的沟通、合作，只有这样，才能实现专业发展和学生培养。

合作共生，同时还要形成“群己和谐”的教师共同体。马克思认为“人是一切社会关系的总和”，在面对个人与集体的关系时，儒家学派追求的是“群己和谐”的目标，同样，学生培养不能只靠一个教师的努力，必须依靠整个教师群体，著名教育家叶圣陶先生曾言：即使是伟大的天才，如果没有集体，也是无所作为微不足道的①。因此，只有教师之间相互配合，合作共生，才能形成一种教育合力，才能共同作用于学生培养。

---

① 傅维利．师德读本［M］. 北京：高等教育出版社，2006.

二、学生观

职业学校学生不同于普通学校学生，如何认识与对待学生是职业教育教师专业道德与理念中的核心组成部分，主要包括关爱学生和尊重学生两方面，关爱是前提基础，尊重是深化落实。

1. 关爱学生

夏丏尊先生在《爱的教育》中提到："爱对于教育，犹如水之于池塘，没有水，便不能成为池塘；没有爱，便不能称其为教育。"关爱学生既是教师热爱职教事业的根本动力，又是学生健康成长的重要前提，关爱学生就是爱护每一个学生，即使是品行有问题、学习有困难的学生，不讽刺挖苦学生，不体罚、变相体罚学生，尊重学生人格，维护学生利益，只有这样，才能将学生培养成为全面发展的社会主义高素质技能人才。

关爱学生，首先要关心学生身心健康。受传统观念影响，职业教育学生被认为是学业不理想、心理有问题的群体，普遍存在厌学、斗殴、网瘾、早恋甚至顶撞老师等问题，作为职教教师，不应该对其区别对待，而应关爱每一个学生，采取有效方式充分释放其不良情绪和行为，发挥其特长，挖掘其潜能，增强其自信心，最终让他们真正做到思想上健康、学业上进步、目标上明确、活动中成长。

关爱学生，其次要维护学生利益。按照组织的受益对象划分，学校属于服务型组织，其得益者是当事人而不是组织成员，对于学校而言其受益对象是学生而不是教师，这就要求教师保护学生安全，维护学生利益。与普通教育学生相比较，职教学生问题层出不穷，职教师资应认真学习和理解国家相关教育法律法规。一方面，要关注学生的校园安全，减少学生事故的发生；另一方面，当学生深入企业生产实习锻炼时，教师更应承担安全保护职责，将确保学生生命安全放在教师职业道德的第一位，真正维护学生根本利益。

2. 尊重学生

美国教育家杜威提出：被人尊重和信任的欲望是人类天性最深刻的冲动。尊重和信任相互影响、相互关联。只有有了尊重和信任，学生才会"亲其师，信其道"；只有有了尊重和信任，学生才会"尊其师，奉其教"；只有有了尊重和信任，学生才会"敬其师，效其行"；只有有了尊重和信任，才会使"丑小鸭"变成美丽的"天鹅"，才会出现更多的"牛顿""瓦特"！

尊重学生，首先要尊重学生独立人格。心理学认为人格即个体在对人、对事、对己等方面的社会适应中行为上的内部倾向性和心理特征，是气质、性格、兴趣、爱好等方面的整合，每个学生都具有独立的人格，为了让学生更好地实现学会学习、学会合作、学会生存，教师应充分尊重每位学生，扬长避短，正面引导学生，发挥学生长处。

尊重学生，其次应尊重学生个体差异。著名心理学家霍华德·加德纳认为，每个个体都或多或少会形成八种智力，只是会因其发挥不同而表现不同。因此，职教学生有其优势智力类型，学校或教师应根据学生的智力类型、学习特点、发展目标为其提供差异化、个性化教育，长善救失，帮助学生实现自我价值。

尊重学生，还应尊重学生自主发展。人在接受一定年限的学校教育后会走入社会参加工作，即使是在终身教育时代，学校教育也只是人生旅程中的一个阶段。因此，教师在教育教学过程中，应不断培养学生独立思考、自主认知、动手实践等方面能力，针对职教学生特点，大胆创设情境，充分信任学生，鼓励学生自主探索，调动学生积极主动性，真正实现学生的自主发展。

三、教学观

除了对职教工作的理解与认识、对学生的认识与态度外，职业教育教师专业理念与师德还应包括微观层面的对教育教学的态度与认识，主要包括三方面：一是从目标出发，应以育人为本、能力为重，真正做到学生道德、知识、技能三方面全面发展；二是从规律出发，应将学生身心发展规律和职业教育发展规律相结合，促进学生职业能力的社会化；三是从取向出发，营造和谐氛围，引导学生自主探索，鼓励学生自主思考。

1. 育人为本，能力为重

“育人为本，能力为重”既是职业教育培养目标的直接体现，又是立德树人根本任务的具体表现。无论是知识的掌握，还是技能的提升，都不是职业教育的根本所在，这些只是促进学生全面发展的基本途径，职业教育真正的目的首先是“成人”，其次是“成才”，职业教育应始终秉承以目标为导向、以服务为宗旨、以就业为导向。因此，在教育教学过程中，职业教育教师应坚持德育为先、育人为本、能力为重，这既是职业教育学科发展的需求，也是职业学校学生成长的需求。

与普通教育相比较，职业学校学生普遍学习有困难，有些学生品行有问题，部分学生家庭情况特殊，如单亲家庭、“丧偶”家庭、富二代家庭等，对于职业学校教师而言，如何看待这些学生，如何促进学生的健康成长，这是职业教育学生培养的首要问题。首先，需要根据学生的实际情况，了解学生心理发展，了解学生家庭状况，因材施教，培养他们正确的道德观念、道德行为习惯、正确的学习态度和学习观念。

“育人为本”不仅需要依靠班主任工作和德育课程，还需要依靠教师的专业教学，实施人才培养。在班主任工作和德育课程中，教师要深入了解学生的家庭情况、学习情况和社会交往情况，潜移默化、见微知著地帮助学生了解做人和做事的基本社会规则，引导学生正确处理师生之间、生生之间的相互关系，逐渐梳理正确的世界观、人生观和价值观。在专业课程教学过程中，教师一方面要结合具体的职业情境，另一方面要结合具体的职业案例，培养学生遵纪守法、踏实肯干的职业道德和科学严谨、细心大胆的职业态度，最终形成专业知识技能与职业道德、态度兼具的职业教育高素养技能型人才。

“能力为重”是职业教育与普通教育的重要区别所在，职业学校通过“做中学、学中做”的实践形式实现理论与实践相结合、学校实践与社会实践相结合。在学校实践活动中，学生可以合作、交流共同解决难题；在社会实践活动中，学生可以通过观察社会现象，分析社会问题，分辨真善美。这些活动无论是对学生的沟通合作能力还是分析解决能力都至关重要。因此，对于职教教师而言，一方面要让学生学会做人做事的基本社会规则，另一方面要让学生通过活动解决实际问题。

2. 遵循规律，促进发展

基于职业教育“跨界”的基本特征，职业教育实施过程中应主动适应经济发展、产业升级的形势，随着产业升级“动”，跟着经济发展“走”。遵循规律就是职业教育教师一方面应遵循职业发展规律，另一方面应遵循学生身心发展规律，将教学内容与职业发展双向对接，将教学设计与学生发展深度吻合，创新教育教学模式，促进学生发展。

与普通教育相比，职业教育有着特殊的特征和规律，职教教师要掌握经济发展、产业情况的动态，根据发展动态进行相应的职业能力分析，并进一步调整课程设计，以帮助学生进行科学的职业规划，最终实现职业发展。

要遵循职业教育培养规律，就应注重创新职业教育环境。要实现职业教育的培养目标，培养高素养技能型人才，关键在于实施有效的实践教学，因此，学校及教师应营造宽松的、民主的实践教学环境，为学生实践能力的培养提供平台和载体。另外，除了实践教学外，教师在理论课程教学中，还应广泛通过模拟教学、案例教学、项目教学等方式发挥学生主观能动性，主动参与课堂教学，做到最大限度地理论联系实际。

要遵循职业教育发展规律，促进学生身心发展，还必须推动职业教育教学改革，不断创新现代人才培养模式。职教教师应按照国家新一轮职业教育教学改革的意见，对教学模式、课程设置、教学评价、培养模式、师资队伍、管理制度等方面进行全面、系统改革，使职业教育教学适应内外部环境，更有效促进学生培养，服务技能型人才社会要求。

3. 营造氛围，鼓励自主

教学是教师的教与学生的学组成的双边互动过程。传统教育观念认为教师、课堂、教材是核心，但现代教育观念育人为本，教学过程中一方面应发挥教师的主导作用，另一方面应该充分尊重学生，主动营造氛围，发挥学生主观能动性，鼓励学生自主学习。自主学习与他主学习、接收学习、机械学习是相对的学习方式，是一种自我监控、自我激励、自我导向的学习方式，职业教育就是要培养学生如此的精神和品质。

引导学生自主发展，首先应激发学生学习的自主意识，增强其自主学习的信心。职业学校学生普遍学习成绩较差，学习主动性不高，教师应为学生创设一个良好、和谐、平等的班级氛围，师生之间建立起民主平等的良好关系，让学生对教师充满信任，让班级为学生提供一个积极向上的平台，促进学生主动参与、独立自主。

引导学生自主发展，其次应培养学生独立思考问题与解决问题的能力。自主发展首先表现为独立思考，而问题是思考的逻辑起点，问题意识是学生创新发展的关键动力。教师应在教育教学中主动培养学生的问题意识，求同存异是解决问题的方法，而求异存同是发现问题的方法，问题从差异中来，差异从比较中来，只有比较才能发现问题，教师通过创设问题情境，设置问题角度，激发学生的兴趣和好奇心，促使学生主动探究和思考，培养学生的问题意识和分析问题的能力，为未来生活和工作做准备。

引导学生自主发展，还应主动搭建实践锻炼的平台和载体。教师在教育教学中，可以通过多种方式和手段，如信息资源和网络技术，根据学生的兴趣爱好，结合学生的专业方向，拟定研究主题，让学生根据设计主题进行自主探究、自主学习，并定期更新主题内容，定期展示、系统管理学生学习成果，进一步鼓励学生自主学习和自主创新，激励学生不断面对挑战、发现自我、自主发展。

四、个人修养与行为

孔子曰：心正而后身修，身修而后家齐，家齐而后国治，国治而后天下平。诸葛亮曰：静以修身，俭以养德。修养与行为既是个人品德修养的体现，又是个人人文素养的体现。个人修为既包括文化基础、个人智慧，又包括道德情操、道德行为。综合而言，个人修为要求职业教育教师能够不断提升自身魅力，以身作则，身体力行，做到内外兼修。

1. 内修于心

教师所有的教育教学行为都是其内在修养的外在表现，如果没有内在的修养，就不可能有外在的修为与魅力。《学记》曾言：亲其师，信其道；尊其师，奉其教；敬其师，效其行。意思是说，学生只有愿意亲近自己的老师，才有可能心悦诚服地听从老师的教诲；学生只有尊重自己的老师，才会接受老师的教育；学生只有敬佩自己的老师，才会将老师作为自己的榜样，尊重他的做法。即只有师生关系和谐，才能真正产生观念和行为上的引导，而师生关系的关键在于教师本身，在于教师的修为，只有提高自身魅力内涵，才能更好地言传身教。一方面，教师的内修行为作为一种提升与历练，会增强自信心，会赢得师生的认可；另一方面，教师的内修行为会作用于整个教师群体、作用于整个学生群体，发挥潜移默化的影响力。

内修于心，首先体现为较高的政治素质。作为职业教育的实施者，教师首先应时刻关注国际局势、国家时政，关注区域经济发展，时刻与党中央保持高度一致，能引导学生正确、客观地分析各种社会现象和问题，引导学生正确认识各种思潮。尤其是在改革开放期、社会转型期、教育改革发展期，多种文化共同作用于学生，无论是学校的思想工作，还是教师的权威性，都受到了直接的挑战。教师只有将正确的价值观念、坚定的政治立场传递给学生，才有可能实现职业教育的培养目标；教师只有严把思想政治关，才能夯实师德素养。

内修于心，其次体现为良好的职业道德。职业道德是教师在教育教学实践中应遵循的职业准则和道德品质，是教师职业特有的准则要求。俗语说“一日为师，终身为父”。作为一名职业教育教师，应该如何对待自己的事业，如何对待自己的学生，如何对待教师群体，如何对待自身发展，这些方面都会深刻影响学生。学生都具有向师性，教师的一言一行、一举一动都具有一定的示范性，教师在教育教学过程中应严格要求自己，给学生树立良好的榜样。

内修于心，再次体现为较高的专业素养。教师的专业发展基本有外部制度安排和内部自主发展两种途径，但相比而言，内部自主发展更能促进教师的专业发展。与其他职业相比较，教师职业是一种自我更新性非常强的职业，因为教师的教育对象会发生变化，不同的学生个性特征、知识基础不同，只有自主性发展才能更好地促进教师素养提升。作为职业教育教师，一是要夯实专业理论基础，及时参加在职培训与进修，及时关注专业发展动态，主动参与科学研究，不断提升自身的专业素养；二是尽可能地参与专业实践，及时关注职业发展动态，主动与一线人员保持合作沟通，确保知识、技能的更新性。此外，作为传道授业者，职业教育教师必须掌握一定的教育教学技巧，能根据教学内容、教育对象调整教学，确保教学设计与学生身心发展的吻合。

2. 外塑于行

无论是教师的内在修养，还是外在修为，都会对学生产生潜移默化的影响。教师的内在修养也一定会外塑于行，包括教师的行为举止、体貌谈吐，教师的衣着服饰、神态表情，这些方面都是一种无形的教育力量，激励学生朝着正确的方向发展。作为未成年人的职教学生很容易受到教师尤其是年轻教师的影响，无论是其穿着打扮还是行为举止都会成为学生模仿的对象。“其身正不令而行，其身不正虽令不从”，正面的外在形象本身就在释放一种正能量，而负面的形象反而会成为学生错误行为的衍生品。

外塑于行，首先要语言专业规范。语言是人们沟通交流的主要工具，教师良好的语言表达有助于提升教育教学效果。作为职业学校教师，一方面，教学语言必须科学规范、简单明了，而不是随意偶发，在语音、词汇、语法、语速、吐字等方面符合基本要求；另一方面，教学语言必须积极健康，富有教育性，在教育教学过程中，教师的言语活动最终是为了实现教育目的，教师应按照一定规则，引导学生明白做人道理，养成良好品德，掌握文化知识，同时，教学语言还应有一定针对性，针对不同的学生、不同的学科采用不同的语言，既有一定的专业性，又有利于教学交流。

外塑于行，其次要行为文明健康。文明健康的行为既是教师素养的表现，又是教学手段的有效途径。一方面，教师应运用自身的眼色、表情等传达出亲切和蔼而又不失尊严的信息，让每一个学生感受到教师的关注和激励，既坚定坚毅，又真诚自信，引导学生注意认真听讲。另一方面，教师还运用身姿、手势辅助于教师的语言。研究表明，一个人通过耳朵获得的信息占 11%，通过眼睛获得的信息占 83%，而通过其他感官获得的信息只占 6%。以身姿、手势为主的教态语言与教学口语相比，具有更加生动形象、真实鲜明的特征，可以说是一种经济有效的辅助教学手段，可以进一步优化教学效果。

第二节　专业知识

随着教育重视程度的不断提高，教师职业的专业性越来越强，这就要求职业教育教师必须具备一定的专业知识。与其他类型教育相比，职业教育教师同样首先需要具备关于课程的知识、学生的知识以及一般通识类知识，另外，职业教育的培养目标、培养对象以及教学特征直接决定了教师的专业知识具有其独特性，主要表现在职业类知识上。《中等职业学校教师专业标准（试行）》把中职学校教师必须具备的专业知识分为四类：教育知识、职业背景知识、课程教学知识、通识性知识。本节也据此进行划分。这四类知识在教学实践中相互融合又相互独立，职业教育教师应不断加强理论学习、实践反思，不断与教师群体交流、沟通，以此来完善自身的专业知识结构。

一、教育知识

教育类知识即从“以生为本”这一根本要求出发，将学生作为职业教育活动的主体，掌握正确的学生发展规律，科学有效地开展职业教育教学活动，提升职业教育教学效果。

1. 职业教育学生特殊的身心发展规律

职业学校学生经历了从少年期到青春期的过渡，无论是身体外形还是内心世界都经历了急剧的变化，是身心发展的关键期，职业教育教师首先应遵循学生身心发展的一般规律，除此之外，与普通类型学生相比，由于职业学校学生在学习经历、智力发展以及未来发展等方面的巨大差异，职业教育学生还具备一些特殊的身心发展规律，具体表现在以下三个方面：

第一，职业学校学生具体思维能力较强。人类思维分为具体思维和抽象思维两种类型，学术研究型人才往往属于抽象思维主导的人，而技能技巧型人才属于具体思维主导的人①。20 世纪 80 年代，美国著名心理学家加德纳提出了多元智能理论，这一理论颠覆了我们对传统智力理论中“智力”的看法，传统观念认为人的“智力”主要指语言理解能力和数理逻辑能力，而加德纳认为人的“智力”是多元的，主要包括语言、音乐、运动、视觉等智力，不是一种能力而是多种能力的综合。职业教育教师应树立正确的智力观念，即每个个体的智力类型是不同的、多元的，人的智力实际上是由多种不同发展水平的智力类型组合所形成，因此，职业学校学生与普通类型学生相比，不是智力高低的不同，而是不同智力类型的差异。

第二，职业学校学生的自信度相对不足。当今的教育评价手段为考试，而考试内容是以数理逻辑和语言理解为主，这往往就是职业学校学生所不擅长的。受社会传统观念和教育评价手段的影响，职业学校学生就被误认为是“差

① 姜大源．职业教育学研究新论［M］. 北京：教育科学出版社，2007.

生”，长此以往，职业学校学生受到心理暗示，对学习积极性、自尊自信等方面产生了负面影响。面对这样的学生群体，作为教师，应当充分了解学生，挖掘学生潜能，尊重、关心学生，通过开展丰富多彩的教学活动，激发学生兴趣，调动学生积极性，引导学生扭转观念、恢复自信。

第三，职业学校学生的学习动机更为现实。与普通教育学生相比，职业学校学生的就业动机更为明显、更为强烈。他们为了更有效地实现自身的职业目标，在整个教育教学过程中，无论是其认知模式还是学习模式都表现出了明显的实用主义态度，即忽视专业理论知识的学习、重视专业技能的操作，忽视公共课的学习、重视专业课的学习。职业学校教师应引导学生转变观念，让学生意识到理论学习和基础知识学习的重要意义，从而促进职业学校学生素质的全面提升。

2. 职业学校技能型人才的成长规律

职业教育是我国教育体系的重要组成部分，其目标是培养技术技能型人才，作为职业学校教师，除了掌握学生的一般性身心发展特征外，还必须熟悉技能型人才的形成规律和发展规律，并将其作为职业教育教学活动的重要依据。技能是建立在一定的知识和经验基础上的，是通过一定的练习、实践才能获得的一系列智能活动或者动作方式。技能按照其特点的不同，主要分为智力技能和动作技能。智力技能主要是一系列的认知活动，包括感觉、知觉、记忆、思维、想象等，如心算、构思、设计、分析等；动作技能则是通过外显性的机体活动方式表现出来，如写字、弹琴、打球、做操等，即个体的动手协调能力。这两者之间相互区别又相互联系，不同的活动主导性的技能类型不同，例如写字、弹琴主要是动作技能，而口算、作文则主要是智力技能。

智力技能主要体现在职业教育基本理论和技术原理的学习过程中，其形成主要包括三个步骤：第一阶段，基础阶段，即教师在教育教学过程中通过图片、模型、实物等方式引导学生形成感性认识，在这一过程中，教师需通过理论联系实际的讲授形成对基本概念的初步印象；第二阶段，系统阶段，在以上感性认识的基础上，帮助学生了解和掌握基本概念和基本理论的内容，并建立新旧知识之间的联系，形成知识系统；第三阶段，贯通阶段，通过新旧知识之间的联系帮助学生充分理解知识，在这一阶段，职业教育教师应重点关注知识、理论的分析、综合和应用，只有这样才能真正内化知识，真正做到融会贯通。

动作技能主要体现在对职业教育基本理论和技术原理的应用过程中，其形成可以分为三个步骤：第一阶段，感知阶段，即通过教师的示范、演示，对学习的技能活动形成初步感知，在这一阶段，教师重点应作出具体的讲解与示范，使学生可以理论联系实际；第二阶段，模仿阶段，即学生通过观察教师的示范动作，模仿性完成这个技能活动，在这一阶段，针对学生出现的各种不正确、不规范、不熟练、不协调等问题，教师应耐心引导，强调规范，强化练习，同时注重对学生的反馈和鼓励，尽快让学生掌握动作要领；第三阶段，熟练阶段，即学生在掌握动作要领后，加强练习，反复训练，最终形成稳定、协调甚至自动化的动作模式。

3. 职业学校集体活动的特点规律

职业学校教育教学活动面对的是学生集体，除了关注学生发展的一般规律、技能型人才的发展规律外，还需要关注学生集体活动的特点规律，包括宿舍活动、社团活动、班集体活动、自由集体活动等。几乎所有活动是以群体为依托的，根据群体的原则和形成方式的不同，将群体分为正式组织和非正式组织两类，正式组织包括宿舍、班级、社团等，而非正式组织主要指学生按照自身的兴趣和需求自发形成的伙伴式群体。无论是正式组织还是非正式组织都会影响学生的身心发展，作为职业学校教师，应充分了解这两类组织的特征和形成方式，掌握有关学生群体活动的管理知识、方法策略，从而更好地管理学生，更有效地发挥群体对学生身心发展的作用。

正式组织就是根据组织编制、章程或其他正式制度建立起来的系统，有明确的协作义务，有明确的目标和人员分配，职业学校中的班级、社团、宿舍等都属于正式组织。这类组织既是学生的学习平台，又是学生的交往平台，无论是对学生的学习行为还是对学生的社会交往都具有重要影响。作为教师，尤其是从事管理工作的专职辅导员或者班主任，一方面，应了解学生的心理发展特征，确定组织目标，培养学生干部，科学系统地组织学生活动，加强学生的组织管理；另一方面，引导学生学会自我管理，增强学生责任意识。总之，在学生正式组织的管理过程中，应坚持以学生为本，不断加强师生之间、生生之间的交流与沟通，增强团队的凝聚力。

非正式组织就是由于成员之间的气质性格、兴趣爱好等颇为接近，彼此在相互交往过程中形成了较为密切的朋友关系，最终形成了小团体。因此，这类组织往往凝聚力较强，同时对成员的观念和行为有较强的影响力，与正式组织相比，这类组织更能满足学生的心理、情感需要。职业教育教师应正确看待这类组织，采取积极措施，引导这类组织发挥对正式组织的积极作用，尤其应关注非正式组织中有凝聚力的学生影响力，及时强化其正面行为而制止其不当行为，从而引导学生积极健康的身心发展，即使非正式组织出现负面效应，也应积极引导，采取正确的、恰当的方式方法使其回到正轨。

二、职业背景知识

职业教育的培养目标即培养社会经济发展所需的技术技能型人才。了解和掌握职业类知识是教师履行职业教育教学职责和践行教育教学活动的前提和基础。这类知识也是职业教育教师区别于普通教育教师的重要标志，只有掌握职业类知识，才能更好地实现职业教育培养目标，提升职业教育培养质量。具体而言，职业类知识包括两方面内容：

1. 了解地区经济与行业技能的发展现状

与普通教育相比，职业教育与社会经济发展水平联系最为密切，因此，为了培养适合社会发展需求的职业技能型人才，职业学校教师应充分了解当地的经济结构与行业技能的发展现状，最终实现职业学校人才培养与地区产业结构之间的融合，专业课教师（包括理论课和技能课教师）还应掌握相应行业领域的最新技术发展信息，从而增强人才培养适切性。

众所周知，我国幅员辽阔但地区发展极不平衡，不同地区产业结构、经济类型差异很大，而当地经济发展是职业学校专业设置与调整的重要依据，职业学校教师应充分掌握当地的产业结构信息。当今信息时代，技术进步日新月异，知识更新速度很快，社会各界的新知识、新技术、新设备层出不穷，职业学校教师应通过网络媒体、合作交流、校企合作、专业期刊等途径了解任教专业在行业发展中的最新动态信息，及时更新专业知识与专业技能，将相关前沿知识与技能传授给学生，提高技能型人才培养的针对性。

2. 熟知职教专业与职业资格标准的对应情况

与普通教育类型相比，职教专业与社会职业设置密切相关，但并不一定是完全吻合、一一对应的关系，一个职教专业可以对应若干个相关的职业岗位，而职业教育教师应根据职业发展动态相关信息充分了解任教专业应对应哪些类型的职业岗位，从而引导学生了解就业信息，帮助学生形成适合的职业发展规划。

作为一种特殊的国家教育考试制度，职业资格证书制度是劳动就业制度的重要组成部分，劳动制度改革最初于 1986 年开始进行，1993 年劳动部颁发的《职业技能鉴定规定》正式实施。《中华人民共和国劳动法》（1995）指出，国家对职业分类制定技能标准，实行职业资格证书制度，并有专门的考核鉴定机构实施技能考核鉴定。《中华人民共和国职业教育法》（1996）指出，职业教育应当同政府制定的职业分类、等级标准相结合，实行学历证书、培训证书和职业资格证书三种制度。《中华人民共和国职业分类大典》（1999）明确将职业分为8个大类，1 838个细类。在对职业分类的同时，还对从业人员的职业活动内容以及规范要求作出规定，截至2015年，人力资源和社会保障部共颁布946个国家职业技能标准，2021年2月、12月又相继出台13个、35个国家职业技能标准。

职业教育在现代化建设中的重要战略地位决定了其必须以就业为导向，职业技能标准既是职业学校课程设置的依据，又是职业学校教育教学的依据，职业学校教师应充分了解所教专业相应的技能标准，据此确定培养目标、教学目标，实现教学内容与技能标准的无缝对接，从而增强职业学校人才培养的针对性。除了校企合作等实践渠道外，还必须及时了解职业学校专业设置情况和国家职业资格认定情况，如《中等职业学校专业目录》(2010)、技能人才评价工作网都是教师获取职业相关信息的基本途径。《中等职业学校专业目录》(2010) 中包含了19个专业类别，321个专业，并明确了每个专业对应的职业岗位，技能人才评价工作网提供了各个职业对应的职业技能标准。当然，随着社会经济和产业结构的变化，职业处于动态调整中，职业学校教师既需了解职业岗位的技能标准，又需关注职业发展的动态信息。

三、课程教学类知识

课程教学类知识是职业教育教师专业知识的核心组成部分，课程主要涉及"教什么"的内容，教学主要涉及"怎么教"的内容，具体而言，课程类知识主要包括四方面的内容：

1. 通过课程类型及课程地位明确培养目标

在人才培养方案中，培养目标是职业学校课程设置的重要依据。职业学校教师应充分了解所教专业的培养目标，明确所教课程在整个人才培养中的地位和作用，并据此安排课程内容和教学设计，关注学生专业实践能力的培养。

职业学校课程设置主要分为公共基础课程和专业技能课程两类。公共基础课程主要包括体育类、文化类、思政类、艺术类，部分内容实施途径既可以单独作为必修课程开设，又可以多种形式融入专业课程内容，旨在引导学生具备健康的体魄和心理，掌握必备的文化基础知识，具有基本的科学文化素质和感受美创造美的能力，与专业技能课程相比，目的就是促进职业学校学生的全面发展。

专业技能课程主要包括专业基础课程和专业方向课程两类。与公共基础课程相比，专业技能课程内容与社会实践和生产实际密切相关，突出实践性和应用性，其教学目标、教学内容、教学方法也更加关注职业技能的培养和训练。

部分专业基础课程涉及面广、基础性强、规范要求高，因此，这些课程实行国家统一的课程标准。而实习实训课程作为职业教育“跨界”特征的明显体现，属于专业技能课程的重要载体，对于强化学生的职业道德和理念，加强学生的职业技能和实践，提高学生的综合职业素养具有重要意义，其方式包括校内实训、校外实习实训以及顶岗实习等。教师应首先引导学生明确实习实训基本规范要求，并确定实习实训内容要求，真正做到实习实训岗位要求与社会职业岗位标准相吻合，即职业学校教师通过专业技能课程的教学，将学生培养成为具备职业发展的专业知识，具备岗位需求的专业技能，具有一定职业道德和创新能力的技术技能型人才①。

2. 通过课程标准与实践体系掌握课程内容

课程内容是职业学校教师专业知识的核心所在，主要通过课程标准、课程内容与实践体系表现出来，课程标准是课程实施的教学指导性文件，它规定了课程性质、课程目标、课程结构、实施建议及考核方式等内容，既是职业教育教师开展教育教学活动的依据，又是教学考核评价的依据。

众所周知，“术业有专攻”。职业教育教师拥有一定专业领域的理论知识和实践技能，但由于学段不同，培养目标的差异，因此中职和高职的课程设置也会有所差异。课程的基本内容一般分为两类：一类是陈述性知识，是关于“是什么”“为什么”的知识，主要涉及基本概念、原理等内容：另一类是程序性知识，是关于“为什么”的知识，是关于经验或方法的过程性知识。中职的课程设置是以就业为导向，因此课程内容更倾向于实践技能为主的过程性知识，而高职的课程设置是以学科知识的内在逻辑体系组织和整合的，因此课程内容更倾向于程序性知识。综上所述，对于职业教育教师而言，应根据学段的不同，准确把握培养目标和课程标准，对课程内容进行有效选择、整合、组织，使课程内容更有效地促进学生发展，促进培养目标的实现。

与普通教育相比，职业教育侧重强调以工作过程为基础的程序性知识，对于职业学校教师而言，必须掌握与工作过程相关的知识，工作过程是完成一项任务而涉及的整个工作程序，这个工作程序可以是产品的生产，可以是服务的提供，也可以是具体项目，主要包括工作内容、要素、方式、管理、产品和环境六方面②。整个工作过程不仅涉及工作人员，还涉及其他要素如环境、方式

① 教育部办公厅关于制订中等职业学校专业教学标准的意见（教职成厅〔2012〕5号）[EB/OL]. [2022-03-20]. http://www.moe.gov.cn/srcsite/A07/moe_953/201212/t20121217_146273.html.

② 姜大源. 当代世界职业教育发展趋势研究 [M]. 北京：电子工业出版社，2012.

等方面，不仅涉及单项工作内容或知识，还涉及知识、技能的整合，对于职业学校学生，只有理论知识与工作实践相结合，学生才能更有效地掌握工作技能知识。因此，职业学校教师应结合任教专业，选择典型工作任务，围绕典型工作任务必需的知识体系展开教学内容。

3. 通过教学内容与教学策略的匹配确定教学设计

教学策略就是教师为了实现一定的教学目标而组织学生学习教学内容的过程中采取一定的方式方法的总称。“教学有法，但无定法”，教学方法类型多样，基本可以分为通用类和专业类两种，通用类适用于各种类型课程，专业类适用于某些专业课程。

具体而言，通用类教学策略包括四种：语言传递类为主的教学策略、直观感知类为主的教学策略、实际训练类为主的教学策略、主动探究为主的教学策略。语言传递类为主的教学策略是最常用的，包括讲授法、讲演法、讲述法、谈话法、读书指导法、讨论法等。直观感知类为主的教学策略是通过直观教具、现场参观等方式让学生获得感性认识，主要包括参观法和演示法。实际训练类为主的教学策略是为了更好地巩固知识和技能，包括实验法、实习作业法、练习法等。主动探究为主的教学策略是为了把学生作为教学的主体，更好地调动学生学习的积极性，培养学生的逻辑思维能力、分析和解决问题的能力、独立自主的能力，包括发现法、讨论法等。

职业教育是以就业为导向，重点培养学生职业能力的教育类型，无论是课程设置、课程内容，还是教学活动、教学组织，都应与职业发展的内容与要求相适应，这就使得职业教育的教学策略必须具有一定的专业性、特殊性，常用的职业教育专业教学策略包括情境教学法、案例教学法、项目教学法、任务教学法等。情景教学法要求教师设置好虚拟性、仿真性的环境，通过现场教学、角色扮演等方式，锻炼学生的职业技能，培养学生的职业观念，一方面要注意保证学生安全，另一方面要即时反馈学生表现。案例教学法是为了更好地培养学生专业问题分析能力和解决能力，教师引导学生运用专业知识分析、解决典型案例，通过组织学生对案例进行分析、讨论、判断、定论等，加强学生理论联系实际的能力。项目教学法就是在职业教育教学过程中，教师将教学内容项目化，通过引导学生完成项目的计划、实施、评价等环节，实现“以项目为主线，学生为主体，教师来引导”，从而让学生掌握项目的整个流程及要求。任务教学法要求教师结合教学进度和教学内容合理确定学生的学习任务，通过工作任务来帮助学生建构专业知识和训练专业技能，在此过程中，一方面要求学生关注知识的应用，另一方面要求学生关注相互的合作，最终培养学生的专业技能和合作能力。

为了更好地实现职业教育培养目标，教师应掌握多种类型的教学策略，结合课程性质、教学内容、教学目标以及学生特征，恰当、灵活地综合运用各种教学方法，从而有效完成教学任务。

四、通识性知识

以上三项是教师应具备的基础知识，同时需要在教育教学过程中不断学习丰富，不断实践更新。与其他三类专业知识不同，通识性知识往往不属于显性知识，容易被忙于日常工作的教师所忽视，但由于它会涉猎到更加广泛的学科领域，对于教师的专业教学质量提升、自身素养和魅力提升、促进学生学习方面有着很大的益处。

1. 科学文化知识

按照最古老的学科划分，将科学知识分为自然科学、人文科学和社会科学三大领域，掌握三大科学领域相关知识及交叉性知识，有助于职业教育教师扩大知识面，增强知识之间的融会贯通，提高其人文和科学素养，从而促进素质教育的进一步落实。自然科学是研究自然规律如物质的结构、要素、形态、性质等内容的科学，基本包括数学、物理、化学、生物、天文、气象等基础性科学和实用性科学两类。对于职业学校教师而言，自然科学知识既包括日常生活中的科学知识，又包括与课程教学相关的科学知识，既包括自然科学的内容知识，又包括其方法性知识，其学习有助于培养我们实事求是、独立思维、追求真理的科学精神，并运用自然科学知识理解、解决实践工作中遇到的问题，同时对学生科学精神的培养和形成产生一定的熏陶作用。人文科学是以人的精神世界为研究对象的，社会科学是以整个人类社会为研究对象的，两者研究对象相同，但研究方法有较大的不同。职业学校教师应利用书籍、电视、网络等各种渠道和途径进行学习，除了掌握教育教学类相关知识外，更应广泛学习人文社会科学知识，不断丰富知识储备，增长学识魅力，从而加深对于专业知识的理解与认识。

2. 经济社会发展动态

作为一种“跨界”的教育类型，职业教育与经济社会发展的关系十分密切，其改革发展必须与经济社会发展相适应、相协调。作为职业教育教师，必须及时了解社会经济以及教育事业的基本状况和发展趋势，只有这样，才能立足现实，及时更新教育理念，最终实现人才培养的目标。

首先，要了解职业教育发展的社会经济需求。任何一个国家和地区的经济建设对人才的需求是有层次性的，既需要高学历高层次的普通型人才，又需要高素质高质量的技能型人才，而长期以来，由于历史的原因和传统观念的偏见，职业教育恰恰是教育短板，影响了我国经济方式的转型和经济建设的发展。我国改革开放已经 40 余年，综合国力大幅提升，经济建设快速发展，在这一阶段，已经呈现出了经济发展的新特点：一是现已进入改革开放、经济转型的深化期、攻坚期，二是进入了全面建设小康社会的重要时期，三是进入了现代产业体系建设的关键时期，四是进入了科教兴国、人才强国建设的重点时期，五是进入了社会各项事业发展的全面时期。因此，《国家中长期教育改革和发展规划纲要（2010—2020 年）》提出了"大力发展职业教育"的战略决策，《中华人民共和国职业教育法》（2022）提出"职业教育与普通教育同等重要，这两个类型的教育没有高低之分、优劣之别"，这些都对职业教育的改革与发展特别是人才培养的规模、质量提出了新的挑战和要求。

其次，要了解教育改革与发展的形势与政策。改革开放以来，我国形成了世界上规模最大的教育系统，基本满足了亿万人民群众的教育需求。2008 年后我国逐步实现了城乡全覆盖的免费义务教育，2019 年高等教育进入普及化阶段。同时，职业教育得到高度重视和快速发展，农村教育短板得以加强，教育公平与效率基本得以兼顾，逐步由人口资源大国迈向人力资源强国，内涵式教育发展、依法治教、教育领域综合改革，以及推进教育治理体系和治理能力现代化已成为新时代中国特色社会主义教育事业改革发展的重要方向。

最后，要了解教育尤其是职业教育领域的相关政策法规。在教育改革和发展中，运用法治思维和法治方式，引领和推动教育领域综合改革，就是要完善教育法律和制度规则体系，依法行政，依法治校。依法治教是依法治国在教育领域的直接体现，职业教育教师应加强《中华人民共和国教育法》《中华人民共和国教师法》《中华人民共和国职业教育法》等教育法律法规内容的学习，以及中共中央、国务院、教育部等部门颁布的教育政策规定，以此规范和指导教育教学实践。

3. 信息技术知识

进入 21 世纪，世界处在一个信息与技术大变革的时代，知识与信息已经成为教育发展乃至整个社会发展的重要因素。通常而言，信息技术知识是指获取信息、分析信息、处理信息、存储信息等方面的技术和知识，其核心是计算机知识、网络技术以及多媒体技术等。职业教育教师应充分认识到信息技术知识对现代教育教学的重要性，并通过继续教育或自学等方式积极获取、熟练掌握现代信息技术，一方面拓展知识资源，另一方面改革教学方法，满足职业教育教学改革的需要。

首先，掌握信息技术知识是现代教育教学的需求。进入21世纪以来，信息技术已经覆盖到社会政治、经济和文化等诸多领域，信息化也已成为教育改革发展的重要趋势，以教育信息化带动教育现代化，只有这样，才能做到与时俱进，增强教育创新能力，提高国民基本素质。信息技术对教育教学的影响重点体现在教学资源和教学环境两方面。教学资源主要包括以各种文字、图像、声音、视频、动画为主的数字信息资源，如视频公开课程、资源共享课程、在线开放课程、MOOC（慕课）、虚拟仿真实训平台、工作程序模拟软件、主题素材库、各种专业网站等。教学环境主要包括远程教育中心、网络教室、多媒体教室、仿真实验实训基地等数字化场所与设施。掌握基本的教学资源和教学环境相关知识，是现代职业教育教师开展教育教学活动、提高教育教学效率、优化教育教学效果的前提和基础。

其次，掌握信息技术知识是教师终身专业发展的需求。现代社会是"知识爆炸"的时代，知识更新速度非常快，为了实现专业发展，职业教育教师一方面需要重新审视职业角色的变化，从权威性教师转变为引导型教师，为学生知识获取和方法掌握提供引导和帮助，另一方面需要坚持终身学习，自主学习，个性化学习，不断掌握收集信息、处理信息和运用信息的方法与技巧，以便获得更好的专业发展。

第三节　专业能力

专业能力是职业教育教师专业发展的直接体现，它既是促进教师自我发展的基本保证，又是实现学生发展的根本前提。职业教育作为一种"跨界"的教育类型，其专业能力不同于以学科为中心的普通教育教师能力结构，其专业能力更主要与其专业实践活动密切相关，职业教育以培养高素质技术技能型人才为培养目标，教育教学坚持以就业为导向，促进学生未来的就业和发展。因此，职业教育教师向学生传授专业知识的同时，更重要的是培养其职业能力，提升其职业素养，不仅要具备普通教师的教育教学能力，更重要的是具备职业教育的教学实践能力。只有这样，才有可能成长为"双师型"教师。

按照《中等职业学校教师专业标准（试行）》对教师专业实践的能力要求，职业教育教师应具备的专业能力可以概括为以下三方面：首先是教学能力。这是教师基本、核心的专业能力，贯穿于教师职业生涯和专业实践工作的始终，主要包括教学设计能力、教学实施能力、教学评价能力、实习实训管理能力等。其次是沟通协作能力。教育是一种复杂的社会实践活动，涉及多个教育主体，这种能力包括与学生、家长、企业、用人单位、实习实训单位以及社会其他部门的沟通、协调能力。最后是教学研究与专业发展能力。它是职业教育教师专业发展的基本保证，主要包括教学改革研究与实践能力、改进教学服务工作的能力、分析用人单位建议的能力、提升自身专业发展的能力等。

以上各项专业能力密切相关、相互联系，职业教育教师应协调发展，从而为提升教育教学质量、促进教师专业发展、提高学生就业质量等提供保障，其中，实习实训的组织能力以及与用人单位的沟通协调能力是职业教育教师区别于普通中等学校教师专业能力的主要标志，只有明确职业教育教师专业标准的专业能力要求，才能成为专业化、高素质的职业教育教师。

一、教学设计能力

教学设计可以分为广义和狭义两种，广义的教学设计既包括教学目标、教学过程的设计，又包括教学环境、教学媒体等方面的设计[①]，狭义的教学设计是专指对某门课程或某项教学任务教学单元的设计[②]。鉴于此，职业学校教师不仅要做好任教课程的教学设计，还要做好相关专业人才培养的宏观设计。教学设计能力是职业教育教师首先应该具备的专业能力，无论是公共课教师，还是专业课教师，都应根据课程的具体情况设计教学目标、教学过程及教学评价。

1. 教学目标的设计能力

教学目标既是教学的出发点，又是教学的落脚点，是对教学效果的一种预期，职业教育的教学目标是以用人单位的岗位标准为依据，以学生发展为目标，最终将学生培养成为高素质、技能型人才，它是安排教学内容、设计教学过程、选择教学方法、组织教学实习、开展教学评价的重要依据。《中等职业学校教师专业标准（试行）》第 34 条指出，职业学校教师应“根据培养目标设计教学目标和教学计划”。

教学目标的设计能力是指职业教育教师对社会职业需求、岗位要求、学生情况、学校资源等方面综合考虑，同时依据职业教育发展规律和原则，设计出教育教学应该达到的学习目标，其设计依据主要包括以下几方面：

（1）社会职业需求。职业教育作为“跨界”特征的教育类型，以学生发展

① 皮连生．教学设计：心理学的理论与技术［M］．北京：高等教育出版社，2002.

② 裴新宁．面向学习者的教学设计［M］．北京：教育科学出版社，2005.

为目的，以就业服务为导向，学生不仅需要合理就业，而且应尽职工作，努力学习，促进职业生涯的不断发展，只有这样，才能更好地为经济建设、社会发展作出贡献。因此，职业教育既需满足社会职业、用人单位的需求，又需满足学生及其家庭的多方面需求，职业学校教师在进行教学目标设计时，应综合考虑多种需求类型和要求，使教学目标能够达到社会各方面需求的最优化契合。那么，怎样才能达到这样的能力要求呢？首先，教师要具备教育调查的能力，对在校生跟踪调查，对毕业生跟踪调查，对用人单位跟踪调查，对当地社会经济状况调查，从而研判经济状况对专业发展、教育教学、学生发展等方面所产生的影响，为教学目标的设计提供依据；其次，教师要具备信息分析的能力，前期调研获取的信息如何与教育教学相关联，哪些会产生关联，会对教学目标产生什么影响；最后，教师要具备运用调研成果的能力，在综合考虑社会各方需求后，将职业需求与调研信息相结合进行取舍，最终使教学目标不仅符合课程教学要求，更与社会职业发展相契合，达到最优化设计。总而言之，与普通教育相比较，职业教育是与社会发展最为密切的教育类型，它不是校园内教育，也不是校园到校园的教育，而是一种开放式、跨界性教育，职业教育教师必须具备适应社会各方主体需求的教学设计能力。

（2）学生发展特征。与普通学校学生相比，职业学校学生情况比较特殊，一是家庭的社会经济资源薄弱，二是在普通学校出现学习困难现象。据此，教学目标设计时应坚持“以学生发展为本”，充分考虑到学生实际情况和身心发展特征，坚持引导学生树立正确的人生观和价值观，培养学生良好的学习习惯和学习兴趣，同时，职业教育“以就业为导向”，必须使学生具备必要的职业道德规范，并能掌握一定的职业技能技巧。另一方面，不同学校、不同专业的学生也具有一定的差异性，例如，有的学生对所学专业比较感兴趣，而有的学生对专业学习兴趣不浓甚至比较抵触，职业教育教师应根据学生实际情况设计差异化的教学目标，引导并培养学生的专业兴趣，使学生既能建立自信心，又能实现其就业需求。

（3）学校教学资源。教学目标的实现涉及各方面的因素，除了需要考虑社会主体各方面需求、学生发展情况外，还需要考虑学校现有的教学资源能否满足教学目标的实施。这些资源包括图书资料、实验实训资料、电子资料，同时包括与学校教学相关的一些校外资源，如实训设备场所、网络精品课、远程视频教学、微课程等。只有充分利用校内外相关教学资源，才能更适切地实现教学目标，因此，在设计教学目标时，必须充分考虑学校教学资源的实际情况。

（4）职业教育理论和相关学科理论。教学目标作为培养目标的下位概念，其设计不是盲目的、随意的，必须以培养目标为依据，既要运用职业教育理论又要考虑相关学科理论知识，如根据国内外相关职业教育理论设计教学目标的方法主要有能力分析法、任务分析法等。进入21世纪以来，我国众多职业教育教师注重学习国内外相关理论与方法，并尝试在实践中创新应用，不仅归纳提升为很多规律性理论研究成果，而且在教学目标设计方面产生了重要影响。同时，“跨界性”教育类型也决定了职业教育教学涉及多个学科知识，职业学校教师应具备终身学习和综合应用这些学科知识的能力，并在此基础上设计教学目标。

教学目标的设计能力对于更好地把握教材、提高教学效率有着至关重要的作用，但由于历史的原因，许多职业学校教师在工作之前是没有系统接受过职业教育方面的学习的，无论是职业教育理论知识还是职业教育教学方法方面的训练是非常有限的。因此，与普通教育教师相比较，职业学校教师在教育教学包括教学目标设计方面会遇到诸多问题，随着社会经济的发展以及职业教育的改革发展，职业学校教师越来越需要系统学习职业教育理论知识和教学方法，逐步提升教学目标的设计能力，例如：参加省部级职业学校教师素质提升计划，参加教育行政部门或者学校组织的相关培训，同时，还可以通过各种自我提升途径如阅读相关著作、教学反思、行动研究等提升专业发展能力。

除了积极学习理论知识，获取间接经验外，职业学校教师还应积极深入实践，通过调研了解用人单位的各种需求，在获得一手资料后将其直接应用于教学目标的设计中，除此之外，还要开展对毕业生的调查研究，多方获得系统信息，综合各方需求作为教学目标设计的参考依据。表面上看，对用人单位和毕业生的调查研究不能直接提升教师的教学设计能力，但这种实践调研方法却是教学目标设计能力中必不可少的，深入实践调研多方需求，有助于职业学校教师设计出更加合理、更加科学的教学目标。

2. 教学程序的设计能力

职业学校教师除了具备教学目标的设计能力外，还应注重教学程序的设计能力，这是决定教师专业能力高低的重要方面，也是教学目标能否实现的关键所在。科学的教学内容和有效的教学程序是实现教学目标及完成教学任务的基本保证，因此，教学程序的安排和教学内容的确定与教学目标的设计密切相关，相辅相成。

教学程序就是通过一系列的教学环节有目的、有计划地引导学生掌握知识和技能，促进学生德、智、体等方面全面发展的过程，它是师生之间的认识过程、心理过程、情感交流过程的综合体现，既包括校内教学，又包括校外教学。校内教学包括常规课堂教学、校内实训实习、校内社团文体活动等，校外教学包括专业见习、实地参观、顶岗实习等，职业学校教师应科学选择教学内容、合理安排教学程序，具有独立设计所教课程的教学设计能力。具体而言，是以教学目标为基本依据，根据学生的身心状况，具备设计教学内容、教学环节、教学资源等方面的能力，包括以下几个方面：

（1）教学目标的理解能力。教学目标既是教学的出发点又是教学的归宿点，既是教学内容选择的基础又是教学程序设计的基础，可以说，教学内容以及教学程序是实现教学目标的重要载体。因此，是否能正确理解教学目标直接关系到教学程序的设计能力，只有正确理解了教学目标，职业学校教师才能围绕目标合理安排教学程序，才能将教学目标的关键点在教学程序中加以展开，使教学目标与教学程序达到完美契合。职业学校教师一方面要明确教学中师生预期应达到的学习结果的标准，另一方面应考虑教师的教如何促进学生的学，如何实现教学理念及教学方式的转变。

（2）职教原理的应用能力。职业教育领域的教学程序设计，既要懂得所授课程的专业知识，又要遵循职业教育教学理论知识，同时还应按照理论—实践—理论的基本原则，将基本原理和他人经验运用到教学实践中，进一步提升专业知识和实践能力，并在实践中归纳总结工作流程和工作任务，在此基础上设计教学程序。因此，职业学校专业教师要具备设计工作过程导向专业课的能力，公共课教师要能够将职业理论融入所授课程中。

（3）教学情境的设计能力。《中等职业学校教师专业标准（试行）》第35条指出，职业学校教师应“基于职业岗位工作过程设计教学过程和教学情境”。与普通教育相比，职业教育最大的区别在于，职业教育教学需要特别考虑职业工作情境，无论是职业教育专业课程还是公共课程都需在职业的教学情境中展开，让学生置身于真实的情境中获得职业工作岗位所需的知识、能力及素养。因此，职业学校教师需具备教学情境的设计能力，在设计教学情境时，必须将教学过程、职业情境以及学生情况有机融合，这就要求教师不仅要熟悉教育教学原理和方法，而且要有职业工作实践经验，熟练掌握实习实训相关教学资源，让学生身临其境，引导学生主动思考、独立探索。当然，搞好情境教学也需要注意两点：第一，要避免形式上单纯的新颖性，教学情境是为了让学生感受真实，但往往形式上单纯的新颖容易分散学生注意力而使教学流于形式，因此，教学情境的设计必须围绕教学目标、教学任务而展开；第二，要注意内容的生动和方法的启发，教学情境的设计不是单纯“为了博学生眼球”，不是“换汤不换药”，而应选择新的教学内容组织教学、设计教学情境，并不断设置情境，引发学生进行逻辑性思考，既让学生在真实的情境中掌握知识，又可以获得思维方法上的启发和收获，锻炼学生的问题分析能力和解决能力，从而获得全面发展。

（4）引导学生自主学习的能力。无论是职业教育还是普通教育，学校教育仅是人生的一个阶段，最终一定会走入社会参加工作，而学生就业后会面临一系列社会适应问题以及职业持续发展问题，因此，自主学习能力直接会影响其职业发展问题。《中等职业学校教师专业标准（试行）》第36条指出，引导和帮助学生设计个性化的学习计划，职业学校教师应根据在校学生的兴趣爱好、智能类型、性格特征等方面的情况，培养学生的自学意识和自我学习能力，培养学生对从事未来职业的兴趣的能力，培养学生制定学习目标、学习计划、学习方法并促进学习的能力，这就要求职业学校教师自身具备较强的学习指导能力，并能够将这些能力总结归纳并传授给学生。

要想提升教学程序的设计能力，首先应提升专业知识水准。一方面，职业学校教师可以通过在职教育、继续教育、远程教育等外部传授方式，系统进行专业知识的补充和完善；另一方面还必须通过自学、自修、阅读等内部反思方式，及时进行专业知识向教学实践的转化。总之，职业学校教师要树立终身学习的理念，不断学习专业知识和理论，不断内化专业实践能力，以期持续提升教学程序及教学内容的设计能力，不断推进教学改革。

同时，教学程序与教学内容的设计不仅应符合教育教学理论，更重要的是贴近职业实践，将职业工作岗位的内容及要求融入课程讲授之中。职业学校教师应将教学与实践相结合，将深入职业实践常态化，亲身感受职业岗位的职业道德和工作技能，以此加深对职业规范、工作要求的进一步理解。同时，还应仔细观察、研究、掌握实际工作所需要的知识、技能及流程，关注职业道德和行为规范，关注职业动态发展和岗位动态变迁，并将职业实践所获得的信息进行归纳、总结、整理，作为教学程序与教学内容设计的重要依据之一。因此，职业实践也是职业学校教师获取教学程序设计能力必不可少的途径之一。

二、教学实施能力

教学实施就是根据预定的教学目标、教学计划等，通过执行教学程序来实现预期教学效果的过程。在此过程中，教师、学生以及学校是核心主体，教学实施策略的选择既要符合教学目标、教学内容的要求和教学对象的特点，又要考虑在特定教学环境中的必要性和可能性，为其他专业的课堂教学提供规范。

《教育大辞典》指出教学能力即教师为了达到教学目标、顺利从事教学活动所表现的一种行为特征，由一般能力和特殊能力组成。一般能力指教学活动中所表现的认识能力，如了解学生学习情况和个性特点的观察能力，预测学生发展动态的思维能力等；特殊能力指教师从事具体教学活动的专门能力，如把握教材、运用教法的能力[①]。教学实施能力就是一般能力与特殊能力的集中体现，是教师通过执行教学方案来实现教学目标、教学效果的能力。

1. 营造教学环境的能力

学生一定的学习行为与一定的学习环境密切相关，宽松、有效的学习氛围有助于激发学生的学习激情，树立成功的信心。职业学校学生大多属于未成年期，与普通教育学生相比，大多数在学习自信、主动性、积极性、兴趣爱好等方面有一定差距，且非常容易受到外部学习环境及氛围的影响，因此，营造教学环境的能力是教学实施能力的关键所在。为了更好地培养职业学校学生的自主性、自信心，职业学校教师应首先关注如何营造良好的、积极进取的教学环境。《中等职业学校教师专业标准（试行）》第 38 条指出，职业学校教师应“营造良好的学习环境与氛围，培养学生的职业兴趣、学习兴趣和自信心”。

教学实施过程中，教师应营造宽松的、积极向上的教学环境和氛围，激发学生学习的积极性和主动性，培养学生对专业学习的兴趣和爱好，为将来的职业持续发展奠定基础。一般而言，营造教学环境的能力包括以下几个方面：

（1）营造校内学习环境。学习环境泛指凡是能够作用于学生，能够对其产生影响的一切外部条件，职业学校的校内环境包括课堂教学、实验实训、社团活动等方面，这些都会对学生产生积极或消极的情感反映。教师在营造教学环境时，要密切结合该专业所涉及的职业工作岗位，将职业元素融入教育教学过程中，让学生切实感受到未来所从事的职业工作，将专业兴趣与职业认知有机结合起来，从而调动学生探究职业问题的兴趣和信心。

（2）营造校外实践环境。对于职业教育而言，教学实施除了课堂教学外，还应包括校外实践环节，因此，职业学校教师在营造校内学习环境的同时，还应重点关注校外实践环境，使学生能够更好地理论联系实际，顺利实现产教融合，实现从校内到校外的过渡。与校内学习环境不同，校外实践环境是仿真性的职业工作环境，职业学校教师在校外实践指导中，一方面要帮助学生调整因不适应实践环境带来的身心各方面的不适应感，另一方面要引导学生掌握职业工作岗位行为规范及基本程序。总之，通过营造良好的校外实践环境让学生更

① 顾明远．教育大辞典［M］. 上海：上海教育出版社，1998.

好地实现学习方式的转变以及理论与实践的结合。

（3）培养学生的自信心和兴趣爱好。与普通教育学生群体相比较，职业学校学生文化课的学习成绩都不是特别理想，除此之外，学生家庭的经济状况、社会资源等各方面条件也不是很好，长此以往，这些孩子的挫败感很强，自信心非常低。一方面由于年龄特征的问题自我意识很强但内心又特别脆弱，另一方面对未来的职业规划还没定型，对人生、对未来又特别迷茫。因此，职业学校教师应通过营造良好的校内外环境，培养学生的专业兴趣，培养学生的成就感和自信心，使其热爱职业发展，积极面对挑战，勇于战胜困难。

2. 理论联系实际的能力

理论联系实际是马克思主义唯物辩证法的基本观点之一，与普通教育相比，职业教育“以就业为导向”，理论联系实际显得尤为重要，实践教学是两者的重要区别，不仅要关注理论教学，还要引导学生实践中运用理论、实践中完善理论的能力发展。《中等职业学校教师专业标准（试行）》第 39 条指出，职业学校教师应“运用讲练结合、工学结合等多种理论与实践相结合的方式方法，有效实时教学”，同时第 40 条还指出职业学校教师应“指导学生进行主动学习和技术技能训练，有效调控教学过程”，尽可能提高理论联系实际的能力。

（1）理论教学与实践教学相结合。职业教育既要传授学生专业知识和文化知识，又要将其运用到工作岗位中。无论是教育部还是省级教育行政部门都要求职业学校开设一定比例的实习实训课程，在开设专业课程、文化课程的同时，还应开设相当比例的实习实训课程，在实践中既可以提高技能的熟练程度，又可以加深对专业知识的理解和掌握。因此，在教学实施过程中，理论教学与实践教学相结合是非常必要的。

（2）校内教学与校外实践相结合。为了实现职业教育培养目标，职业学校教师除了校内教学外，还必须组织学生参加校外实践活动。例如，校外参观见习、顶岗实习以及其他校外活动，通过与用人单位建立密切联系，从而对学生实践过程中遇到的技术问题、思想问题、心理问题等进行全面指导，正确引导学生将校内的专业理论知识转化为技能性、实践性知识，通过校内教学与校外实践相结合得到进一步巩固、提升。

（3）工作过程与学习过程相结合。与普通教育相比较，职业教育为了“提质培优”，必须“以就业为导向”，注重学生的实际工作能力。因此，职业教育教学必须坚持“工学结合”，即将工作过程与学习过程相结合，职业学校教师首先将工作岗位中的重点任务与基本要求提取出来，然后经过教学化的处理，运用到教学实践中，使得教学内容与职业岗位相结合，不抽象、不空洞，有针对性地让学生掌握知识和技能。

由此，职业学校教师除了讲授所授课程的理论教学外，还应具备相应的实践工作能力。一方面，教师应掌握相关的职业教育理论，并尝试应用到教学实践过程中，另一方面，还应经常到企业或用人单位深入实践，获取相关的实践经验与能力。只有专业理论知识、职业理论知识与专业实际工作、职业实践工作相结合，才是理论与实践相结合教学能力的最佳获取方式与途径。

3. 现代教育信息技术能力

现代社会属于信息社会，职业学校教师在教育教学过程中，不能只停留在“黑板＋粉笔”的阶段，也不能只停留在照本宣科的教学方法阶段，而应广泛运用现代信息技术进行教学手段、教学方法等方面的改革。因此，《中等职业学校教师专业标准（试行）》第 41 条指出，职业学校教师应“应用现代教育技术手段实施教学”。

现代教育技术就是将现代教育理念、理论运用于教育教学过程中的教育手段与方法的体系，主要体现在：现代教育手段与媒体、运用教育媒体进行教学实践的教学方法、教育教学的模式设计等。运用现代信息技术实施教学，一是在一定的职业教育教学理论的指导下，运用数字化技术手段进行资源搜集、教学设计、课程开发、教学实施等，使教学更加形象逼真，进一步调动学生学习积极性；二是通过现代信息技术手段，还可以为学生开展答疑、辅导、培训等其他教学活动。此外，现代信息技术可以帮助学校建立教务管理系统，实施网络化、科学化的教育教学管理。

职业学校教师运用现代信息技术开展教育教学活动，主要体现在教学设计方面，具体集中在三个方面：一是与传统教学相比较，现代教育技术的应用，有助于激发学生的学习兴趣，加深教学内容的理解；二是教育教学实施中，应将多媒体软件、模拟仿真软件等加以融合；三是掌握一些基本的现代信息技术，能够制作简单的多媒体课件、教学视频等。

三、教学评价能力

2020 年中共中央、国务院印发的《深化新时代教育评价改革总体方案》指出，教育评价事关教育发展方向，有什么样的评价指挥棒，就有什么样的办学导向。为深入贯彻落实习近平总书记关于教育的重要论述和全国教育大会精神，要完善立德树人体制机制，扭转不科学的教育评价导向，坚决克服唯分数、唯升学、唯文凭、唯论文、唯帽子的顽瘴痼疾，提高教育治理能力和水平，加快推进教育现代化、建设教育强国、办好人民满意的教育。《中等职业学校教师专业标准（试行）》第 50 至 52 条指出，职业学校教师应“运用多元评价方法，结合技术技能人才培养规律，多视角、全过程评价学生发展。引导学生进行自我评价和相互评价。开展自我评价、相互评价与学生对教师评价，及时调整和改进教育教学工作”。职业学校教师的教学评价能力，既包括对学生的评价，肯定成绩的同时发现问题，帮助学生改进，又包括对教师的评价，以此为依据进行课堂教学、实习实训、教师师德等方面的改进与调整。

1. 对学生综合全面的评价

与普通教育相比较，职业学校学生文化基础比较差，理论课程成绩不是很好，结合学生这些特点，可以多元化、综合性对学生进行评价，如：既要评价学生的学习态度、积极性，又要评价学生的学习参与情况；既要评价学生的理论课程学习情况，又要评价学生的动手能力、语言表达能力；既要评价学生的知识技能掌握情况，又要评价学生的职业素养、操作规范等方面。以一学期或者一学年为周期，对学生的理论学习与实习实训、知识技能与职业道德等多方面进行全面综合的评价，既要看到学生的成长进步，也要找到学生的问题不足，建设性地提出改进措施与建议，从而促进学生的发展与成长。

2. 对教师教育教学的评价

对教师教育教学的评价主体既包括学生、同事，又包括教师自身。学生是教育教学的最大对象，学生对教师教育教学的评价，也最能反映工作的成绩与问题，尽管学生的评价不一定准确恰当，但作为教育服务的主要对象，他们的意见或者建议正是学校教育教学工作急需改进的地方。除此之外，还包括教师自我评价以及教师互评。教师自我评价是自我反思、自我改进的前提，反思自身在教育教学过程中的优点和缺陷，总结自身的教育教学经验和教训，从而在反思中不断提升教师的专业能力。在自我评价的同时，教师之间还应开展互评，以期相互之间取长补短，同时还可以进行经验分享，从而形成良性沟通、共生合作的氛围。

对于职业学校教师而言，要想提升教学评价能力，首先应更新评价理念，加德纳的多元智能理论指出每个孩子身上除了传统的数理逻辑智能和语言智能外，还应包括音乐、空间、身体运动、人际关系等方面，不同的孩子智能发展程度不同，每个孩子的优势智能也不相同。传统教学只是把数理逻辑智能和语言智能作为评价对象，以此来确定学生的成绩好坏，从而为学生划分等级，这种评价方式不仅单一，而且容易忽视学生的潜能。在职业教育教学改革进行的关键时期，教师应及时更新教学评价理念，多方面挖掘学生的优势智能，全面综合地评价学生，充分培养学生的潜能。其次，提升评价技能，教学最大的特点是情境性，教学任务不同，教学对象不同，教师的教学评价手段也会有差异。第一，要确定教学评价方案，这是教师评价的关键环节，应当遵循目标性原则、过程性原则、客观性原则、指导性原则，只有以教学目标为依据，注重对学生的过程性评价，本着客观公正的原则，才能发现问题、解决问题，而不是对学生简单定性；第二，吸收学生作为评价主体之一，教师在教育教学过程中应创造民主宽松的氛围，允许学生自评、互评、组评，既可以探究学习，又可以加强反思。再次，还要关注评价方法的使用。教师要综合使用多种评价方式，避免单一评价方式，如建议性评价、比较评价、多项评价等。

四、实习实训管理能力

与普通教育相比，职业教育的实习实训是其教学活动的重要组成部分之一，主要包括校内实习实训、实验教学、课程实训等，与专业学习有关的校外顶岗实习、校外见习、其他实践活动等。《中等职业学校教师专业标准（试行）》第42至44条指出，职业学校教师应“掌握组织学生进行校内外实训实习的方法，安排好实训实习计划，保证实训实习效果。具有与实训实习单位沟通合作的能力，全程参与实训实习。熟悉有关法律和规章制度，保护学生的人身安全，维护学生的合法权益”。因此，职业学校教师应实施、组织与管理好与专业教学相关的实习实训，能够与实施单位沟通协调好工作，能够保护好学生安全并促进学生发展。

职业学校教师实习实训管理能力主要体现在以下两个方面：

第一，实践操作与指导学生实践的能力。对于“跨界性”的职业教育领域而言，实践操作能力是实习实训管理能力的前提和基础，主要通过演示示范能力、理论结合实际能力以及现场指导能力来体现。示范演示和现场指导是职业教育教师在课堂教学和工厂教学中需要熟练掌握与运用的主要方式，娴熟的实操能力能够反映出一名职业教育教师的专业化程度。

第二，实习实训组织协调能力。作为一名职业教育教师，协调能力是专业发展中不可或缺的，主要体现在活动安排、协调沟通、学生管理和随机应变等方面，具备较强的协调能力不仅有助于教师自身的专业发展，而且有助于学生有更多机会接触行业专家，掌握更先进的技能与经验。

对于职业教育领域而言，无论是职业新手，还是有工作经验的教师，都要定期参与行业或用人单位实践活动，与这些部门保持密切联系，在实践活动中，深入了解行业发展，掌握行业发展动态，分析这些单位的优势与不足，以及用人需求类型。积极参加行业实践活动，一方面可以提升教师自身的实践操作能力，提升实习实训活动的组织能力，另一方面可以协调与用人单位的关系，为学生下一步实习实训奠定良好的基础。

五、班级管理与教育活动组织能力

与普通教育学生相比，职业学校学生是一个特殊的群体。第一，学生组织纪律观念比较差，无视学校日常行为管理，常有迟到旷课、打架斗殴、上网游戏等不服从管教的行为，自我管理、自我控制能力比较差；第二，学习成绩不理想，经常被批评而丧失自信心，加上社会舆论的阴影，一方面造成学生沉重的思想包袱，另一方面缺乏正确的入学动机，自我定位比较低，缺乏理想抱负；第三，部分学生专业学习兴趣不浓厚，学习目的不明确，课程学习状态差，缺乏学习主动性，有自暴自弃的心理缺陷；第四，绝大多数学生处于青少年时期或者刚刚迈入成年阶段，作为家里的独生子女，思想上以自我为中心，缺乏集体观念、责任感，生活上互相攀比，虚荣心强，心理上抗挫折能力比较差。总之，职业学校学生作为一个特殊群体，无论是思想、情感，还是心理及身体等方面都处在急剧变化的时期，因此，职业学校教师要通过科学的教育方式，引导学生形成正确的世界观、人生观和价值观，帮助其掌握一定的职业知识与技能，形成良好的职业素养。《中等职业学校教师专业标准（试行）》第45至49条指出，职业学校教师应结合课程教学并根据学生特点开展育人活动，发挥团队的自我管理、自我教育的作用，为学生定期开展心理疏导、职业生涯规划等。

1. 开展职业道德教育，树立正确的世界观、人生观、价值观

职业学校学生所处的年龄阶段正是由青少年向成年人发展的阶段，也是世界观、人生观、价值观形成的关键期，面对日益复杂和竞争加剧的社会环境，对学生进行思想品德教育和职业道德教育的任务更加紧迫。无论是职业学校的公共基础课教师、专业课教师还是德育课教师，都应结合职业教育课程的内容及时对学生进行正确的道德教育，让学生理解善恶是非观念，具备爱岗敬业、忠于职责的敬业意识，团结合作、顾全大局的协作意识，艰苦奋斗、勤俭节约的创业精神，公平竞争、遵纪守法的规则意识等，最终将社会主义核心价值观入脑入心，并将其有效落实。

2. 开展心理或情感疏导，引导学生健康成长

职业学校学生尤其是中职学生正处于身心急剧变化的年龄阶段，教师应做好耐心细致的思想工作，培养学生正确的情感态度和良好的心态。同时，由于多数职业学校学生家庭资源条件有限，学习成绩不够理想，教师应多理解关心学生，帮助其建立自信心，树立自尊自强的意识，引导学生通过自身不断努力获得良好的身心发展和职业成长。

3. 开展职业生涯教育，鼓励学生自主创业

为了更好地实现职业教育“以就业为导向，以能力为本位，以学生为主体”的发展理念，职业学校教师需对学生进行职业生涯教育和就业指导教育，即如何提升学生的职业素养，包括职业意识的培养、职业技能的提升、职业道德的引导、职业行为习惯的养成等。除此之外，在“大众创业、万众创新”这一浪潮的影响下，创业教育也成为职业教育的重要组成部分，如何开展创业教育，如何帮助学生了解创业的基本条件、主要流程、基本步骤等方面，这些都将是职业学校教师职业生涯教育的必修课之一。

4. 开展团组活动，培养集体主义观念

职业学校教师应积极发挥共青团、班级组织以及其他各类社团组织的作用，组织各类有益活动和兴趣活动。一方面可以加强学生的交流与合作，增强学生的团队意识，增进学生的情感交流，从而增强德育效果；另一方面可以让学生获得课本以外的知识，在有限的时间内培养学生的职业素养和职业能力，塑造与时俱进的时代新人，从而更好地与社会衔接。

六、沟通协作能力

职业学校教师要具备一定的沟通与协作能力，沟通的对象不仅包括领导、同事，而且包括学生、家长、用人单位、实习实训单位等。《中等职业学校教师专业标准（试行）》第 53 至 56 条指出，职业学校教师应了解学生，平等地与学生进行沟通交流，建立良好的师生关系，与同事合作交流，分享经验和资源，共同发展。与学生家长进行沟通合作，共同促进学生发展。配合和推动学校与企业、社区建立合作互助的关系，促进校企合作，提供社会服务。

沟通是人与人之间、人与群体之间进行信息、思想与情感的输入和输出的过程，以求思想一致和感情通畅。人的观念和行为总是保持一致的，不同的观念会产生不同的行为，为了统一思想，实现目标，沟通成为组织的重要命题，其目的就是实现信息的顺畅传递和良性反馈。合作就是双方或者多方主体为了达到共同的目标彼此相互配合的联合行动或行为。合作的基础是平等、互助、共赢，因此，在合作过程中，合作主体必须对各自利益有所取舍，必须充分沟通，实现各自利益的共赢。

职业学校教师沟通协作的主体包括同事、学生、家长、企业、社区等，例如：与同事在教育教学、专业发展等方面的沟通，与学生在思想、学习、生活、就业等方面的沟通，与家长在学生学习、思想、品德、监管等方面的沟通，与企业在实习实训、就业服务等方面的沟通，与社区在教育服务、社会帮扶等方面的沟通。因此，在沟通与协作过程中，其合作能力包括口头语言交流能力和非口头语言交流能力，这些能力具体体现在：通过同事之间的沟通交流，提高教育教学质量，提升专业发展水平，通过教育教学，使学生具备良好品格，掌握知识技能，通过与家长的沟通交流，共同查找问题，促进学生发展，实现共生性家校合作，通过与企业的沟通合作，一方面为师生构建良好的实践教学环境，另一方面为学生实现优质就业提供机会，与社区的沟通合作可以为学校、师生提供一个良好的生活和工作环境。

对于职业学校教师，要提升沟通协作能力，首先，应注意沟通与合作的前提与基础就是平等，只有在平等基础上才能实现真正的共生性合作，职业学校教师须对同事、学生、家长等主体平等对待，与多方主体实现共同目标——学校发展和学生成长，只有真诚相待、目标相同，才能具备沟通基础，才能在合作过程中兼顾各方利益，实现主体共赢；其次，应掌握沟通技巧，提升沟通与合作能力，沟通能力主要包括表达能力、倾听能力以及设计能力，是一个人综合素养的集中体现，合作能力主要包括协商能力、团队工作能力等，职业学校教师通过参加各种培训、接受各种实践，掌握各种沟通协作的方法、技巧，同时，在教育教学实践中不断应用，不断提升。

七、教学研究能力

近年来，随着职业教育的改革和教师专业化发展的不断深入，教学研究能力的提升，已经逐渐成为职业教师教育专业化发展的诉求之一。第一，政策引导。《国务院关于发展现代职业教育的决定》第十七条明确指出“加强职业教育科研教研队伍建设，提高科研能力和教学研究水平”。第二，重新定位。新形势下职业教育类型定位和课程内容已经实时变化，不仅仅是就业，而是兼顾升学，中高职贯通培养，打通了职业教育招生的通道。第三，学生倒逼。随着时代的发展，职业学校学生创新思维能力倒逼教师专业能力的提升，尤其是示范性专业建设中人才培养模式的改革、考核评价模式的改革对教师的教研能力提出了更高的要求。第四，教师发展。职业学校教师可以立足于教学实践，聚焦教育问题，分析、解决教育问题，通过教学科研使个人的专业能力有较大提升。可见，教学与科研的联系越来越紧密，教师与研究人员的职责越来越趋向于一致。《中等职业学校教师专业标准（试行）》第 57 至 60 条指出，职业学校教师应“主动收集分析毕业生就业信息和行业企业用人需求等相关信息，不断反思和改进教育教学工作。针对教育教学工作中的现实需要与问题，进行探索和研究、参加校本教学研究和教学改革”。

教育教学研究能力就是运用一定的理论和方法，研究、解决教育教学问题的能力，它是职业学校教师专业能力的重要组成部分，具体包括教学实践工作、教学理论工作、教学管理政策等方面的研究。教学实践工作的研究是教师日常教学工作经验的总结与归纳，主要包括教学工作中棘手问题的探讨、教学改革与发展的专题工作等方面；教学理论工作的研究是在教学实践工作的基础上发展或完善原有的理论，形成新的理论；教学管理政策是对各级教学主管部门发布的相关政策进行研究。职业学校教师主要侧重于教学实践方面的研究。

对于现代职业学校教师而言，教育教学研究能力的提升不仅是挑战，更是机遇：一方面，职业学校教师坚守在教学第一线，教学实践经验丰富，可以获取大量教学信息，同时教师又是职业学校学生、家长、企业三者之间的中介和桥梁，对学生的实况、家长的期望、企业的需求最为了解；另一方面，与普通教育教师相比，职业学校教师从思想上讲教育科研动力不足，自觉性不够，从能力上讲，缺乏基本的科研素养，研究方法不得当。因此，职业学校教师应认清形势，确定目标，增强教学科研意识，认清教学科研逻辑关系，同时改变传统的心智模式，明确自身的教学科研方向，积极参与教学改革。

同时，教育教学研究的出发点就是找出自身教学及管理工作中存在的难点、困难及不足，通过行动研究，找到解决教学困惑的路径。因此，教育教学研究源于教学实践，它不同于一般教育科学研究，应始终围绕教学实践展开，避免空洞脱节的问题。只有不断更新理念，改革教法和学法，才能引导学生不断发现问题、解决问题，引导学生学会学习，从而提升教学质量，减轻学生负担。

第五章　职业教育教师专业发展影响因素

职业教育教师的专业发展受诸多因素的影响，可以归为个人、学校和社会三个层面的因素。其中，教师个人因素是教师专业发展的内在因素，是教师专业发展的决定性因素；学校和社会因素是外在因素，通过影响教师个人需求对教师专业发展起促进或阻碍作用。

第一节　个人因素对职业教育教师专业发展的影响

教师专业发展是个人能力发展的重要部分，影响职业教育教师专业发展的个人因素包括教师的发展基础和发展意愿两个部分。其中，教师的发展基础由个人的知识结构和自我学习能力决定；发展意愿由个人的职业认知和职业情感决定，是教师专业发展的动力因素。

一、职业教育教师专业发展的基础

职业教育教师专业发展基础包括教师的知识结构和自我学习能力两个部分。教师的知识结构是其专业发展重要的基础，自我学习能力是在合理的知识结构基础上，进行自我学习、反思的能力，两者能够帮助教师入职后顺利适应教学工作，在教学实践中不断成长，不断取得专业发展。

1. 职业教育教师的知识结构

职业教育教师的知识结构是指教师经过专门学习和培训后所拥有知识体系的构成情况与组合方式。教师的知识结构由个人长期的学习经历、生活经验等因素共同决定。

一般情况下，某类型学校教师准入资格标准决定了教师具有的一般基础知识结构。在我国，教师准入制度是以教师资格证为基础，但是，职业教育教师资格证制度的职业教育特性不明显，几乎与普通教育的专业程度一致。《中华人民共和国教师法》第十条规定国家实行教师资格制度，教师资格制度是国家对从事教师职业、专业或教育教学活动的人所应具备的条件或身份的一种强制性规定，是从事教师人员的基本资格要求。其中，第十一条规定取得高级中学教师资格和中等专业学校、技工学校、职业高中文化课、专业课教师资格，应当具备高等师范院校本科或者其他大学本科毕业及其以上学历；取得中等专业学校、技工学校和职业高中学生实习指导教师资格应当具备的学历，由国务院教育行政部门规定；取得高等学校教师资格，应当具备研究生或者大学本科毕业学历。《教师资格条例》把职业教育教师资格分为中等职业学校教师资格（中等专业学校、技工学校、职业高级中学文化课、专业课教师资格）、中等职业学校实习指导教师资格（中等专业学校、技工学校、职业高级中学实习指导教师资格）、高等学校教师资格（包括高等职业学校教师资格），取得教师资格应当具备相应学历。依照此规定，中等职业学校文化课、专业课教师的学历要求本科及以上学历，招考条件与普通高中一样，高职院校和普通高校的学历要求相同，也就意味着中职、高职教师的知识结构与报考高级中学和普通高校的教师资格证人员知识结构理论上无太大差异。

职业教育与普通教育人才培养目标迥异，职业教育以培养技术技能型人才为主要目标，强调学生的动手能力，但职业教育教师与普通类教育教师的知识结构相似，意味着职业教育教师的知识结构具有先天缺陷。职业学校教师必须具备熟练的职业技能、专业实践能力和项目开发能力，这是由职业教育特点决定的，实践知识和动手能力是职业教育教师专业发展的重点。由于职业学校教师准入资格上仅要求本科毕业，普通高校的毕业生可以来到职业学校担任教师，普通高校的理论知识的学习时间占比较高，见习和实习时间有限，在本科就读时实践类课程的学习决定了这部分教师的实践能力。但由于他们缺乏系统的实践经验，缺少对工作岗位的基本了解，很多新入职的职业教育教师由于知识结构的缺失，导致在工作岗位中力不从心，在教学中无法达成对学生技能培养的目标。

除此之外，职业教育教师的水平在相似知识结构人群中较低也是不争的事实。在高中教育阶段，由于普通高中的福利待遇高于中职学校，就业者在应聘时会优先选择普高，如果应聘不成功，才会选择进入中职学校。甚至部分地区，普通高中的教师若教学效果不好，就会被派到职业高中教授专业理论课，教不好专业理论课的教师改行教学校的实践类课程。在高等教育阶段，应聘者也是以普通本科院校为主要目标，如果不能如愿才选择高职院校。这些教师的职业选择没有以学校和专业的适应性为主要筛选条件，而是明显具有偏于普通教育的择业倾向。另外，由于职业学校的教师资格要求本科学历，为达到学历要求，职业学校所招进去的教师所学专业与所教专业联系不大，这些知识结构上的缺失或不合理都造成了实现职业教育教师专业化的阻碍[①]。

除了教师原有的知识结构不合理外，教师知识结构的更新也影响职业教育教师的专业发展。由于现代行业需求变化迅速，生产技术更新换代加快，职业教育教师必须能够及时汲取行业发展的前沿理论和实践知识才能保证教学内容与行业企业的需求相匹配，这需要学校与企业有深度的合作，如果校企合作未有效开展，教师的知识结构更新较慢，会极大地限制职业教育教师的专业发展。

从以上分析可以看出，我国职业教育教师的知识结构无论从职前的知识结构还是知识结构的更新两个方面分析，都具有一定的缺陷，均会制约职业教育教师专业发展的速度。

2. 职业教育教师的自我学习能力

职业教育教师的自我学习能力是指在没有人干预和约束下自我求知的欲望，把新的知识融入已有知识并改变知识结构的能力。自我学习能力包括自我反思能力和自我导向学习能力。一个教师自身专业发展包括自身知识结构的变革以及价值观、内在需求和兴趣的变革，这些变革依赖于教师的知识结构并以此为基础，以求知欲望为动力，在教学工作和生活实践中，不断接受新知识，获得新的发展。自我学习能力越强，职业教育教师专业发展速度越快。

自我反思能力是自我学习的重要能力，包括工具性反思和本体性反思[②]，是教师实现专业发展的主要能力。美国著名的哲学家、教育家、心理学家约翰·杜威首先把“反思”的概念引入教师教育领域，他把“反思”界定为“主动积极、锲而不舍及缜密考量任何信念或任何形式的知识，作为支持信念及其所达致结论的依据[③]”。波斯纳认为教师专业发展用公式可表述为：个体经验＋自我反思＝专业成长。

工具性反思本质上是教师教学理解和教学实践的对话，是以教育教学体验为依托，以如何更好地获取有关教育教学的知识技能为内容的批判思考过程。其主要是对教育教学工作实践的总结与批判，目的是让工作过程更符合反思者价值判断，更有效率。课堂是教师最主要的专业活动形式，教师的专业发展归根到底就是在教育教学实践活动中不断实践、反思、改善的过程中实现的。

---

① 石伟平．国际视野下的职业教育师资培养［M］．北京：外语教学与研究出版社，2011．

② 回俊松，饶从满．职前教师本体性反思能力培养的必要性与可能性［J］．教师教育研究，2014，26（4）：23-28．

③ 约翰·杜威．我们如何思考［M］．章玮，译．台北：商周出版社，2017．

职业教育教师的工具性反思体现在理论教学和实践教学中。在理论教学中，教师对教育知识的广泛学习，使读书、教学、研究成为教师生活的主要形态，在此基础上通过备课、上课、课堂互动、作业反馈等环节，增进专业知识，完善其自身专业理论构建。根据学情和授课效果对授课过程中的教学内容、教学方式、教学技巧进行总结分析，增进教学技能，尤其在教学情境中出现困惑和教学中出现意外效果时，这些特殊情况是促进教师进行仔细总结、分析和反思的重要契机，能够很好地促进自身的专业发展。在实践教学中，教师带领学生实习，熟练操作技能，如果具有良好的校企合作，在现实的生产情境中以真实需求为导向，更能够优化实践流程，增进其操作能力。这两种教学形式在职业教育的学生培养中缺一不可，同样是教师专业发展的重要部分。职业教育教师的理论教学和实践教学是相互促进的，在实践和实习过程中遇到的理论问题，教师和学生进行及时沟通、探讨，又通过实践实习发现问题，解决问题，深化对理论的理解，促进对理论知识的突破，工具性反思可以有效地达成两种教学的相互促进。

本体性反思则是以教师成长经历为依托，对作为教师选择怎么样的生活方式，自己未来能够成为谁进行的批判思考[①]。教师的专业发展带有鲜明的个人特征，专业发展的过程不仅仅是把个人关于教育学、心理学和专业知识等用于教学实践的过程，而且这些基础与个人的气质、性格、情感、价值观等紧密联系在一起。教师的本体性反思可以通过对自己成长情境、生活经验、关键事件以及对它们回观帮助其完善自我认知，增加自我认同，在重新审视经验中充分发挥主观能动性，通过自己的努力改造外部世界，促进教师专业发展。

教师自我导向的学习能力是指教师有意识、主动地学习的能力。在自我反思的基础上，主动明确与欲达到理性目标的差距，制定学习计划，包括需要学习的目标、内容、方法，执行并对学习的过程进行自我监督，对学习结果进行评估。教师自觉自愿地对以往的教学实践活动进行自我反思，并把反思结果用于指导进一步的实践活动中，体现了反思的价值，促进教育教学能力螺旋式上升，对促进教师专业发展从主观意识到行动落实至关重要。自我导向的学习能力能为学习指明方向，又能时刻纠偏，使学习者往确定的目标不断前进，是保证自我学习效果的重要因素。

① 饶从满．小学教师专业发展［M］．上海：华东师范大学出版社，2020.

二、职业教育教师专业发展的意愿

职业教育教师的知识结构和自我学习能力是决定教师专业发展快慢的重要基础，但真正直接决定职业教育教师专业发展速度的是教师的发展意愿。教师的发展意愿建立在教师的职业认知和职业情感上，其影响因素与社会和学校环境关系密切。

1. 职业教育教师的职业认知

职业教育教师对工作认知来源于两个方面：一是社会相关方对职业的期望和认同，二是来源于教师个体独特的经历。个人独特经历主要是指从教、求学经历中对职业教育教师工作的认知；接受师范教育时形成的职业观，正式进入教师职业与学生互动过程中重构对教师职业的认知。人们多用“蜡烛”“春蚕”“园丁”“耕耘者”进行隐喻，“蜡烛”“春蚕”强调教师的奉献精神，是公众对师德的期望；“园丁”“耕耘者”强调教师的岗位职责，对学生的陪伴和教育，对人类文化的守护和传递。社会相关方对教师职业的期待和认同越高，对职业教育教师的职业认知正向影响就越大，反之，社会相关方对教师职业的期望和认同越低，对职业教育教师的职业认知负面影响也越大。社会相关方对教师职业的期待和认同可以从职业的薪酬水平等方面反映出来。

教师的职业认知虽然受职前和职后的学习及生活经历的影响，但是相比较而言，入职后的教师个体对职业的体验及对职业认知的形成和重构更为重要。《中等职业学校教师专业标准（试行）》明确要求：“教师要能理解职业教育工作的意义，把立德树人作为职业教育的根本任务；认同中等职业学校教师的专业性和独特性，注重自身专业发展。”从事职业教育的教师对职业教育性质、功能、意义的认知是影响其专业成长的重要因素，需要在长期的教育实践中形成。教师在工作过程中不断地寻求工作的价值：我的工作是否增加了学生的知识和技能？是否能够帮助学生树立正确的“三观”？能否推动国家发展？能否帮助自我成长？如果在教学实践中教师能够与学生、学校、社区不断进行良性互动，这些追问能够不断得到正向的回答，教师就能够建立起健康的职业认知和职业情感。反之，则会影响教师对教师职业的认知。

2. 职业教育教师的专业情意

在具有清晰的专业认知基础上，教师在长期工作体验中发展出个人的专业情意。专业情意主要包括专业理想、专业情操、专业性向和专业自我[①]。专业

① 张乐天. 教育学［M］. 北京：高等教育出版社，2007.

理想是教师对成熟的教育教学专业工作者的向往和追求，是教师精益求精、追求梦想的导航器，有了理想导向教师就能够以更高的标准要求自己，加快自身的专业发展。专业理想可以引导教师不断跨越困难，不断挑战自我，是教师专业发展非常重要的因素。如教师“三观”能够影响学生的认知和思想，教师对事业的热爱能够感染学生对专业的热爱，教师的专业知识能够帮助学生获得赖以生存的技能，教师的知识和技术储备能够为技术的革新作出贡献，这些看似朴素的理想不但会引领教师不断追求专业进步，也会影响学生的一生。专业情操则是教师对工作带有的理智性价值评价的情感体验。专业情操产生于对职业教育功能和价值的深刻认识基础上，在教育学生过程中自然产生的光荣感和使命感。这种专业情操又使得教师在从事这份工作时，以促进学生发展为重，对职业道德规范认同产生的责任感和义务感，促使教师能够尊重信任学生、关心热爱学生。专业性向是教师从事教学工作所具备的人格特征，包括：富有见识、有敏锐的洞察力和综合分析能力，自主独立、富有创造性，独立承担教学和科研任务，具有探索精神和教学自制力；拥有良好的人际关系，为人耿直等。专业自我是教师个体在职业生活中对自我从事教育教学工作的感受、接纳和肯定的心理倾向，在一定程度上表现为教师的主观幸福感。在形成清楚的职业认知和职业情感条件下，对于工作的热爱，对其价值的追求，会成为教师追求专业发展强大的内在动力。帮助教师建立良好的职业价值观，能够促进其自我专业发展。

职业教育教师发展的意愿比发展的基础更加复杂，发展基础由个人教育经历、生活经验决定，发展意愿则更多地受到外在的客观因素影响，主要表现为外在环境是否能够满足教师的个人需求。其中，外在环境主要包括社会环境和学校环境，这两种环境通过影响教师的发展基础和发展意愿，进而影响职业教育教师的专业发展。

第二节　学校因素对职业教育教师专业发展的影响

职业学校是职业教育教师专业发展的主要场所，也是影响教师专业发展重要的外在因素。其中职业学校设立的有关教师专业发展的组织机构、绩效考核制度、教学评价制度、职称评聘制度、教师发展平台建设等都会显著影响教师的专业发展进程。

一、职业教育教师专业发展的组织机构

教师专业发展是学校管理中的重要一环，职业学校需要设立专门的组织机

构对教师专业发展工作进行规划、管理和监督。教师专业发展工作范围广泛，涉及学校教师的日常培训和管理、青年教师职业生涯规划的指导、教师的教学和科研的团队建设，统筹规划教师外出培训与企业实践、教师的转岗培训等，这些工作是长期的、复杂的、系统性的工作，需要有专门的组织机构进行协调才能保证教师专业发展工作的高效进行。

大部分的本科院校已经建立专门负责教师专业发展的管理机构——教师发展中心。近年来，高校人才培养质量不高，不能有效满足社会人才需求的现象逐渐受到社会关注。本科院校期望以提高教师整体素质为抓手来促进教学改革，提高人才培养质量。如何提高教师整体素质呢？2011 年教育部提出要在高等学校成立专门的促进教师发展的组织机构，以规范的、常态化的管理提高教师的整体素质。《高等学校本科教学质量与教学改革工程的意见》提出，要引导高等学校建立适合本校特色的教师教学发展中心，积极开展教师培训、教学改革、研究交流、质量评估、咨询服务等各项工作，提高本校中青年教师教学能力，满足教师个性化专业化发展和人才培养特色的需要。至此，本科高校的教师发展中心纷纷成立。不过，各学校的教师发展中心成立方式不同，部分学校是由学校的师资培训中心、教学评估办公室、教育技术中心等部门重组建立起来的直属部门；部分高校是下设在人事处；部分高校依托学校的教育研究部门而设立。教师发展中心的主要工作任务相似，主要围绕制定教师培训计划、实施教师培训、重视教学改革工作，重点提升中青年教师业务水平和教学能力，加强高校教师队伍建设，提高教育教学质量等进行。除了学校建立专门的组织机构外，国家和省级层面的教师发展管理中心也在同时推进。2012 年 7 月，《关于启动国家级教师教学发展示范中心建设工作的通知》正式开启了国家级教师教学发展示范中心的建设工作。同年 10 月，《关于批准厦门大学教师发展中心等 30 个“十二五”国家级教师教学发展示范中心的通知》下发，批准了厦门大学等 30 个国家级教师教学示范中心。至此，我国本科层次建立起了国家级、省级、校级“三位一体”的教师教学发展中心体系。

相比较而言，职业学校的教师发展中心建设却没有受到相应的重视。高职高专、中职学校的教师发展涉及的任务更多更复杂，除了要开展教师培训、教学咨询和教学改革研究服务、教学质量评估工作，还要建立企业合作平台，保障教师和学生实践技能的训练，这个过程更需要有专门机构去规划、管理和协调。段琼辉等（2018）以江苏省的高职院校为调查对象，发现江苏省高职高专院校设立有教师发展中心的仅占总数的 39.33%，其中与人事处（组织人事处、党委教师工作部等）合署办公的占 54.29%，与教务处合署办公的有

28.57%，独立设置的仅占 17.14%。并且教师发展中心大部分是兼职人员，一般由人事处、教务处等的工作人员兼任，由原部门领导兼任教师发展中心的主任或副主任，少数有 1～2 名专职工作人员①。目前，高职高专院校专门负责教师专业发展的部门设置情况不容乐观，中职学校设置的该类部门更少，这个问题被逐渐重视，2022 年 5 月，教育部办公厅《关于开展职业教育教师队伍能力提升行动的通知》提出，要加强教师发展（培训）中心建设。要求依托现有教师联盟（组织）、国家级基地、“双高”计划建设单位，发挥职教高地和产教深度融合地区优势，支持分区分片成立职业院校教师发展联盟，带动各地教师发展中心建设。加强职业学校教师发展中心建设，是实现教师专业发展的组织保障。

二、职业教育教师专业发展的管理制度

职业教育教师的管理制度主要包括聘任制度，绩效考核制度，科研、技术成果评价制度，职称、技术职务评聘制度等。学校的绩效考核制度和评价制度不仅能够评价教师队伍的整体水平，而且能够显著影响教师专业发展的意愿，对职业教育教师的专业发展带来很大影响。

管理制度作为师资队伍专业发展的指挥棒，影响职业学校教师的角色定位和时间、精力的安排。学校对教师的责任范围界定不清，会给教师带来角色定位的混乱，教师对本职和非本职工作的处理不当势必影响到自身的专业发展。在评价指标体系中，一般能给教师带来高收益的工作被教师放在首位完成。但是，学校定义的高收益工作是不是教师的核心工作？这一问题对教师的专业发展产生重大影响。在职业学校中，尤其是部分中职学校的评价和激励制度存在不合理的现象。如招生问题，中职学校为了生存，增加学校生源，就会把招生放在学校工作的突出位置。随之就会体现在学校的管理和激励制度中，要求每个教师都要有相应的招生任务，并且把招生任务与教师的职务晋升、职称评定、评优评先等挂钩，并对完不成招生任务的教师制定相应的惩罚措施。如此，招生任务就成为教师的头等任务，有些学校甚至通过奖金的方式付给学生以提高入学率。教师的时间被大量的非教学类任务占据，忙于应付这类任务，很多教师在日常教学工作投入的时间和精力日趋减少，职业教育教师的专业发展沦为空谈。学校的激励机制与非教学任务相联系，极大地打击了教师进行教

① 段琼辉，李永，黄陈，等．国内高职院校教师发展中心建设现状与存在问题析因［J］．高教学刊，2018（12）：63-64.

学实践、教学改革、教学反思的积极性；另外，教师在为完成招生任务而想尽办法动用社会资源招生时，可能面临着学生或家长的质疑或拒绝，使职业教育教师的专业认同感减弱。这种非教学任务给教师带来极大的心理冲击，对教师职业认知的重构带来负面影响，进而影响到教师的专业理想，影响其专业发展。

职业学校的教师管理制度影响教师文化生态的形成，进而影响职业教育教师的专业发展。教师文化是教师团体中所共享的思维方式、心理素质、职业意识、态度倾向、行为方式等，是个人与集体之间形成的组织氛围①。合理的制度能够形成积极的教师文化。积极的教师文化可以协调教师的个人目标与学校的发展目标，让教师有强烈的助力学校发展的使命感和荣誉感，形成和谐的、积极的、自发奋进的氛围，促进教师的自主研修和团体学习。教师文化能够弥补学校规章制度的不足，规章制度的制定服务于正常教学和管理工作开展，具有强制性，但容易引起教师的逆反心理；教师文化作为教师在实践中形成的公认的、默认的观念，具有较大的软约束力，促使教师自觉地遵守，可以与学校规章制度配合、相得益彰，共同促进教师的专业发展。

三、职业教育教师专业发展的平台建设

教师的专业发展虽然源于教师的个体追求自我发展的动机和行为，但是“单打独斗”式的个人努力会减缓职业教育教师专业发展的速度，必须有相应的平台建设作为支撑。

为了促进职业教育教师教育教学的发展，应搭建不同的教学研究平台。学校的基层教研室是教学研究的主要平台，平台由相同或相似专业的教师组成，以课程为依托进行教研活动。一名教师能否在教学专业上取得较快进步，与教研组活动的展开是否充分和教研室人员的安排是否合理有很大关系。我国的教研活动已经有将近 120 年的历史，正式教研制度的建立也已有 70 年之久。专职教研员在组织教师听课评课、推介优秀教学经验等方面做了很多工作，对我国教师教学水平的提高功不可没②。所以，学校应该加强基层教研组织，制定相关的激励措施使教师积极学习和交流，达到快速促进专业发展的目标。

为促进职业教育教师实训能力的提升，应搭建优质的校企合作平台。职业

① 张冰．论教师文化对教师专业发展的影响［J］．现代教育科学，2017（1）：54．

② 陈向明，张玉荣．教师专业发展和学习为何要走向“校本”［J］．清华大学教育研究，2014，35（1）：36-43．

教育的特色在于应用型技能的养成，职业学校必须克服学校课程内容与企业需求的不匹配问题。如果学校不能够为教师提供可以参观、学习、参与企业项目实践的平台，教师实践性知识的更新就会滞后，教给学生的知识也会远离市场需求，毕业后的学生就不能创造很好的社会价值。一个脱离了企业实践的职业学校，学生培养质量可想而知。校企合作是学生培养质量提升、教师专业发展的重要途径，学校应该寻找与专业紧密相关的企业，开展真正的、有效的校企合作，为教师专业发展提供必要条件。

为促进职业教育教师的科研水平，应搭建良好的科研平台。职业学校的科研平台既需要深度的校企合作，又需要结构合理的科研团队。职业学校的科研有别于普通高校的科研，它更注重市场的需求、行业和企业的需求。科研任务可以是一个项目、一个企业的实际问题等，通过企业专家和教师不断的交流、合作达到共同解决问题的目的，既促进企业的技术更新，又促进职业教育教师的发展，并且在此过程中，科学研究带来的新增知识经验又通过多种形式传递给学生。可以说，科研既能促进教师教学水平的提高，又能促进职业教育教师整体的专业发展，亦能促进企业和社会经济的发展，形成多赢局面。

第三节　社会因素对职业教育教师专业发展的影响

职业教育的发展是社会发展的一部分，职业教育教师的发展受社会特定的传统文化、经济发展水平、国家相关制度等因素的制约，需要从这些方面对其进行分析。

一、传统文化对职业教育教师专业发展的影响

每个民族都有其特定的传统文化，传统文化受民族思维方式、价值取向等因素的影响，是国家和社会发展重要的约束条件。中国传统文化通过影响社会对职业教育的认同感，影响职业教育的生源，影响职业教育教师的专业认同感，进而影响教师专业发展的意愿。

职业教育教师的职业认同感受传统文化的影响。教育是文化传递的一种重要形式，它包括了思想、知识、道德、风俗及每一代人的认知图式等，是对社会文化世代连续过程的同化与顺应而引起的文化潜移。每一个民族或国家都通过教育使下一代将本民族或国家的价值观念、历史沿革、宗教、习俗等文化形态深深植根于自己的心理和行为之中，从而构成每一个民族或国家特定的文化

背景①。职业教育教师作为社会成员的重要组成部分，其职业认同感受到传统文化的影响。在儒家文化影响下，以学习技能为主的教育在中国古代没有得到足够的重视。儒家文化是中国两千多年封建社会正统的文化形态，两千多年来一直延续着“万般皆下品，唯有读书高”“学而优则仕”的思想，应科举、取功名、授官职是历史积淀已久的教育目的。职业教育是一种“技艺学”，在封建社会正统士大夫的价值观中是“道本器末”“重义轻利”，与“道、义、官”无关，与光宗耀祖、光耀门楣无关，职业教育的定位只是人们谋求生活的手段。

社会传统文化对家长的选择产生了重大影响，职业教育似乎一直是学生和家长上不了普通学校时无奈的选择。新中国成立之后，人们对职业教育的态度有了短暂的改观。新中国成立初期，国家百废待兴，亟需大批技术工人，民众的受教育程度很低，为了能够快速培养人才，“半工半读”形式的教育和中等职业学校教育发展较快。1998 年之前，中等专业学校（俗称中专）学生实行统包统分制，不用交学费，并且读完中等专业学校后能够分配工作，而且是“干部”身份，满足了普通人民对“学而优则仕”的追求，在这个时期的中专吸引力巨大，中专教师的社会地位较高，教师的职业认同感强。1998 年之后，中等职业学校的招生和分配制度改革，再加上高等教育扩招，使得职业教育的吸引力迅速降低。虽然，近年来国家采取一系列提高职业教育吸引力的措施，但在家长心中，职业教育一直是次于普通学校教育的选择。一般情况下，只有家里的孩子学习成绩特别差，学习意愿低，家长才会让孩子就读中职学校，接受职业教育只是能力不足的一个无奈的选择。

生源素质和师资素质影响了我国职业教育的发展，同样直接影响了在岗职业教育教师的专业认知和专业情感，对教师专业发展影响较大。“得天下英才而教育之”被孟子视为君子三乐之一，也是教师专业发展的动力之一。受“劳心者治人，劳力者治于人”思想的影响，现代教育同时存在“片面追求升学率”与“读书无用论”两种观点，解释其深层次的原因就是社会文化仍将“升学”与“做官”相联系。在现代社会中，与“做官”等值的职业进一步泛化，职业预期依然是以“劳心”为主的高收入职业，将其作为是否有用的评判标准。对于以培养动手能力的技能型人才为主要目标的职业学校，就业岗位达不到有用的标准，所以泛化出很多类似于“读书无用”的论调。这种情况下，“得天下英才而教育之”在职业学校就不太容易出现；生源不足、质量较差影

① 朱晓斌．文化形态与职业教育：德国“双元制”职业教育模式的文化分析［J］．外国教育研究，1997（3）：33-40.

响职业教育发展的质量，同样影响到教师的工资待遇，尤其对于中等职业学校教师。他们与学生的选择相似，一般是在择业中不能顺利进入普通高中退而求其次进入中职学校。这是我国教育传统的长期积淀，在短期内无法改变，也是职业教育发展面临的重要的约束条件。

生源质量影响了职业教育教师的专业认同感，影响了职业教育教师专业发展的主观意愿。由于传统文化的影响和学校的诸多原因导致职业教育的生源质量不高，学生的问题不仅仅表现在学习上，在生活习惯、纪律遵守、尊敬师长等方面也出现行为偏差。弗瑞德曼与法伯在1992年的报告中指出，学生的品行不端，对事情漠不关心，对学习资料缺乏热情，这些都易使教师产生倦怠①。倦怠的教师在专业发展的态度上也是消极的。教师在教学实践过程中需要有学生的正向反馈，如果学生听课比例较低，不遵守课堂纪律，无法完成正常的作业，这对教师的专业认知、专业情意都会产生较大影响，进一步影响教师的专业发展。

二、经济发展水平影响职业教育教师专业发展

与其他层次的教育相比，职业教育的基本特点是面向经济发展的需要，面向市场需求。我国的经济发展水平决定了职业教育的发展水平。经济发展规模决定了职业教育发展的规模和教师数量，经济发展的结构决定了职业教育的层次结构，同样决定了社会对中职学校和高职学校教师的需求数量。

1. 经济发展水平决定职业教育发展的规模

我国的技术人才紧缺，对高质量的职业教育教师需求较大。近些年，我国的技术工人一直处于紧缺状态。2022年2月，人力资源和社会保障部发布《2021年第四季度全国招聘大于求职“最缺工”的100个职业排行》，有43个属于生产制造相关职业，其中“智能制造”领域缺口加大②。《制造业人才发展规划指南》预测到2025年，中国制造业会出现3 000万的人才缺口，2018年，我国7.76亿就业人员中，技术工人只有1.65亿人，占就业人员的21.3%，而高技能人才仅有4 700多万人，仅占就业人员的6%。尤其是适应新技术新产业发展趋势的技能人才匮乏③。王淑娟通过调查发现，仅有30%左

① 杨秀玉，杨秀梅．教师职业倦怠解析［J］．外国教育研究，2002（2）：58.

② 中华人民共和国人力资源和社会保障部．2021年第四季度全国招聘大于求职“最缺工”的100个职业排行［EB/OL］．［2022-02-22］．http://www.mohrss.gov.cn/SYrlzyhshbzb/dongtaixinwen/buneiyaowen/rsxw/202202/t20220222_436563.html.

③ 技术工人凭技能也能提高待遇［EB/OL］．［2022-02-22］．https://news.gmw.cn/2018-04/27/content_28516742.html.

右的制造类专业学生毕业后进入制造业企业工作[①]。现代的青年更加青睐自由灵活的工作，如快递员、配送员等工作。工厂的工作由于每天需要在封闭的车间中重复8个小时以上的同样动作，工作内容枯燥而单调，并要严格遵守上下班的时间，遵守相关的劳动操作规范。相比较而言，快递员等职业时间相对自由，与人交流较多，并且工资薪酬较高。很多在工厂里工作的技术工人投入这些行业，使得本来数量不足的技术工人供给更加紧缺。好的生源不愿意来到职业学校，毕业的职业教育学生又不愿意进入工厂当技术工人，经济发展对技术工人的需求信号不能通过劳动报酬的形式有效传递于受教育者，这是制约我国经济发展水平的一个重要原因。同时，也是影响我国职业教育发展和职业教育教师的专业发展的重要因素。

2. 产业结构和技术变革影响职业教育的层次和专业结构

我国的产业结构影响着社会对职业教育的需求，决定着职业教育的层次和专业结构的变化。1979年我国三大产业占比分别为30.7%、47.0%、20.3%，到2018年变为7.0%、39.7%、53.3%[②]。第三产业的迅速发展，催生了职业学校服务类专业的设立，培养的毕业生人数快速增加。在三大产业中，第二产业的变化比较复杂，并且第二产业的社会需求与人才培养的匹配度不高。以第二产业中工业结构的变化为例，1949—1978年我国冶金、机械、电力、石油、化工等重工业占比快速上升，改革开放之后到1998年，纺织服装、电子及通信制造先后成为重要的支柱产业，2012年至今汽车制造、计算机通信和其他电子设备制造产值占比大幅上升。从要素分析，我国资本密集型行业占比呈现上升趋势，但劳动密集型行业占比始终远超资本密集型行业。新中国成立初期，劳动密集型行业总产值占比高达82.9%，改革开放初期，我国把握住了全球劳动密集型行业重新布局的历史机遇，凭借低劳动力成本承接大量国际产业转移，迅速融入世界工业经济分工体系。服装、家电、电子等劳动密集型行业规模迅速扩大，并带动了上游能源、冶金、化工等基础工业的发展。改革开放之后到1998年，纺织服装、电子及通信制造先后成为重要的支柱产业。近年来，在我国的人工成本逐渐增加的状况下，我国制造业产能迁移的趋势越来越明显。人工成本占比较高的产业转移动力较强，故首先转移的以纺织、玩具、鞋服等行业为主，这种趋势既包括从东部沿海向中西部地区的国内转移，

① 王淑娟．“谁来当技术工人”这道题需系统解答［EB/OL］．［2022-03-15］. http://www.zgzcinfo.cn/policyparsing/show-71079.html.

② 董康．中国产业结构变化对经济波动的影响研究［J］．社科纵横，2022，37（1）：47.

又有一部分向东南亚等海外地区转移。这给职业教育领域带来了重大挑战[①]。这种挑战体现在职业学校专业设置、职业学校专业教师配备等方面，需要以市场需求为导向，迅速调整职业教育的招生层次与资源分配，保证职业教育与经济的协调发展。

技术变革影响职业教育的层次结构。世界经历了三次工业革命，每一次技术的革新都不可避免打破旧有社会分工格局，产生了物力资源和人力资源的再分配。技术变革意味着使用旧技术的行业要被代替，使用旧技术的行业逐渐萎缩，企业被淘汰，企业的劳动者失去原有的工作岗位。近些年，高新技术发展迅速，进入以大数据、虚拟现实技术、智能工厂、智能电网、移动计算以及物联网为主的高科技时代。程序、机器、产品或者各个零件可以通过网络连接进行系统间智能、高效的数据传输，这反映了这个信息和通信时代的新天地[②]。在这个时代里，从事简单的、重复性劳动的工人要被机器所取代，劳动密集型行业减少了对人工的依赖，很多流水线的工作岗位渐渐被工业机器人所取代，工厂不需要很多工人，通过数字化管理，工人不需要很多管理人员。在技术人才中，对“灰领”如技术员、工程师的需求日益凸显。工厂原来的人才结构是金字塔形的，一个工程师、两三个技术员、几十个工人；而在现在的先进企业中，人才结构呈现出两头小、中间大的橄榄形，这是未来就业的一个新趋势。为适应这一变化，需调整职业教育层次结构，把高职学校毕业生作为“灰领”人才的主力军，在就业市场上有更大的优势[③]。

从根本上来看，经济发展水平、产业结构、技术变革变化决定了职业教育发展的诸多方面，讨论职业教育教师的发展问题，必然与经济发展相联系，无论是职业教育教师发展能力还是发展意愿，从宏观方面着手，以经济发展的客观现实出发，动态调整相关政策，才能更好地促进职业教育的发展，促进职业教育教师的专业发展。

三、政府制定的相关制度和职业教育政策影响教师的专业发展

职业教育教师总面临着这样的困局：一方面，国家由于缺少技术工人，对职业教育越来越重视，职业教育教师在社会中的重要地位凸显；另一方面，职

① 田志磊．疫情背景下的经济与职业教育漫谈［C］．中国教育财政政策咨询报告（2019—2021），2022：312-316.

② Erich Thies，刘立新．当代德国职业教育研究［M］．上海：上海外语教育出版社，2018.

③ 石伟平：职业教育，并非一“分流”就定终身［EB/OL］．［2022-03-18］．http://news.sohu.com/a/530693121_121332532.

业教育教师并未因为其重要而获得较高的社会地位和较高的收入。近年来，国家一直在尝试进行职业教育的改革以提高职业教育的吸引力。但是，从以上影响因素的论述可以看出，职业教育的问题较为复杂，它不单单是职业教育本身的问题，也不单单是职业教育教师的问题，它与经济发展、传统文化密切相关。这些问题的解决需要国家从技术工人的薪酬制度等方面作出顶层设计，提高技术工人的社会地位，拓宽职业教育学生的发展空间，制定合理的政策以提高职业教育的吸引力，从而增加职业教育教师的职业认同感，激励其专业发展的意愿。

1. 社会薪酬制度

基于“理性经济人”的假设，每个家庭或学生对职业教育的选择均是对接受职业教育所支付的成本与收益的权衡之后作出的决定。中等职业学校实施免费教育，但是长期收益较低，学生和家长选择职业教育的意愿就低；大部分高职学校培养的人才质量不高，就业质量也偏低。这就形成了这样的恶性循环：接受职业教育学生的收益低—生源少、质量差—学校培养质量差—学生就业后收益更低。在这种循环中，最根本的问题是提高职业教育培养人才的工资待遇以提高其教育收益、提高其社会地位。所以，重塑技术工人的社会地位是解决职业教育诸多问题的根本途径。

技术工人的薪酬待遇影响社会对职业教育的认同和职业教育教师对其职业的认同。从马斯洛需要层次理论看，人的需求可以划分为生理需求、安全需求、爱和归属感、尊重和自我实现的需求，只有当人从生理需要的控制下解放出来时，才可能出现更高级的、社会化程度更高的需要如自我实现的需求。其中，生理需求如衣、食、住、行需要劳动者付出劳动所得的报酬进行交换。如果从事职业不能提供给劳动者以足够的安全需求，不能满足其本人及家庭的衣、食、住、行需求，这个职业的社会认同感就必定低，从事于这个行业的劳动者或后代在条件满足后便会逃离此行业。我国“道本器末”“重义轻利”的传统思想导致技术工人收入水平偏低，待遇保障制度不完善，职业获得感较差，职业的上升空间也非常有限，技术工人的地位偏低，这些状况固化了家长和学生对职业教育的认知。职业教育教师也是教师职业的次优选择。一方面职业教育生源质量堪忧，另一方面职业教育的毕业生流失严重，由于工作待遇和工作环境不能满足年轻人的需求，很多职业教育毕业生不愿意进入工厂从事技术工作。因此，技术人才的供给和需求矛盾日趋尖锐，这种矛盾不仅表现在技术工人总量不能满足经济的发展，而且高级技术工人缺失等结构性问题非常突出，技术人才队伍无法正常补给，从中挑选、培养高级技术工人难度增大。从市场供求看，人才市场的求人倍率上，技术工人的求人倍率一直保持在 1.5 以上，高级技工的求人倍率甚至达到 2 以上的水平，供需矛盾非常突出。企业对技能型工人短缺的问题反应非常强烈①。技能人才的总量和结构性缺失极大地影响了我国制造业的发展，2021 年 4 月，习近平主席对职业教育工作作出重要指示强调，加快构建现代职业教育体系，培养更多高素质技术技能人才、能工巧匠、大国工匠。各级党委和政府要加大制度创新、政策供给、投入力度，弘扬工匠精神，提高技术技能人才社会地位，为全面建设社会主义现代化国家、实现中华民族伟大复兴的中国梦提供有力人才和技能支撑。而职业教育能够作为实现中华民族伟大复兴的人才和技能支撑的最根本方式是提高技术工人的薪资水平和社会地位。

我国技术工人的薪酬水平较低的原因之一是我国分割的劳动力市场。主要劳动力市场提供的是政府机关、事业单位、国有企业、大中型集体所有制企业等岗位，这些岗位具有稳定性高、薪酬待遇高、工作好、上升空间较大等特点。次要劳动力市场提供的是小型企业的工作岗位，这些岗位稳定性较差，具有较大的失业风险、工资较低、工作环境较差、晋升机会较少等特点。我国能进入何种类型的劳动力市场最主要的决定因素是学历，在高等教育扩招之后，我国整体教育水平的提高以及教育层次的逐步提高和优化，主要劳动力市场所提供的岗位对应聘者学历要求越来越高，甚至出现只看重学历、文凭的现象，使得职校毕业生开始很难进入主要劳动力市场②。在主要劳动力市场，有相对成熟的职级制度和薪酬制度，在次要劳动力市场上则缺少相应的薪酬保障制度。即使能够进入主要劳动力市场，我国技术工人的薪酬制度仍存在诸多问题。

2. 职业教育师资培养体系和教师准入制度

职业教育师资培养体系的建立是保证职业教育拥有充足的师资数量和高质量师资水平的重要基础。毕业生在校期间接受了何种专业理论学习和专业实践学习，决定了其原始的知识结构，教师的知识结构是教师专业发展的基础条件。职业教育培养技术技能型人才，强调学生的实际操作技能，但是在现有的职教师资培养体系中，职教师资主要来源于普通高校、师范院校和职业技术师范院校。其中，普通高校和师范院校的师资与普通高中或高校的师资培养途径相同，这些毕业生具备较强的专业理论知识或相关的教育学知识，具有一定的

① 中华人民共和国人力资源和社会保障部．人社部回应《关于提高技术工人待遇的意见》[EB/OL]．[2021-12-12]．http://www.gov.cn/zhengce/2018-01/26/content_5261137.html.

② 张玉亭．从二元制市场分割理论看职业教育的发展 [J]．职教论坛，2008 (12)：12-13.

教学能力，但往往缺乏专业技能与实践操作能力，这就决定了大部分职业教育教师的知识结构具有专业技能知识和实践缺失的特点。从职业教师的专业发展来看，合理的知识结构是教师发展的基础，应从建立职业教育师资培养体系入手，增加职业教育师资有关专业技能的相关知识和经验，以促进职业教育教师的专业发展。

职业教育的准入制度包括教师资格认定制度和聘任等制度。实行科学的职业教育教师准入制度是实现教师专业发展的基本条件，也是促进教师专业发展的基本保障条件。但是，怎么识别出具备从事职业教育教师基本能力的人员，需要依赖于制定科学的职业教育教师资格准入制度。

我国现行的教师资格证制度缺乏对职业教育特性的体现，需要建立科学的职业教育教师准入制度。职业教育教师包括文化课教师、专业课教师、实习指导教师，其中文化课教师如教授数学、英语、语文等学科，与普通学校教师资格证要求大致相同。职业学校专业课教师要求知识和技能兼重，这就要求专业课教师的资格考试要与普通教育的有显著不同。我国现行的《教师资格条例》只要求达到相应的学历即可。中职教育基本上是套用普通中学的认定标准，在满足一定的学历门槛后，考察教育学、心理学基本理论及基本师范技能。2013年，《中等职业学校教师专业标准（试行）》指出要“制定中等职业学校教师准入标准，严把教师入口关”。但是，针对中职教育的教师准入标准一直没有建立起来。从测量效度来说，一套能够测量普通教师职业能力的测验一定不能很好地识别职业教育教师的职业能力，能够胜任普通教育类型的教师也不一定能够成为一个合格职业教育教师。职业教育教师资格证考试的考核对象、考核内容和考核方法的科学设定是保障职业能力测验高效度的前提。好的职教师资标准一方面具有规范作用，使教师符合岗位要求；另一方面具有引领作用，为职业教师专业发展提供广阔的空间。所以教师资格标准不仅是筛选的尺度，更是一个促进职教教师专业发展的渠道①。

3. 现代职业教育体系

现代职业教育体系的构建能够提升职业教育学生的上升空间，增加职业教育吸引力，更好适应经济发展和产业结构的变化，为地方经济社会发展作贡献。我国职业教育主要以中职、高职为主，部分中职学校学生可以通过对口升学的方式到本科就读原来所修专业。但是，鉴于受教育者家庭对职业教育不同

① 梁卿，蓝欣，马金强，等．我国职教教师核心能力及其评价［J］．河北师范大学学报（教育科学版），2009（9）：79．

学历层次的需求和高新技术产业的迅速发展对职业人才的需求，我国应打通职业学校学生的学历上升通道，形成由中职、专科、本科到研究生的有机衔接。

现代职业教育体系的构建能够提高生源质量，增加教师职业的认同感，提高教师专业发展的动力。职业教育教师的不同层次需求中的一部分需求由教师这一职业满足。其中，合理的薪酬制度能够保证教师的生理需要，但是对于专业发展促进作用最大的是教师的尊重和自我成就需要，这些高层次的需要与工作中和学生的良性互动密切相关。高质量的课堂不但来源于教师科学的教学理念、高超的教学技能、丰富的专业理论知识和实践知识，而且来源于学生的认可和尊重，作为教师最大的成就感来源于学生乐学、会学，教师的教学能够使学生实现自我成长。在当前职业学校中，学生生源基础较差，缺乏足够的学习动力，不能很好地遵守课堂纪律和学校管理相关制度，教师在课堂中的上课状态受到严重影响，教学中伴随着挫败感，从事职业教育的价值感下降，对教师职业的认同感降低。国家需要在职业教育发展的顶层设计上，秉持构建现代职业教育体系的理念，增加职业教育的吸引力，提高生源质量，进而增加职业教育教师的职业认同感，促进职业教育教师的专业发展。

第六章　职业教育教师专业发展保障条件

职业教育教师的专业发展受社会经济、文化、相关管理制度和政策因素的影响，欲使职业教育的教师获得快速的专业发展，应从国家层面和学校层面为教师发展提供一定的条件保障。

第一节　国家层面的保障条件

从影响职业教育教师专业发展的影响因素分析可以看出，国家需要从社会薪酬制度、职业教育管理制度等方面作出顶层设计，为职业教育教师的专业发展提供条件保障。

一、重塑社会薪酬制度

重塑社会薪酬制度，提高职业教育教师的社会地位，可以解决职业教育吸引力不够的基本问题，也是增强职业教育教师专业发展意愿的根本途径。20世纪50年代，我国实行“八级工”制度。“八级工”是以按劳分配为主要特征的工资制度，将工人的技术等级和工资挂钩。在当时，“八级工”是令人羡慕的称号，它代表着高技术、高收入和高社会地位。在辽宁某县，县长一个月的工资为117.5元，而一位印刷厂的八级工能够拿到91.5元。即使是“五级工”“六级工”，他们在企业和社会都有很高的地位。“八级工”制度具有考核标准明确、可操作性强的特征，对简单劳动和复杂劳动进行了明确区分，在工人技术分层上发挥了积极的作用，也成为当时工人对技术不断精进、不断追求的动力。但是随着工业建设任务的完成，我国的经济体制和产业结构发生重大变化，“八级工”制度逐渐退出历史舞台。1990年，劳动部实施的《工人考核条例》规定了我国的工人考核制度，确立了初级、中级、高级、技师和高级技师五个等级的技术工人考核体系。在这个考评体系下，有明确的等级划分，但是有的工人在三四十岁就已经成为高级技师，失去了晋升空间，很多人对技术的改进仅仅来源于个人的追求，缺少了重要的激励机制。从这个角度来看，八级技术分层比五级技术分层更能提升一线高水平劳动者的自豪感，促使人们更加积极地追求更高的技术地位，也让社会公众对高技术层产生尊崇之心①。也正是五级技术分层制度的缺陷，使这些年来出现同等级别的管理者和技术工人工资差别大的现象，即使到了高级技师，也远落后于具有干部身份的管理者，严重挫伤了技术工人的积极性，导致了技术工人数量的下降。

随着技术工人尤其是高级技术工人的缺失，政府开始探索建立科学的技术工人薪酬制度。2021 年 12 月，人力资源和社会保障部、教育部等四部门联合印发了《"十四五"职业技能培训规划》，明确提出国家要进一步拓展技术工人的职业发展通道，在"十四五"时期要推动技能人才薪酬分配指引落地落企，引导企业建立健全符合技能人才特点的工资分配制度。人力资源和社会保障部的职业能力建设司司长刘康指出，要打破目前的"天花板""隐形门"，形成技能人才的纵向职业技能等级阶梯，探索拓展技能人才"新八级"职业技能等级制度②。2021 年，人力资源和社会保障部在全国推广了企业新型学徒制，就是在初级工之前加入了学徒工，此外，还在全国范围组织开展特级技师评聘试点工作，现在进一步尝试增设工人院士，初步形成了以学徒工、初级工、中级工、高级工、技师、高级技师、特级技师、工人院士为等级的新八级工制度。

新八级工的职业技能等级评价制度能够提高技术工人尤其是高技能人才的工资待遇，避免出现级别一样，管理者、工程技术人员的经济待遇高出产业工人过多的不合理现象；相比较于五级工制度，能够给予技术工人更多的职业成长空间，有效激发工人的工作热情，激励工人对技术精进的追求，重塑技术工人的社会地位，增强其职业的认同感和获得感。对于新八级工职业技能等级评价制度，政府相关部门需要在实践中不断发现问题，完善制度，并督促企业等相关部门制度落地和实施，促进制度真正惠及技术工人。

建立科学合理的技术工人薪酬制度，切实提高技术工人的薪酬待遇和社会地位，使接受职业教育的学生拥有较好的就业和发展前景，这样会显著增加职业教育吸引力，吸引更好的生源选择职业教育，也能够吸引素质较高的人员进入职业学校任教。生源和教师质量的共同提升，会明显改善职业教育毕业生的培养质量，高质量的毕业生进入企业实习或工作，能够赢得用人单位的认可，校企合作能够以更密切的形式开展，从而形成良性循环，学生培养质量越好，

---

① 李强．中国应恢复"八级工"制度［EB/OL］．［2022-04-26］．http://news.sina.com.cn/pl/2011-05-27/093822540758.shtml.

② 中华人民共和国中央人民政府．解读"十四五"职业技能培训规划——有技能 好就业［EB/OL］．［2022-04-26］．http://www.gov.cn/zhengce/2022-01/08/content_5667198.htm.

社会对职业教育的认可度越高，进一步推动技术工人社会地位的提高，职业教育教师的职业成就感和自豪感均会提升，以此成为促进职业教育教师的专业发展最有效的动力。

二、建立科学的职业教育教师准入制度

职业教育教师资格证制度要体现“双师”素质的导向。职业教育与普通教育教师的区别是前者具有较强的专业技能，在整个教师资格认定的设计中要体现此特征。教师资格证考试规定了从事教师这一职业的最低标准，其考核对象、考核内容、考核方式的设计要围绕职业教育教师特点和教师资格证的实施目的来设计，尤其强调专业素质和专业实践能力。

职业教育教师资格证制度实施的目标是成功识别具有胜任职业教育教师潜力的人员。哪一部分人能够胜任职业教育的教师呢？理论上，凡是能够具备职业教育所需的知识和技能的人都具有报考条件，可能报考的群体有三个：一是专门为职业教育培养师资学校的毕业生，二是普通高校的学生，三是企业的高水平技术工人。目前，第一和第二个群体是职业教育师资的主要来源渠道。在这两个渠道的招聘中特别强调教师的学历，设置学历要求是为了能够较快筛选出教师是否具有一定的知识基础。其中，职业教育师范院校对职业教育培养的学生既注重学生的理论知识的学习，又注重专业技术的学习，各方面比较契合职业教育教师的要求；普通高校学生具有一定的专业理论知识但专业技术能力较差，教育教学理论和技能欠缺；企业高水平的技术工人，具有丰富的技术经验和实践能力，但是欠缺完善的专业理论体系和教学理论以及教学技能。他们在理论上都可以成为职业教育教师，但是在实践中，要求何种人能够进入职业教育教师队伍，需要由职业教育教师的需求和供给的状况决定。职业教育教师需求量较大，可以在三种群体中设定不同的条件去弥补其劣势，引导其优势的发挥。如可以对普通高校增设入职后去企业实践的时间，以保证职业教育教师有相当的专业经验积累；企业高水平的技术工人可以以全职或兼职的方式进入学校学习系统的专业理论、进行教育教学理论的培训。在教师比较充足时，可以通过设置较高门槛挑选其中能够快速胜任职业教育教师的群体。近些年，我国职业教育尤其是中职学校教师匮乏，师资准入门槛较低，主要通过招聘满足学历要求的职业技术师范学校和普通高校的学生作为教师。采用专兼职等形式聘用企业高水平的技术工人，在探索中尽可能拓展师资的来源途径，管理比较混乱，影响了职业教育教师的专业发展程度。2019 年《深化新时代职业教育“双师型”教师队伍建设改革实施方案》规定：自 2019 年起，除持有相关领域

职业技能等级证书的毕业生外，职业院校、应用型本科高校相关专业教师原则上从具有3年以上企业工作经历并具有高职以上学历的人员中公开招聘；自2020年起，除“双师型”职业技术师范专业毕业生外，基本不再从未具备3年以上行业企业工作经历的应届毕业生中招聘，特殊高技能人才（含具有高级工以上职业资格或职业技能等级人员）可适当放宽学历要求。可以看出，该方案提高了职业教育教师的准入门槛，目的是在教师进入职业教育教学工作之前就限制严格的条件，保证职业教育教师具有合理的知识结构，以便于入职后迅速胜任教学工作，促进职业教育教师的专业发展，提高职业教育学生的培养质量。

从职业教育教师资格考试内容和考试方式来看，在“双师”素质理念的导向下，职业教育教师资格考试应尤其重视灵活运用多种考核方式考察其专业技能。在内容上，教师资格证考试是职业能力测试的一种，所测试的内容是实际工作所需的知识和技能的分解，一般教师资格证考核范围是教师的教育教学理论、专业知识和教育教学实践能力。其中，教育教学理论涉及教育学、心理学等知识，教师专业知识是教师所具备的所任教专业的理论知识，都采用笔试的方式进行考核；教育教学实践能力通过面试的说课或讲课方式考核。但是现行的教师资格证制度，中等职业教育与普通高中教育的教师资格证考试没有本质区别，高职学校与普通高校教师的教师资格证考试也没有明显区别，达到学历要求，进入学校之后考取高校教师资格证书。这样的考核内容没有体现职业教育特点，势必影响学生实践操作能力的培养。所以，在教师资格证内容考核中，应增加对参加人员操作能力的考核。首先，应该对专业分成不同的大类，针对不同专业大类的特点进行内容设计。其次，对不同专业培养人才的标准进行细化，挑选出关键技能，设计具体的考核情境，制定具体明确的考察标准，综合运用笔试和面试等多种形式对核心能力进行考察，增加职业教育教师资格证考试的效度，进而增加职业教育教师的专业化程度，提高其专业发展的速度。

建立科学的职业教育教师准入制度还应明确“双师型”教师的认定标准。完善职业教育教师资格证准入制度可以高效地挑选出职业教育教师，保证职业教育教师具有合理的知识结构，这是保证教师实现专业发展的基础。但是建立具有学术性、实践性的更高要求的“双师型”师资队伍是教师专业化发展的指向标。我国一直坚持建设“双师型”职教师资队伍的方向，这是基于对职业教育性质的理解和培养人才质量的要求，“双师型”教师是对职业教育教师职业素质本质特征的概括。“双师型”教师的培养应依靠科学、明确的“双师型”

教师认定标准制度，引导教师专业发展的方向，促进职业教育教师的专业发展。

目前，我国缺乏对“双师型”教师内涵和认定标准的统一认知。2000 年，教育部首次提出“双师型”教师既有理论知识，又有专业实践能力。2019 年《深化新时代职业教育“双师型”教师队伍建设改革实施方案》提出“目前同时具备理论教学和实践教学能力的“双师型”教师和教学团队十分短缺”。由此可以看出，“双师型”教师强调的是同时具备理论教学能力和实践教学能力的教师，尤其注重教师的实践技能。这一界定明确了“双师”就是具有理论教学和实践教学能力的教师。但是，怎么去衡量教师具有双师型的标准呢？在实践中，“双师型”教师一般通过“双证”或“双职称”进行辨别，“双证”就是指具备教师资格证和技术资格证书，“双职称”是教师同时具有教师职称和专业技术职称，还衍生出一类双融合性，既强调证书，又强调职称。证书和职称的认定方式，认定标准清晰，具有容易辨别的特征，政策上具有可操作性。但是，问题的关键是具有“双证”或“双职称”的教师是否能够代表教师具有理论教学和实践教学能力？职业资格证书是职业能力测试的达标证书，是从事某一行业人员达到的最基本的要求，而“双师型”教师是职业教师的骨干力量，是职业教育教师中质量水平较高的群体，仅具有教师从业能力和某一职业能力的人不一定能胜任职业教育的教师。尤其是，职业学校的教师虽然具有某种职业资格证书，进入学校工作之后，没有后续的实际情境中的专业技术训练，资格证书也仅仅是个基础，脱离技术实践时间越长，教师的专业实践能力越差，不能很好地支撑学生培养这一工作的顺利进行。借助于“双证”来认定双师型教师的标准要求偏低，应在取得“双证”的基础上设定一定实践经验积累的时间要求。依赖“双职称”评定的标准高于“双证”的标准，保证了教师教学或从业过程经验的积累，但是讲师和工程师的区别不是理论和实践的区别，是职业的区别，两种都强调理论和实践的结合。除此之外，实践中出现一系列的问题，部分教师虽然具有“双证”或“双职称”，但是证书、职称与其在学校的任教专业不相符。这种现象出现的根本原因就是国家缺乏明确的“双师型”教师的认定标准。

如何明确“双师型”教师的专业标准？教师专业标准应从教师培养职业教育学生所具备的核心素养出发，分析哪些因素是完成职业教育教学目标的核心素养。完成教育目标，首先要具备教师的基本职业道德，对专业有认知，对学生有情感，对教学工作负责；其次，应该具有基本的教学理论知识和教学技能；再次，要有丰厚的专业知识和较强的专业实践能力。总结起来，可以从

“专业伦理与专业信念”“专业知识”“专业能力”构建“双师型”教师的专业标准。然后根据专业大类不同，对专业知识和专业能力的内容进行分解，确定具体的考核标准，并且思考可以达到专业知识和专业能力目标的实现途径，以此为依据，制定出标准，有效指导教师专业发展的方向，再配套一定的激励政策，更好地促进职业教育教师的专业发展。

综上所述，欲提高职业教育师资队伍素质，加快职业教育教师的专业发展，需制定严格的、有针对性的职业教育教师职业准入制度。强调职业教育教师的技术含量，强调专业化程度，才能真正提高职业教师的社会地位，吸引高素质人才进入职教师资队伍，促进职业教育教师实现快速的专业发展。

三、完善职业教育师资培养体系

职业教育教师的专业发展需要良好的知识结构，良好知识结构获得的重要保障是教师职前接受的学校教育。国家要尽快完善职业教育师资培养体系，让教师在学校教育阶段能够获得与职业教育特性相符合的知识结构。完善职业教育师资培养体系应从以下三个方面着手：

1. 建立职业教育师资培养体系应着力增加专门的职业技术师范学校

我国职业技术师范学校的建立可追溯到新中国成立初期，为满足国家对技术工人的需求，1959 年 10 月，原国家劳动部党组向李先念副总理的请示报告中提出要建立培养技工学校师资的师范学校，国务院批准了上海、天津、开封、沈阳建立四所技工教育师范学校，专门培养专科层次的职教师资，后在“文化大革命”中遭到破坏。1979 年，在《关于增设四所技工师范学院的通知》中批准在天津、吉林、河南、山东分别建立一所本科层次的职业技术师范学校，但是出于多种原因只建立了吉林技工师范学院（吉林工程技术师范学院）和天津技工师范学院（天津职业技术师范大学）两所。1980 年，《关于中等教育结构改革的报告》对职业教育师资培养作出规定：教育部门、劳动部门和有关业务部门要有计划地为发展职业技术教育培养师资。省、自治区、直辖市应积极筹办职业技术师范学院。至此，职业技术师范学院不断建立，我国职业技术师范教育进入快速发展时期。1979—1989 年，我国先后建立了 14 所独立设置的职业技术师范院校。后经合并、增补、改名，最终保留了 8 所规模相对稳定的职业技术师范院校，俗称“老八所”①。这些学校以培养职业教育师

① 匡瑛，邓卓，石伟平．从“老八所”兴衰看我国职业技术师范教育的嬗变、困局与出路［J］．职业教育研究，2022（1）：5-9.

资为特色，特别重视学生的技能培养，并建立相关的职业教育研究所，承担着职业教育科学研究、职教师资培养、职业教育政策咨询的任务，同时招收中等职业学校的优秀毕业生，在中等学校和高等院校之间架起了桥梁，以升学进入普通高校的方式吸引了更多的学生进入职业学校，显著增加了职业教育的吸引力，为职业学校培养了大批知识、技能并重的教师。但是，随着高等教育大众化进程的影响，职业技术师范类学校的生源不佳，学校发展陷入困境。这些学校开始谋求出路，有的学校被合并，这类学校办学目标的转变使职业教育师资培养规模逐渐萎缩。与普通师范教育相比较，全国共开办以培养普通教育师资为主的教师教育院校 605 所，其中高等师范院校 199 所，普通教育的师资培养形成了以部属院校为龙头、省级师范大学为骨干、地方师范院校和开办教师教育的院校为基础的普通师范教育体系；而开办职教教师教育院校总计 32 所，其中职业技术师范院校有 9 所。职业技术师范教育没有形成相应的培养体系[①]。

这种状况在近几年发生了改变，2019 年，我国颁布《国家职业教育改革实施方案》，明确提出要加强职业技术师范院校建设，同年，《深化新时代职业教育“双师型”教师队伍建设改革实施方案》提出要优化结构布局，加强职业技术师范院校和高校职业技术教育（师范）学院建设，紧接着 2020 年《职业教育提质培优行动计划（2020—2023 年）》提出要探索有条件的优质高职学校转型为职业技术师范类院校或开办职业技术师范专业。《关于推动现代职业教育高质量发展的意见》又进一步强调加强职业技术师范学校建设的重要性。在这些政策的指引下，很多省份开始在《“十四五”教育事业发展规划》中纷纷提出支持建设职业技术师范大学。2021 年 11 月，浙江省同意设立绍兴技师学院，筹建仙居技师学院、天台技师学院、丽水农林技师四所学院，具有职业教育师资特点的学校在逐渐增多，新的职业技术师范学院在不断建立。

天津职业技术师范大学作为“老八所”之一的职教师资培养院校，一直坚持培养制度的创新和改革，为职教师资培养做出很多有益探索。天津职业技术师范大学成立于 1979 年，是中国最早的以职业师资培养为主要任务的学校，是“老八所”之一，被称为“职教师资培养的摇篮”。与其他职业技术师范院校转型不同，天津职业技术师范大学一直走在职业教育师范生培养的路上，形成本硕博全层次职教师资培养体系，培养出我国首批“双师型”本科、硕士和博士。2005 年，开始中职学校教师在职攻读硕士学位教育工作，招生人数从

① 曹晔．职业教育教师培养培训体系建设的成绩、问题与对策［J］．教育与职业，2021（17）：55-60．

2007年的30多人上升到2015年的190多人。2013年开始招收博士研究生，以服务国家特殊需求项目形式开始职教“双师型”博士生探索培养，培养职业学校急需的专业领军人才，截至2018年共招收37名博士研究生，构建了职教师资的本硕博人才培养体系。由于天津职业技术师范大学在职业教育人才培养中取得的这些成绩，其被称为“职业学校的小清华”。

近年来，天津职业技术师范大学进行本科单招考试的内容改革，从2021年面向技工学校的单招考试的内容来看，学生要进行文化素质考试和职业技能考试。其中，文化素质考试的语文150分、理科综合200分（数学120分、物理80分）、英语150分，另加一门专业基础，分数为150分。对于职业技能考试，学生可根据自己报考的类别选择一个工种进行职业技能考试，如考生选择机械类，应需要从钳工、车工、数控车工、加工中心操作工、铣工、焊工、汽车维修工中选择一种进行技能考试，这样的考核方式保证了挑选出来的学生具有较强的实践操作能力。

在硕士研究生培养方面，2003年，天津职业技术师范大学获得“机械制造及其自动化”和“职业技术教育学”的硕士学位授权点，招收应往届毕业生。为保证其培养学生能够胜任职业学校的要求，学校构建了“三双”培养模式，取得了很好的效果。2005年，开始针对中职学校教师在职攻读硕士研究生的教育工作，它成为中职学校教师专业发展的重要途径，不但满足了职业学校教师对学历提升的要求，而且达到提升教学水平、专业知识和技能的目的，促进了教师的专业发展。同时为职业学校培养出高水平的骨干教师作出了贡献，较好地满足了社会对高素质职教师资的需求。2016年，随着全国教育硕士培养工作的展开，硕士研究生招生规模增大，招收的职业技术教育专业学位研究生由各专业学院进行管理，职业教育学院配合开设职业教育类课程，以此共同完成研究生的培养工作。

在博士研究生培养方面，天津职业技术师范大学主要通过建立服务国家特殊需求博士人才培养项目来培养博士。2013年，天津职业技术师范大学主动对接国家发展的需求，以培养胜任专业带头人和领军人才的“双师型”高级专门人才为培养目标，针对服务国家高层次“双师型”师资队伍建设的特殊需求开展博士教育。围绕培养目标，以学校优势学科为载体，加强职业教育学与工学的融合，通过产教融合和校企合作等途径，跨校跨企业组成导师组，各自分工明确共同发力培养博士研究生。博士研究生导师组由校内导师、职业学校导师、企业导师构成，工学导师任组长，负责博士生培养计划的制定、指导学生选题、保证培养计划的落实，教育学导师指导学生进行教育学相关理论学习和学术训练，职业院校导师负责指导教育实践，企业导师负责指导工程实践能力的提升。第一学年在校学习理论课，第三学期进入企业实践，第四学期学生进入生源地的职业学校进行教育实践，第五学期进行职业技能训练之后回到学校。这种教学模式最大程度地保障了培养专业带头人和领军人才的各方面素质。并且，这些博士研究生来源于全国各省（自治区、直辖市）的国家重点建设的职业院校，因为自身具有较强的知识和能力得以进入博士教育阶段，经过良好的培养毕业返回学校就可以担当专业带头人的职责，成为本校教师学习的榜样，能够激励职业教育教师把更多的精力投入教学、科研和实践中，有力促进教师的专业发展。

天津职业技术师范大学本科、硕士、博士的招生制度和师资培养模式为职业技术师范人才培养做了有益的探索，在新成立的职业技术师范大学中应以此为借鉴，充分发挥其在职业教育师资培养体系中的骨干示范作用。

2. 鼓励部分普通高校参与职业教育师资培养

综合大学的工科专业或工科院校的教学目标是培养工程性人才，工程性人才既需要过硬的专业理论知识，又需要较强的实践动手能力。一般在高水平工科院校拥有高水平的专业师资保障学生理论课的学习，实训基地和实训设备保障学生的技能学习，这些条件非常适用培养职业教育的师资。

高水平综合型大学或工科院校参与师资培养的方式可多种多样。第一，可以鼓励其成立职业技术师范学院，在招生时针对培养有从事职业教育工作或研究意愿的学生，培养层次可以覆盖从本科生、硕士研究生到博士研究生。如同济大学发挥其工程学科优势，设立职业技术教育学院，专门定位于培养兼具扎实学科专业基础、基本职业实践能力和教育教学能力的复合型职教教师以及研究生层次的职业教育教学、研究与管理人才；承担聚焦于职业教育相关的科学研究；提供涉及职业教育教师职后培训以及职业院校专业建设、区域职业教育规划与办学咨询服务。第二，鼓励工科学校挑选优势专业，增设师范类课程。如果能够在工科院校，按照技术人才的紧缺情况挑选优势专业，加设学生教育学、心理学等师范生的必修课程，并对学生的教学技能进行培养，是加快职业教育高水平师资培养的便捷途径。2019 年之后，我国在政策层面上多次探讨普通院校在师资培养中所承担的责任。2019 年《国家职业教育改革实施方案》提出要引导一批高水平工科学校举办职业技术师范教育。《职业教育提质培优行动计划（2020—2023 年）》提出要支持高水平工科院校分专业领域培养职业教育师资，构建“双师型”教师培养体系。《关于推动现代职业教育高质量发展的意见》指出支持高水平学校和大中型企业共建“双师型”教师培养培训基地，落实教师定期到企业实践的规定，支持企业技术骨干到学校从教，推进固定岗与流动岗相结合、校企互聘兼职的教师队伍建设改革。2021 年 10 月，上海市职业技术教师教育学院在上海第二工业大学揭牌成立。上海市职业技术教师教育学院参与培养研究生层次的职教师资，与江南造船（集团）有限责任公司等 9 家企业签约成为学院首批校企合作实践基地，上海电子信息职业技术学院等 10 所职业院校成为学院教学实践基地，为每位学生提供企业实践岗位；与职业院校签约共建职教师资培养基地，为每位学生提供课堂教学实践；与海外高校签订了交流协议，为每位学生提供海外交流学习的机会，确保人才培养的高水准和国际化视野。

高质量的职业技术人才培养离不开高素质的师资队伍。以实践能力为基础的职业教育教师要有合理的知识结构，必须着力于建立科学的职业教育师资培养体系。这种体系要以职业技术师范院校为培养师资的骨干力量，以普通高校尤其工科院校建立的职业技术师范学院或增设的师范生课程为主体力量，这是优化职业教育教师知识结构、提高师资素质、加快教师专业发展的重要因素。

四、建立现代职业教育培养体系

学生和家庭对职业教育的多元需求及经济发展对职业教育的多元需求要求我国尽快建立现代职业教育培养体系。现代职业教育培养体系的建设是提高职业教育生源质量、增强职业教育吸引力的重要手段。

职业教育和普通教育没有优劣之分，只是教育类型的不同，其分类最基本的原因是人的智力结构的不同，从理论上，必有一部分学生适合职业教育。关于人类智力的研究历时已久，从 19 世纪末，冯特、高尔顿、卡特尔等人开始使用实验或测量的手段来评估个体智力开始，人的智力研究从对视频敏锐度、肌肉力量、反应以及其他运动机能的量化信息一直到成熟的多种智力测验量表的形成。经过不断的研究，人的智力理论从单一论走向多元论，斯皮尔曼提出智力由一般智力因素和特殊智力因素构成，常见的特殊能力测验有音乐能力测验、美术能力测验和机械能力测验。20 世纪 70 年代耶鲁大学的心理学家罗伯特·斯滕伯格提出智力的三元智力理论，认为人的智力包括分析性智力、创造性智力、实践性智力。20 世纪 80 年代哈佛大学认知心理学家加德纳提出多元智力理论，认为每个人都拥有八种主要智能：语言智力、逻辑数学智力、空间智力、运动智力、音乐智力、人际交往智力、内省智力和自然智力，这些智力在每个人身上不同量的组合，也形成了个人的独特性。这种智力理论的提出修正了在传统的“一元智能”指导下教育评估的功能和方法。有的学生不擅长在普通教育体系中以逻辑推理能力和言语能力为主的数学、语文等科目的学习内容和模式，在普通教育中不能取得满意成绩，但是他们热爱并擅长技能操作，通过科学合理的教育能够凭借其特长很快脱颖而出。这也是普职应该分流和必须分流的根本依据。职业教育分流出来的学生应该是在操作技能上具有特长的学生，而职业教育分流的制度设计则能够吸引这些学生来到职业学校，并且给予学生与接受普通教育的相同待遇，如教学环境、教学质量和升学空间，让其接受职业教育源于热爱，精于学习和训练。这就要求现代职业教育体系，不但应该要注意现有学校体系的质量提升，而且更应该重视职业教育多层次的体系建设。

当前，学生进入中等职业学校以后，升入高职院校的空间很大，但对口升入本科院校就特别困难，招生指标较少导致分数线较高。2021 年，我国高等教育毛入学率已经达到了 51.6%，但职业院校学生在学历上没有竞争优势，就业越来越难，就业质量也越来越差，职业教育的吸引力很难增强。所以，提升职业学校学生的升学空间，让职业学校学生也能够升入高质量的本科学习，是吸引学生选择职业教育的有效途径。2022 年 4 月，《中华人民共和国职业教育法》修订，明确指出高等职业学校教育由专科、本科及以上教育层次的高等职业学校和普通高等学校实施，并提出要建立符合职业教育特点的考试招生制度。在中等教育层次，中职学校可以按照国家有关规定，在有关专业实行与高等职业教育的贯通招生和培养。高等职业学校可以按照国家有关规定，采取文化素质与职业技能相结合的考核方式招收学生；对有突出贡献的技术技能人才，经考核合格，可以破格录取。修订后的职业教育法，明确了高等职业学校教育不再仅仅是专科这一层次，可以由本科及以上教育层次的高等职业学校和普通高等学校实施。这一规定从法律上打破了职业教育层次的天花板，能够加快推进本科和硕士接续培养模式，为职业教育学生扩大了升学空间，吸引优秀生源报考职教师范专业。新职业教育法明确了高等职业教育构建现代职业教育体系的方向，为现代职业教育体系建设奠定了法律基础，对于提高职业教育吸引力，提高职业学校学生的生源质量有重要意义，亦能够快速推动职业教育教师的专业发展。

五、建立政府对企业进行校企合作的成本补偿制度

教师专业发展的主要知识结构不但依靠在职前高等教育阶段的学习，而且取决于进入工作岗位之后的专业理论知识和实践知识的学习。职业教育与行业

深度融合，与企业展开深度合作，是其提高人才培养质量、建设高素质师资队伍的必经之路。

怎么样达到职业学校和行业、企业的深度合作呢？长期以来，国家一直重视职业学校和企业的合作育人，但是企业积极性不高，深入的校企合作一直难以形成。国家怎么能够从制度层面上制定政策，激发企业校企合作的积极性是关键问题。从理论上讲，如果学校和企业在校企合作中的收益大于成本，企业和学校才会有动力投入校企合作中。这就需要明确企业和学校在培养人才中的效率边界和合作动因。

学校的基本功能是培养人才。是否与企业进行合作决定于企业能不能帮助学校完成人才培养的目标。学校在校企合作中，必须明确学校应需要培养什么样的人才？怎么培养？哪些环节应该放在学校教育中，哪些环节必须要有企业合作？合作的企业需要具备什么条件？企业在合作中具体应该提供哪种生产情境？提供哪些技术工人进行学生的实践知识指导？需要在企业实践多长时间？学校需要在学生实践中提供哪些支持条件？也就是说，职业学校对合作企业资质和合作岗位的挑选是完成教学目标的基础条件。

企业是社会经济发展的主体，其经营活动的主要目的是通过生产获取利润。这一目标是企业的本质属性，也是其作出行为决定的基本动因，其属性不可能通过加载给企业育人责任而改变。尤其是在市场经济条件下，企业决定参不参与校企合作，参与到何种程度，判定依据是企业能不能在合作中获得利益，如通过校企合作改进技术，提高劳动生产率，又如通过校企合作能够比从市场招聘途径更小成本地招聘到合适的企业员工等，这些获利都可以吸引企业加强与职业学校合作。反之，如果校企合作增加了企业成本，如学生的实习扰乱了企业正常的生产秩序，增加了产品的不合格率，企业自然而然就丧失或减小校企合作的动力。

在实际的校企合作中，由于国家要求职业学校必须通过校企合作的方式培养人才，所以学校在校企合作中有压力和动力，而企业在法律允许范围内拥有自由经营权，国家的政策文件对企业没有实质的强制性。由于职业学校的学生实践能力较差，在进入企业见习或实习时对企业生产带来的积极作用有限，企业进行校企合作的愿望不强。为保证有企业成为校企合作的对象，学校出让部分利益给企业，在校企合作中对培养育人所需的企业岗位、生产情境和企业指导老师上做了让步，很多职业学校尤其是中职学校实习合作的企业，企业提供的合作岗位大部分是简单重复、技术性不高的岗位，可以利用实习学生节约一定的人员成本从而获得一定收益。但是，这种企业的合作资质、岗位与教学目标所设定的技术学习目标的要求相差甚远，学校不能达成其培养目标，学生成了最终利益受损者。长期以来，职业学校学生质量差，企业就愈加不愿意进行校企合作，职业教育发展就进入了恶性循环。

怎么在保证学生的利益下达到企业和学校的深度合作呢？近年来，国家发布的关于校企合作的政策都是在培养人才的目标上对企业提出要求，但是这些要求如果与其本质属性相冲突，作为拥有自由运行权利的自负盈亏的企业主体会采用直接或间接的方法拒绝或抵制执行校企合作，抵制执行的代价是降低学生的培养质量。欲发展深度的职业学校和企业合作，必须尊重企业的本质属性，把校企合作放在市场经济制度的条件下去思考才能取得成效。基于企业追求利润的目标，企业为人才培养付出的成本必须小于收入，企业才能有积极性。怎样建立起对企业参与校企合作的合理补偿机制是制度设计的关键。目前市场经济条件下的校企合作可以依靠购买企业的校企合作服务，或与企业进行资源的对等交换和共享两条策略来进行①。由谁来购买企业的校企合作服务？学校是为社会培养人才的机构，公办学校主要依靠国家财政投入和学生学费作为经费的主要来源支撑运营，民办学校主要依靠举办者投入和学费为主支撑运营，大部分属于非营利性机构。公办学校购买校企合作服务的资金来源要么是增加财政投入，要么是增加学生学费。基于教育公平和职业教育自身的发展多种角度考虑，增加职业学校学生的学费用于购买企业的校企合作服务不具有可行性，还是需要国家财政去补偿企业合作服务的部分成本，用于促进学校和企业的深度合作。国家用于校企合作部分成本的补偿可以通过企业代理支付给企业，也可以政府委托教育管理部门支付。但是，国家必须明确规定校企合作的企业资质，制定具体的校企合作效果的评价制度，以评价制度约束学校和企业的合作行为，以保障校企合作的人才培养质量。

为促进校企合作的顺利进行，必须完善国家层面对校企合作的顶层设计。2022 年 8 月，教育部职业教育与成人教育司副司长林宇指出校企合作要走深，政策供给少不了。国家相关部门继续加大操作性强的政策供给力度，促进国家法律、中央意见更好地落实落地，大幅推进职业教育产教融合、校企合作②。近年来，我国对职业教育投入增加迅速。2022 年 5 月，财政部、教育部发布《关于下达 2022 年现代职业教育质量提升计划资金预算的通知》，下达预算资

① 徐国庆．从分等到分类：职业教育改革发展之路［M］．上海：华东师范大学出版社，2018.

② 林宇．校企合作要走深　政策供给不能少［EB/OL］．［2022-08-16］．http://www.moe.gov.cn/jyb_xwfb/s5148/202208/t20220816_653016.html.

金 302.57 亿元，其中中等职业学校的奖补资金为 112.49 亿元，高等职业学校的奖补资金为 180.41 亿元。规定指出国家拨付的资金重点用于支持各地落实职业院校生均拨款制度，改善高等职业学校、中等职业学校办学条件；加强“双师型”专任教师等培养培训，优化教师队伍人员结构，推进职业院校提质培优、产教融合、校企合作等方面。怎么推进产教融合和校企合作，需要国家形成机制，供给政策，提供一定的财政资金作为奖励条件。企业中有真实的生产情境、有与市场接轨的生产技术和熟练的技术工人，学生能在这样的环境中观察、学习、操作，深化对学校学习理论知识的认识，在实践中发现问题并形成较强的动手能力，职业教育的教师也有更多的机会进入企业学习新技术新知识，掌握技术前沿。在有本专业丰富的理论知识之外，定期进入企业实践，与企业的专家技术人员就生产中遇见的实践问题进行讨论、研究，会快速提升教师队伍的专业发展水平，师资队伍素质会不断提高，课程建设也有了更多的内容来源渠道。所以，以购买企业的校企合作服务为抓手，真正调动企业参与校企合作的积极性，教师专业发展问题、学生的培养质量问题会随着学校和企业的深入合作而迎刃而解。政府购买企业的校企合作服务是建立现代校企合作的必要途径，也是促进职业教育健康发展，促进教师专业发展的捷径。

江苏省政府在制定促进职业教育校企合作的政策上走在了全国前列。2019 年 3 月，江苏省政府根据本省职业教育校企合作中面临着“学校热、企业冷”的现实状况，经过长期的探索颁布了《江苏省职业教育校企合作促进条例》，在制定相关政策时，实事求是地把破解困境的关键点放在如何保障企业在校企合作的合理利益方面。政策强调政府对校企合作承担的责任，加大对企业进行校企合作的激励力度，强调学校和企业“合作共赢”的原则。《江苏省职业教育校企合作促进条例》第三章提到：对企业接纳学生实习的，县级以上地方人民政府给予一定的补助；县级以上地方人民政府应当建立与学校办学规模和校企合作培养要求相适应的财政投入制度，鼓励有条件的地方建立健全企业参与校企合作的成本补偿机制。县级以上地方人民政府可以整合设立校企合作专项资金，并具体规定用于支持校企合作的以下用途：①产教融合实训基地建设；②学生和教师在企业开展实习实践；③专职兼职教师培养培训；④学校参与企业技术改造、产品技术研发、科技成果转化；⑤学校与企业合作开发新课程、新教材等教学资源建设；⑥对企业按照规定开展职工教育培训、学徒培养等给予奖励补助；⑦其他有利于促进校企合作的活动。校企合作专项资金可以采取政府投入、企业支持、社会捐助等方式筹集，财政涉企专项资金可以优先用于支持校企合作。从以上条款中可以看出政府开始对企业进行校企合作的行为进行激励，对其进行财政支持，从根本上解决企业参与校企合作的动力问题，为其他省份制定校企合作的相关制度提供了可借鉴的经验。到2020年，江苏省89所高职院校产学合作专业总数398个，产学合作企业总数达27 515个，企业人员到学校兼职教师数20 476人，接受顶岗实习学生数125 478人，对学校捐赠设备总值15 600万元。校企合作开展学徒制专业数158个，现代学徒制人才培养班级数937个，培养学徒总数24 420人①。

在政府层面建立校企合作机制，对职业教育的发展、教师专业发展水平的提高、学生培养质量的提高至关重要。当深度的校企合作建立起来之后，学生能够在实际的生产情境中接触新技术，毕业生质量提高，学校服务于企业的能力增强，企业在校企合作中获利，形成一个良性循环。在这样的环境中，教师有了实践平台，其专业发展会更加迅速。

第二节　学校层面的保障条件

政府制定相关的政策和职业教育总体发展规划为职业教育发展提供良好的宏观环境，在此基础上，职业学校也应该从设立专业的组织机构、制定合理的学校管理制度、建设科学的教师发展平台等方面保障学校教师的专业发展。

一、建立教师专业发展中心

职业学校应建立教师发展中心，作为促进教师专业发展的组织保障。职业教育教师发展中心需要根据学校实际情况，明确教师发展的目标，对不同的教师群体做出有区别的发展促进计划，尤其要重视不同发展阶段教师的培训。

教师培训是国家或学校通过有明确主题的、集中的形式帮助教师专业发展的主要途径。欲使教师的培训达到良好效果，应遵循以教师发展的个人需求为主要导向的原则。教师的专业发展是一个持续变化的过程，不同发展的教师有不同的内在要求，所以，职业教育教师的培训应由教师专业发展中心等机构根据不同职业教育发展、职业教育教师的发展特点按照不同的教师发展阶段制定培训计划。

职业教育教师以培养“双师型”教师为主要目标，在新教师入职后要经历新手阶段教师，然后经过“双师”素养发展阶段（3～5年）、“双师”资格发展阶段（5～10年）、“双师”熟练发展阶段（10～15年）、专家型“双师”发

① 黄硕．服务江苏实体经济，校企合作走向深度［J］．教育家，2021（51）：16.

展阶段（15 年以上），各个阶段教师培训的关注重点、发展方向和方式都有所不同，学校需要针对不同发展阶段教师的内在需求制定培训计划和管理措施。

新手阶段教师的首要任务是进行身份转换和结合岗位职责完善自身知识结构。新入职的职业学校教师来源应届本科或研究生，也有部分来源于企业的技术型人才。应届生既缺乏实践经验，又缺乏教育教学经验，企业引进的人才缺乏一定的理论知识和教育教学经验。所以，对新手阶段教师要进行教育教学知识、教学技能、教师职业规范、职业道德和职业修养方面的培训。具体应该对新教师如何上课，如何建立正确的教师观和学生观进行充分引导，带领新手阶段教师认识到岗位职责，根据所从事的课程，从教学目标、教学内容、教学方法、教学评价等方面进行指导，使之深化对教师职责的理解和核心教学技能的理解，以完成教师身份的转变。对应届毕业生教师要重视引导与企业的连接，培训安排除了集体讲授外，还应通过企业参观等方式鼓励和督促他们多学习本专业理论知识，弥补其自身知识结构的缺失。另通过设计任务，如举行新进教师的讲课、说课比赛来引导教师积极钻研教学、精炼教学技巧。在这个时期科学的教师培训能够加快新入职教师对学校、专业、教学工作的熟悉，增加教师对单位的认同感，形成一定的责任感，为其专业发展提供动力。

“双师”素养发展阶段的教师对工作岗位的职责有清楚认知，也在教学中有了一定的体验和经验积累，这个阶段教师的主要任务是形成自己的教学风格，教师培训应围绕以下重点进行：首先，帮助教师确定个人的发展计划。经过新手阶段教师对工作环境熟悉和工作岗位的适应，开始着重根据自身情况规划发展方向，学校应通过集体讲座、个人指导等方式帮助教师作出合理的发展规划。其次，帮助教师形成独特的教学风格。每个教师的学科基础不同，气质和性格也有所差异，对于如何提高授课效果、让学生更喜欢课堂气氛，学校的培训重点应集中在教师教学方法、教学技能、师生互动等方面，还应对教师进行课堂反思方法培训，帮助职业教育教师在教学过程中、企业实践中不断发现问题，并通过科学的研究方法解决问题。广泛收集教师在自主研修中面临的问题，定期以讲座、沙龙等形式进行学习和讨论，以促进教师的专业发展。

“双师”资格发展阶段的教师拥有一定的教育教学和教育管理经验，有稳定的教学程序、熟练的教学技能，对职业有了深层次的认知，能够很好地理解教师的职责。此阶段虽然有经验积累的优势，但在熟悉的工作环境中、熟练的教学内容中已经形成固定的工作模式。这一阶段的教师专业发展的培训和管理，要注重引导教师不断突破自我，通过新任务的设定为稳定期的教师提供情境刺激，使其在原有知识结构和能力基础上拓宽知识面，积极接触新技术，更新教育理念，更新教学技能技巧，进一步突破原有限制，根据新的学情、行业的前沿技术去调整教学内容、教学方法和评价方式，寻求新路径以达到专业发展的突破，更好地胜任教学工作。另外，通过固定的教研活动制度去保证其教研时间，提高其专业发展水平。

“双师”熟练发展阶段的教师在日常的教学中积累了丰富的教学经验，对其领域的学科知识建立系统的理解，也有更高水平的教学技能，制定的工作目标更符合自身实际，心态也趋于稳定。但是这一阶段的教师容易陷入职业倦怠，对学生的热情下降，对新知识新技术的敏感度下降，对自己的教学和科研反思逐渐减少。美国教育家提出教师服务成绩的评定一般是曲折前进的，在教学的前几年，随着教学经验的增长，教学效果显著上升，隔了五六年以后，他们习惯于已有的教学程序，进步的速度就不像以前那样快了，甚至有逐步下降的现象①。帮助这一时期教师在于促进新鲜事物的出现，有新的契机促使其反思，促使其“不忘初心”。这一阶段职业教育教师的培训应以帮助教师寻求自我突破和创新为主。如何能够突破创新，应以教师从事科学研究为载体，培训教师科研相关内容，帮助提高职业教育的科研能力，从科学研究中促使教师的自主研修，及时掌握前沿理论，增加新的课程内容以适应产业行业发展，并以科学研究为载体，与学生多交流，进一步从学生身上感受“师者”之价值，增加其职业认同感，减少职业倦怠。另外，职业教育教师的成长必须通过实践来实现，培训内容可以帮助教师更好地与企业深度连接，从去企业实习、学习变为共同研究企业技术问题的合作，拥有丰富专业知识和专业技能的老师如果有机会真正以实际工作问题为导向展开教学、科学研究，并能取得实际效果，会极大提高校企合作中企业的积极性，也帮助这一时期的教师突破自我发展的瓶颈，进入专业快速发展时期。

专家型“双师”发展阶段的教师积累了非常丰富的教学经验和科研经验，已经具有成为本专业带头人的实力，其对教师职责的认知和理解已经明显超过了其他阶段的教师，会站在较高的层次去思考学校学科和专业的发展。那么，已经具有这样实力的教师是否能够发挥其作用，就需要学校或学院提供政策支持和财政支持建立优秀的教学和科研平台。平台建设最重要的是人员，学校要提供有教研潜力和教研动力的教师，构成不同年龄结构、知识结构、技术能力互补的以共同目标连接在一起的教师群体。这一时期的培训重点是让专家型的教师有机会能够到高水平的企业和院校中去观摩学习，有更开阔的视野和更大

① 董士贞，等．中小学教师继续教育［M］．北京：北京师范大学出版社，1998.

格局去带领本学院的专业建设，培训内容也应涉及团队管理和激励经验，带动整个专业或学院教师的专业发展。

在人工智能、大数据时代，智能技术对职业教育教师的培训产生巨大影响，学校应提供相应的培训帮助教师从网络中获取高质量的资源，突破资源提供者和学习者的空间限制及学习时间限制。智能技术创设多元异步的专业学习空间，促进非正式学习与正式学习的融合，推动线上学习、线下学习与工作现场学习（校本研修）融合的混合式培训模式创新①。我国尤其重视智能技术对职业教育教师的个人自主研修的影响。2022 年 5 月，教育部办公厅《关于开展职业教育教师队伍能力提升运动的通知》提出：要推动职教教师数字化学习平台建设。在国家职业教育智慧教育平台开辟教师学习研修板块，面向所有教师共享。发挥国家级项目承担单位、“双高”计划建设单位等引领带动作用，分层次、分专业建设教师培训优质资源。国家智慧教育平台教师的研修板块汇聚了职业院校教师的研修项目，教师可通过平台报名参加国家级示范培训等，还为国家级职业教育教师教学创新团队搭建了协作空间，支持线上协同研修。平台上有关于教师企业实践基地的培训项目、实践岗位、校企联合攻关课题等，为教师参加企业实践提供支持服务。这些职业教育数字化学习平台的建设，为职业教育教师的个人研修和参与高质量的培训带来很大的便利，能够很好地促进职业教育教师的专业发展。

二、制定合理的学校管理制度

学校的评价制度和管理制度要根据学校发展的定位和特色来确定。由于职业学校的发展多与当地的产业相联系，所以，学校对教师的评价制度应综合考虑职业教育教师的专业发展、学校和当地经济的发展，通过科学设置使三者发展目标尽可能保持一致，在教师追求其专业发展的同时促进学校和当地经济的发展。

学校评价制度针对的是教师个人，使用满足教师个人需求的激励手段吸引教师的注意力并增加其达到目标的动力。要制定科学合理的评价指标，首先需要明确职业教育的教师应具有什么能力、需要通过什么途径才能训练出这些能力。其次是要根据学校的具体目标、定位、师资水平的情况来设置相关项目以引导教师为此努力。职业教育的师资队伍强调“双师型”，看重教师的实践能力、操作能力、服务于社会和企业的能力，那么，在评价指标中就应该包含教

① 冯晓英，郭婉瑢，黄洛颖．智能时代的教师专业发展：挑战与路径［J］．中国远程教育，2021（11）：3.

师参与企业生产实践的硬性要求。这种要求可以通过时间设定，也可以通过参与企业实践的形式确定，还可以通过参与实践的结果来确定。例如，可以明确规定教师在一定期限内必须在企业里进行确定期限的服务，也可以通过教师参与企业的技术攻关的项目、通过教师取得科研成果或技术转化成果来替代在企业实践的时间规定。时间规定是最低的要求，因为如果能够调动教师参与企业实际技术困难的解决，承接企业技术服务的项目，取得一定的技术转换，科研转化为技术成果，则需要教师自觉在企业的生产实践中付出巨大的努力；“双师型”要求教师具备较强的教学能力，能够把自己掌握的理论和实践知识以合适的教学内容、适宜的教学方法传授给学生，那么在评价指标中就应该设计与教学能力相关的指标，如参与校本课程的建设、参与教材编撰、精品课程、职业教育相关的教育教学改革项目等，还应该把学生教学评价的结果、带领学生参与职业技能大赛等项目列入评价指标；注重优秀“双师型”教师对学校学科和平台建设作用、对青年教师的引领作用，则需要在评价指标中加入学科建设、团队建设等指标。至于评价指标的权重如何设计，其要根据学校发展的方向和期望教师在某些方面优先发展的顺序来确定。将通过研究制定的评价指标确定下来，将评价考核的结果作为教师职称评聘、评优评先等的重要依据，将与教师个人利益紧密相关的活动放在评价制度的指标中，就可以有效指导职业教育教师的专业发展方向和提高其专业发展的速度。

另外，绩效考核评价指标要根据学校实际情况进行具体化、可操作化。指标应该是具体的，是学校教师通过努力能够达到的目标。例如，如何规定在职教师在企业进行实践？这段时间工作量将如何计算？其间工资如何发放？承接企业的技术服务怎么计算教师的劳动报酬？指导学生参与职业技能大赛如何计入工作量？充分考虑教师实际情况，以教师为主体思考其需求的满足程度，才能更好地调动教师的积极性，评价指标才能起到应有的作用。

三、加强教师发展的平台建设

职业学校应充分发挥教研室对教师专业发展的促进功能。在教研室工作中，可通过一定的教研室管理制度对教研活动的目标、内容进行规定，但是不能把教研活动过分行政化。如果只依靠制度和行政手段，往往会使教研活动流于形式。教研室活动的开展更应该注意教师专业发展的内在需求，激发教师专业探索的兴趣，帮助其积极反思自我、主动追求发展。在学校内通过教研活动建设合作探究的群体文化和学习共同体来推动教师发展。一是建立青年教师专业发展小组，这种小组参与人员是新手阶段教师，他们教学经历相似，面临的大部分问题比较相似，集中在一起讨论问题更加有针对性，并且也让青年教师从教研活动的配角转向了主角，讨论氛围更加活跃，更能激发新想法和新观点，也能帮助青年教师养成对教育实践进行反思的好习惯。二是成立名师工作室，提供教师的某门课程作为一般教师观摩的对象，可以是公开课形式，也可以是开放名师的课程，在正常授课时接受各位教师的课程观摩，这种形式可以弥补青年教师专业发展小组讨论缺少引领的缺点，也可以解决名师参与一般讨论小组低效的问题。

教研室可以组织多种形式的教研活动。首先是课程研究活动。教研室可以通过集体梳理课程的目标、教材、研究对象、教学方法，通过集体备课，分享备课过程中收集的资料，保证教师对课程内容真正做到心中有数；在通过充分备课后走进课堂，教师会在教学过程中发现问题，由于个人知识结构、教学经验等会影响问题快速及时的解决，可通过教研活动，通过与不同发展水平的教师进行充分的交流沟通，找到解决的办法，再次根据调整过的方案进行实践，之后把实践结果带给教研组，通过“计划—实践—反馈—改进”这一循环往复的过程，不但让发现问题的教师取得较快的专业发展，而且能够很好地推动其他教研组教师的发展。其次是定期的专题教研。教师的教学实践总是在特定情境中为完成特定教学目的展开的。学校为教师发展提供主要情境，教师专业发展应基于解决教学实践中遇到的挑战，通过发现理论教学和实践教学中出现的问题，尤其是针对行业实训教学教研活动，帮助教师提升实训技能。定期开展以解疑、经验交流、指导教师职业规划为目的的座谈会，帮助教师解决教学过程中的问题，帮助其学会反思，树立终身学习的理念。

总之，建立教师专业发展中心为职业教育教师提供组织保障，合理的学校管理制度为教师提供科学的专业发展方向引领、为教师发展提供源源不断的动力，平台建设为教师提供专家引领和同伴互助的平台，三者共同发力促进职业教育教师的专业发展。

第七章　职业教育教师专业发展路径

职业学校的组织机构、管理制度、平台建设为职业教育教师的专业发展提供了良好的条件保障，在此基础上，职业教育教师主要通过自主研修，参与教师培训、会议交流和联企实践，进行教学研究和科学研究等途径促进个人的专业发展。

第一节　自主研修

自主研修是教师个人专业发展的必然要求。自主研修对个人成长和发展都很重要，能够主动、持续地自我学习对任何职业的发展都有积极的推动作用。教师作为以自身知识积累为基础，创造性地为受教育者传递知识和经验的职业，自主研修对教师的专业发展意义重大。“师者，传道、授业、解惑也”，是对教师岗位职责的要求，“学高为师，身正为范”是对教师能够胜任工作的道德和学识要求，能够传道、授业、解惑的前提是教师拥有渊博的学术知识，至少在自己教授的领域里具备扎实的理论基础、丰富的实践经验、前沿的学科知识。扎实的专业理论基础多在入职前系统的学校学习中形成，而前沿的学科知识在不断自主研修中学习。对于职业教育教师来说，经济的快速发展，高新技术产业日新月异需要教师时刻与产业和企业的技术发展动态连接，需要教师有敏锐的观察能力和发现问题的能力，深入学习以更新知识结构，适应时代变化带来的挑战。

提高职业教育教师的自主研修效果，需要多方面提升职业教育教师自主研修的意愿和努力程度。一个人自主研修的意愿和努力程度不仅取决于个人兴趣、学习习惯，还取决于国家和学校合理的制度和平台等因素。外在的因素影响职业教育教师自主研修的动力，也影响教师投入自主研修的时间和精力，有合理的激励机制作为引导，鼓励职业教育教师尤其是中青年教师的自主研修，能够明确教师专业发展的目标，提高教师的课堂教学质量，引导教师的教学、科学研究的方向。从某种意义上说，卓越教师与一般教师的差异是由不同的自主研修意愿和努力程度造成的。有合理的薪酬制度满足职业教育教师的生活基本要求，通过专家引领可以帮助教师寻找自主研修的主要领域和方向，通过与志趣相投的同伴研讨和交流可以激励、督促教师进行深入的自主研修。

自主研修强调职业教育教师在学习内容、学习时间和学习方式上的自主性。一般来说，职业教育教师自主研修的内容可以是由工作驱动的、与工作显性相关的内容，也可以是由兴趣驱动的与工作相关性不大的内容。无论从学校角度还是教师个人专业发展角度来看，如果能够把个人的兴趣与工作内容协调一致，会很大程度地提升教师自主研修的意愿和努力程度，进而提升自主研修的效果。如果某项工作内容能够激发教师的求知欲，教师则更可能在工作时间之余投入更多的精力学习和钻研。如果工作成果得到认可、奖励（物质奖励和精神奖励），也能够更好地把工作任务转化为个人兴趣。为提高自主研修这一路径的有效性，学校应考虑工作任务的布置方式，多用以问题解决为导向，以教师自主探索为主的模式，通过工作任务激发教师的求知欲和探索欲，提高教师把个人兴趣与工作内容相结合的可能性，以此增加个人自主研修的动力。

自主研修的学习时间是灵活的。从长期来看，自主研修强调学习和思考要持续不断，终其一生，即教师应该是“活到老，学到老”群体的典型代表。从自主研修学习计划上看，每日学习时间不同，可多可少，与教师可自由支配的时间成正比。日常工作时间越长，留给教师自主研修的时间越有限。在日常管理中，新手教师在入职后除了需要承担新课之外，还需负责所在单位大量教学之外的事务，个人能够自由支配的时间有限，自主研修时间过少。应确定新入职教师工作量的上限，增加其培训、听课交流的最低量，工作安排应以教师的本职工作为主，让新入职教师学有余力，增加自主研修的时间。当然，对于有强烈学习欲望和兴趣的人，有良好时间管理观念的人，也可能比闲暇时间多的工作人员学习更多。

自主研修的方式由个人决定，可以是通过实践调查、阅读书籍文献、线上优质资源等途径学习。在“互联网+”的时代，突破了教师自主学习时间和空间的限制，教师能够根据兴趣或需要寻找优质学习资源，可以利用零散时间进行听、读、看等学习。学校应最大限度地向教师推荐学习平台，为教师提供学习资源，并就资源搜索的方法进行培训，提高教师获取学习资源的能力，营造人人学习、勤于研修的良好氛围，提高学校教师自主研修的积极性，促进职业教育教师的专业发展。

第二节　教师培训和会议交流

职业教育教师的专业发展离不开自主研修，同样需要广泛地吸纳和学习他人的经验。教师要积极参与教师培训会和教学、科研的交流会，积极在合作交流中更新理念、拓宽视野、保持对技术或学术前沿的敏感性。

教师应重视校本培训，按照自身需求选择，积极参加培训。校本培训的特点是针对性强、时效性强、可操作性强以及亲融性强，贴近学校实际，理论与实践紧密结合①。不同培训举办者的目的不同，校本培训是为满足本校和教师发展的需求而展开。针对性强是校本培训最大的优势，校本培训的目标、内容选择均立足于学校的发展目标、发展特色和教师的整体特点，不同特质的学校需要不同的校本培训。学校相关组织部门如教师教育发展中心制定的校本培训计划一般与学校的长期规划相协调，应通过充分调研，确定教师发展的短板，发现教师的需求，按需提供多种类型的培训。校本培训的频率较高，有不同的主题，教师应根据自身在教学、科研中所遇到的难题，有针对性地选择。当然，职业学校开展培训时，要尤其重视培训讲师的选择。一般职业学校培训讲师的来源渠道有三个：一是本校相关领域的专家，不但有丰富的专业经验、教学经验，而且熟知学校的发展情况和教师整体情况；二是聘请校外知名高校高水平人才以某一主题开展讲座；三是聘请行业企业的相关专家进行讲学。在进行校本培训时聘请校外专家应把握适用原则，切实以培训效果为评估标准，围绕本校教师的基础和水平，不盲目追求名校名博等作为培训讲师，需以教师现有基础为标准，保证大部分教师能听得懂，有所收获。

职业教育教师也应积极参与校外的培训和交流会议。校本培训虽然针对性强，参与便捷，成本较低，但由于校本培训的参加人员一般为校内同事，信息同质性较强，可供分享的信息价值性低于校外培训或会议交流。现代的信息具有开放性、共享性，但对于专业性较强的知识和技术的交流仍然以培训或交流会议的形式出现在特定的平台上。欲获取行业、企业技术发展的前沿，学术研究的前沿和新教学技术的应用等，职业教育教师应保持开放的心态，积极参加培训或交流会议，吸纳外界信息。一场好的培训或交流会议，会让教师收获灵感，更新教学或学术理念，突破自身专业发展中的瓶颈，可以帮助教师更快了解、把握未来的研究趋势，反思审视自身研究方向的意义，受同类研究的启发纵向挖掘自己的研究点；帮助教师结识该领域专家，获得专家引领，通过与志趣相投的研究者交流，聆听别人不同的做法和观点，反思自己教学和科研的过程及成果，使参与者在短时间迅速提升专业发展水平，使自身专业发展进入快车道。职业教育教师需要加强与社会、行业、企业的联结以应对社会需求变化，及时对培养目标、授课内容、授课方式进行调整。教师除了要积极参与对

① 范迪新．校本培训视域下职业院校教师专业发展研究［J］，职业与教育，2011（5）：94.

外交流外，还应对参与培训和会议进行整体规划。如以年度为单位，初步规划要参与哪种类型的常规性的培训或会议、参与培训或会议的目的是什么。在会议上如何规划自己的时间达到参会目的？学术会议上会遇见研究课题相似的专家和专家团队成员，如何与他们交流、共享？对于这些问题都需有清晰的规划。

职业教育教师应把参与培训和交流会议的收获及时转化为自身的知识结构及技术能力。参与外地培训和会议需要花费较大的成本，这些成本包括时间成本、交通费、住宿费等，并且外出前需要安排好出差期间所有的教学活动，比较费时费力，职业教育教师必须保证外出学习参会的收益。教师应该在培训或会议结束之后及时总结、反思和行动。很多教师参会时有很好的灵感和想法，但是会议结束之后回到学校便被搁置，这样没有付诸行动和实践的收获最终会被遗忘。所以，教师在参加会议后要持续自主研修，不断地深耕，不断地思考，不断地把培训或学习中所获与自身知识结构结合，把灵感付诸实践，才能更快地促进自身的专业发展。

第三节 联企实践

校企合作是职业教育的应有之义，是职业教育的基本办学形式，也是职业教育区别于其他类型的根本特点。职业教育教师的专业发展必须通过参与联企实践来实现。

教师需要提高对联企实践的重视程度，清楚认知其对学生培养和自身专业发展的重要性。我国早在 2006 年就出台了对职业教育教师参与企业实践的相关制度。2006 年教育部颁布的《关于建立中等职业学校教师到企业实践制度的意见》，指出教师要多形式地进入企业进行实践，并规定中等职业学校的专业课教师、实习指导教师每两年必须有两个月以上时间到企业或生产服务一线实践。2016 年，教育部等七部门又印发《职业学校教师企业实践规定》，规定职业学校专业课教师（含实习指导教师）要根据专业特点每 5 年必须累计不少于 6 个月到企业或生产服务一线实践，没有企业工作经历的新任教师应先实践再上岗。公共基础课教师也应定期到企业进行考察、调研和学习。这些规定对职业教育教师参与企业实践的时间作出了明确规定，并且要求与学校的绩效考核和职称评聘相关。但是面对同样的制度安排，教师联企实践的实施效果差异很大，部分职业学校教师联企实践没有真正实施，很大一部分教师认为去企业实践对自身的专业发展没有用。去企业实践是否取得实效，一方面看学校是否能够联合让教师深入实践的企业，另一方面看教师是否真正重视企业实践对自己专业发展、对教学和科研工作所带来的影响。一个职业学校的教师，如果不具有一定的企业实践经验，就不能达成其基本教学目标，也即完成不了基本的教学任务。学生的培养质量依靠于学校和教师，职业学校培养的学生要进入企业工作，如何使学生胜任工作，需要教师具有丰富的实践技能，带引学生关注市场需求，关注行业企业，关注产品，职业学校才能够培养出被市场和企业认可的学生。

职业教育教师进行联企实践时要入心入脑，注重实效。教师不但要教授给学生本专业的基本原理，而且要将现实情境的工作过程分解为易于理解的环节，并通过配套实践，让学生掌握操作要领，达到理论结合实践并通过实践深化对理论理解的目标。教师在进入企业实践之前，要根据教学和科研中的实际问题制定清晰的企业实践目标。例如，企业是否引进了新技术、新标准、新材料或新设备？如果是，这些新事物的引进是否引起了企业产品标准、工艺流程、技能要求的变化？如果改变了，应该如何把这些变化体现在课程大纲中？把改变工艺流程和技能要求的变化安排到课程中，细化成理论课程的知识点和实践课程的操作步骤，在课堂上教给学生，即把在企业实践的收获引入课堂，给予学生正确的操作示范，帮助其养成职业习惯和职业意识，形成较好的职场能力。如此，联企实践就能达到真正的效果，达成学生的培养目标，也能极大地促进教师的专业发展。

职业教育教师应尝试以问题为导向，以项目为载体，参与深度的企业实践，促进其科研水平的提升。从理论上讲，职业学校的教师有较高的理论水平，企业期望在校企合作中被学校的教师赋能增值，期望学校教师为企业解决技术的瓶颈。如果教师能够定期地深入企业学习交流，通过对生产环节、技术等方面的熟悉，把实际生产流程与积累的理论知识相结合，应该能够在生产技术改造、项目开发、研发外包等方面与企业取得全方位、深层次的合作。企业能够为教师提供真实的生产情境，教师可充分利用这些合作机会进入情境中与企业相关人员共同发现问题，鼓励其为解决某问题而对技术进行科学研究，与从事实践的人员合作攻克问题。这样就能为企业带来较大利益，巩固校企合作的基础，很好地促进教师的专业发展。

在学校能够为教师提供良好的校企合作平台的基础上，教师应特别重视联企合作的作用，切实投入校企合作中，能够较快地促进自身专业发展，并且能够很好地促进教师个人的教学和科学研究。

第四节　教学研究

每个职业教育教师的角色之一应该是一个研究者。职业教育相比于普通教育的研究范围更广，不仅要研究学生心理与学习心理、教学过程、教学方法等，还要研究市场和企业的需求、技术的创新、新技术在教学过程和学习内容的呈现。职业教育教师最主要的任务是为职业教育培养人才，讲台是教师的主要阵地，教师对学生的影响大部分来源于课堂，所以教师应在教学过程中做好教学研究。

职业教育教师要注意备课环节。广义的备课是指教师为某节课所用到的所有的知识、技能和认知的储备，狭义的备课是指在上课之前教师为完成本节课而做的资料的收集和经验的准备。无论从广义还是狭义上说，备课是上好每一节课的关键。职业教育教师的备课比普通教育教师的备课更复杂。职业教育的授课知识分为理论性知识和实践性知识，其中实践性知识的占比较大。职业教育既要满足职业岗位对人才职业能力的需求，又要满足学习者职业生涯持续发展的要求，职业教育的教材内容要紧跟岗位的生产技术和工艺，内容组织形式需贴近工作流程，需要以任务逻辑取代学科的知识逻辑。备课要采取多种形式，既重视实践经验的获取，又要重视理论经验的获取。教师备课的过程就是对课程内容进行二次开发，与学情相结合，使用精妙的教学设计，采用合适的教学方法，完成课程教学目标的过程。所以，专业课教师备课不单单是熟悉教材，理解理论，更要能够清楚专业教学标准、课程标准、实训条件建设标准等职业教育的相关标准。

除此之外，职业教育的教师应对所授专业的学生培养目标、毕业要求和课程体系有清楚的认知和把握。即所教专业要培养什么样的学生？在毕业时学生要达到哪些具体要求？所教的课程在课程体系中占有什么样的位置？所教课程支撑了毕业要求的哪些方面？之所以要明晰这些问题，是因为职业学校教材一般更新较慢，如果教师单以教材为授课的主要内容，学生在课堂上掌握的知识很有可能已经被淘汰。如果教师能够深刻理解专业培养目标、课程目标，在课程目标的指引下，教师在备课过程中多方面搜集课程资料，保持与市场技术前沿连接紧密的内容，不受制于教材，对教材内容的取舍、授课重难点内容的安排、具体教学方法的使用都会变得容易。相反，如果教师对所教专业学生的培养目标不熟悉，课程目标一知半解，在面对市场需求变化，企业新技术、新材料引进时，根本无法快速调整授课内容，调整教学方法。所以，在进行教学研究时，要做到心中有学生，有专业培养目标和课程目标。

职业教育教师应采用行动研究法去展开教学反思。行动研究是指教育实践情境中的教师基于实际问题的需要，与专家或研究人员合作，将问题发展为研究主题，进行系统的研究，以解决实际问题的一种研究方法。行动研究法是一线教师常用的教学研究方法，可以有效地促进教师对课堂进行反思，优化课堂效果，促进教师的专业发展。行动研究的核心是自我反思的螺旋式行进过程，一般包括发现问题、计划、行动、观察、反思这五个步骤。以在课堂或实践中发现的问题为起点，做出解决问题的计划，然后把计划投入相关情境中实施，在实施过程中不断地观察，对观察的结果进行仔细的记录和分析，然后进行深刻的自我反思。反思的目的在于寻求教师行动或实践的合理性。这种反思大体涉及两个方面：对整个行动研究过程进行系统描述，即勾勒出从确定问题到制定计划、从采取行动到实施观察的整体图景；对行动研究的过程、结果进行判断和评价，并对有关现象、原因作出分析和解释，找出行动计划与结果的不一致性，进而确定原有的研究问题、研究计划和下一步的计划是否需要作出修正，需要作出哪些修正。行动研究的优势是可以在日常的教学和管理中方便使用，重在执行计划之后的反思。反思不是一蹴而就的，而是根据问题解决的程度，不断地反思，总结反思结果，重新修订行动计划，再观察再反思的过程，直至问题完全解决。教师如果能够善于行动研究，在课堂中出现的问题会在不断反思中很好地解决，就会极大地促进教师教学研究能力的提高。

教师应依托教研室、名师工作室建设校本课程。要建设哪些课程为校本课程，首先应根据所在区域的特色、学校的特色以及学校、学院的发展规划，对可能建设的校本课程进行需求分析，在现有办学条件的基础上，确定特色鲜明的课程作为校本课程。再对校本课程面向的岗位充分调研和分析，对岗位需要的职业能力进行分析，提炼典型的工作任务及工作步骤，进一步确定课程目标。通过教研室集体讨论，设计合理的学习情境进行任务练习，确定课程内容，拟定教学大纲，提高学生在进入企业后的岗位适应能力，实现教学内容与岗位的典型工作任务良好匹配。校本课程建设需要充分发挥教研室的集体力量，重视经验丰富的专家教师的引领作用，激励教师深入了解需求方的要求，深入企业了解职业能力和岗位要求，深入了解学情，以解决问题为导向，强化职业学校的专业优势，服务于校企合作中企业方的生产技术进步。

职业教育教师应以参加公开课、讲课、说课比赛为抓手，提高教学技能水平。教师在不同的专业发展阶段会遇到不同的发展瓶颈。新手教师重在熟悉基本教学过程和教学方法，深入理解教学内容，针对学情进行教学设计。在熟悉一系列的教学技巧后，教师凭借自己的知识结构、独特的气质性格大致形成了一定的教学习惯，初步形成了自身的教学风格。但是，如果教师一直处于自然的教学状态，面对的只有学生，在形成教学风格后会有一定的惰性。在此情况下，教师应积极通过参与公开课和讲课或说课比赛等，对自己的教学能力进行提升。一般公开课、讲课或说课比赛，教师要进行精心设计，从引入课程开始一直到课后作业均需要有精妙的教学设计，教师需要投入更多的时间和精力打磨课堂。在打磨课堂的过程中，从最初的教学设计到公开课或比赛时所展示的课堂讲授，对比两者之间的差别，教师的教学技能和教学能力均在此过程中快速提高。同时，在公开课和讲课、说课比赛中，会有专家评委进行点课、评课，也能够让教师发现在平时上课过程中自己忽视或难以突破的瓶颈问题。另外，教师也能观摩其他参赛人员的课程设计、教学技能展示等，这是一个很好的学习机会。所以，职业教育教师积极参与公开课、讲课或说课比赛过程就是促进自身专业发展的过程。

第五节　科学研究

职业教育教师应从多个途径进行教学研究，提升课堂的质量和授课效果，与此同时，还应该进行科学研究，通过科学研究深化自身对理论知识和实践知识的理解，完善和更新自身的知识结构，这样才能使用科学研究的过程、经历和结果反哺课堂教学，助力真正的教学研究，实现职业教育教师科学研究与教学研究的相互促进。

职业教育教师要提高对科学研究的重视程度。一些中职学校的教师认为科学研究与自己无关，认为科学研究是专家、学者、教授们的职责，普通的中职教师用不上科研，认为科学研究是高深莫测、高不可攀的。受这些思想的影响，很多中职学校教师不愿意进行科学研究。但是，以“传道、授业、解惑”为使命的教师，他们遇见的问题不总在教材上，也不是每个问题都有现成的答案，教师必须有一定的发现问题、创造性解决问题的能力。苏霍姆林斯基指出：“只有善于分析自己工作的教师，才能成为得力的、有经验的教师。”所以，进行科学研究是每个教师应尽的责任。科学研究能够实际运用于教师分析自己的工作。如教师对所授班级的学生进行研究，学生为什么这么有攻击性呢？怎么能让他服于管教？在学校里，哪种激励制度对教师（学生）更有效呢？怎样的招生宣传才能打动更多的家长呢？这个技术革新关键的理论依据是什么？怎么在约束条件变化的情况下获得技术的突破？这些都是从学校的日常管理和教学工作中提出的问题，如何去寻找这些问题的答案，就需要用科学研究的方法。科学研究的方法能够帮助职业教育教师更好地理解职业教育领域的现象，探索职业教育发展规律，帮助教师更好地理解学生、管理学生。所以说，要想成为一个好的职业教育教师，应该重视教育科学研究。

职业教育教师应重视教育科学研究方法的学习和培训。教育科学研究方法的学习是进行科学研究的前提，具有规范性和系统性。有些学校的教师缺少研究方法的知识储备。中职学校教师应通过多个途径，如参加教师培训、参与科研团队、搜索网络资源等积极学习研究方法的课程。但是，科学研究实际上是解决问题的过程，更加强调科学研究实践，对于教育科学研究方法，应该一边学习，一边实践，如学习问卷调查法时，可以根据需要选择感兴趣的研究问题，在学校或班级内编制问卷，练习发放、回收、数据处理的整个过程，才能更深刻地理解和掌握该研究方法。教师还应该根据自己的研究方向、学科基础选择适用的研究方法，不断学习，不断实践，不断精进，一个教师如果能够掌握、熟练应用一种研究方法，就可以通过不断的科研实践取得较快的教师专业发展。

职业教育教师要以项目为载体，与团队共同进行科学研究。职业教育科研项目更注重实际效益，一般是以企业的实际需求为导向，为企业解决生产和技术上的问题。所以，职业教育科学研究多以项目为载体，项目需要解决什么问题，这些问题要有哪些专业知识和技术支撑，解决问题的关键环节是什么，如何进行设计突破，这一整个过程都不是单个人能够完成的，都需要有专家引领和团队互相交流配合。团队成员可以由企业的生产和研发部门的技术专家、学校项目相关的教师组成，企业专家反馈市场需求和技术需求，学校教师提供理论和实践知识，共同研究项目。当然，在科研团队中，教师应明确自身优势，准确定位，在团队中发挥自己的作用，在教育科学研究的实践中获得自身的专业发展，也推动科研团队的发展。

以上论述的五种途径中，自主研修是教师专业发展的基础，在学习时间、空间和方式上有更大的灵活性，强调个人学习的自主性。参与培训和会议交流、联企实践、教学研究和科学研究均离不开专业学习共同体的协作，专业学习共同体是有相同愿景的教师和教育管理者共同建构的团队，他们在学习中共同探究、相互分享、注重实践，既有专家引领，又有团队互动，这些途径支撑起教师知识结构的完善和更新，在这些过程中仍离不开教师个人不断自主研修。促进教师专业发展的五种途径是相辅相成、相互促进的。总之，职业教育教师的专业发展是个复杂的、系统性的工程，需要国家和学校提供良好的保障条件，需要教师个人综合利用多种发展途径，不断学习和交流，不断反思，成长为“双师型”职业教育教师。

第八章　职业教育教师专业发展评价

2013年9月，中华人民共和国教育部首次颁发《中等职业学校教师专业标准（试行）》，该标准是对中等职业学校合格教师专业素质的基本要求，是指导中等职业学校教师专业发展的基本准则，也是中等职业学校教师培养、准入、培训、考核等工作的重要依据。那么职业学校教师是否达到了或者说在多大程度上达到了专业标准的要求？或者说教师的专业发展状况如何？甚至说某一个区域内教师总体专业发展的水平又如何呢？这些问题就涉及教师专业发展的评价问题。

职业教育教师专业发展评价是教师专业发展过程中不可缺少的组成部分，在教师专业发展过程中占据十分重要的地位。它既是有效促进教师专业发展的保证，又是有效促进教师专业发展的动力，因为评价本身就具有检查、督促、激励与调控功能。

第一节　职业教育教师专业发展评价概述

我国对教师专业发展的研究起步较晚，基础教育开展教师专业发展评价也不过十几年，专家学者对职业教育教师专业发展评价的研究处于起步阶段。那么，什么是职业教育教师专业发展评价？开展评价有什么意义？开展评价应遵循哪些原则？这些问题成为本节的主要内容。

一、职业教育教师专业发展评价的概念

像评价是课程设计、教学工作等活动的一个重要环节一样，评价也是教师专业发展活动的一个重要环节。教师专业发展在本质上是一种自觉的、有意识的追求价值的活动。只有对这种价值活动进行判断，才有助于教师去调整、改进或者完善自己的专业发展活动①。所以，评价成为教师专业发展活动中的一个必要的环节。

从词源学上看，现代汉语词典对“评价”的解释是：衡量评定人或事物的价值。在英语中，动词evaluate（评价）是从value（价值）这一词变化来的，加上前缀“e-”，意思是引出和阐发价值。不同的学者对评价有不同的理解，

① 陆道坤．教师专业发展［M］．南京：南京大学出版社，2021.

Nevo 在 1983 年指出“评价是对某些对象的价值和优缺点的系统调查和评估”，得到了较多研究者的认同。一个实用的操作性定义是：评价是对价值或意义的系统的调查研究。这里的调查研究指的是收集分析适切和相关的信息。可以说，评价本质就是一种把握世界价值的判断活动①。

由以上可知，开展评价，就是评判价值，需要调查获取信息。依据这些信息进行评判，还需要依据一定的标准，否则很难评判事物的好坏，或者是否达成了一定的目标。有了标准，还需要采用一定的方法。所以说，评价是根据一定的标准和获取的信息并运用科学的方法对获得的效果作出的价值判断。

由此，职业教育教师专业发展评价，就是依据职业学校教师专业发展标准，采用一定的技术和方法，对教师专业发展引起的变化效果作出价值判断的活动。可以说，教师专业发展评价是一个积极的、连续的、系统的过程。其目的是为教师的专业发展提供基于事实的信息描述，并借助信息反馈的过程，促进教师不断反思完善和发展自我，促进教师持续性地积淀，优化其专业素质结构，并在专业理念与师德、专业知识、专业能力等方面得到自然和谐的发展②。

由这一定义出发，我们进一步理解职业教育教师专业发展的内涵如下：

职业教育教师专业发展评价是督导教师专业发展的活动。开展评价的目的就在于促进教师专业发展。通过开展评价，可以分析研判教师自身专业发展情况，哪些地方得以充分发展，哪些地方还存在不足和缺陷，可以和教师一起查找存在的问题，分析产生问题的原因，进而提出针对性的意见和建议，更好地督促、检查、指导教师的专业发展。

职业教育教师专业发展评价是督促教师个人反思的活动。评价的主体，除了外在的评价人员之外，最重要的评价主体就是教师自身。在教师专业发展的过程中，绕不开的是教师个人，只有教师个人主体意识的参与，积极主动地进行个人反思，才能使教师专业发展评价具有意义和价值。教师专业发展评价实际是教师个人不断反思、不断纠正、不断完善的过程。

职业教育教师专业发展评价是尊重教师个体差异性的活动。在具体的职业学校中，教师有特定的工作岗位，如专业理论教师、实习指导教师、班主任等，不同教师所处的专业发展的阶段不同，需求不同，这就要求教师专业发展评价要尊重教师个体的差异性，尊重专业领域、发展阶段、发展任务等各不相同的教师实际，依据教师个体的现实情况开展评价，实施多样的评价标准。

① 侯凤梅．中小学教师专业发展评价探究［D］．曲阜：曲阜师范大学，2007．
② 陆道坤．教师专业发展［M］．南京：南京大学出版社，2021．

职业教育教师专业发展评价是多主体参与的活动。开展评价的主体，有内在主体，也有外在主体。内在主体就是教师个人，外在主体就是除了教师个人之外的评价者，如教育行政管理者、督导专家，学校的领导、同事、学生，学生家长等。在教师专业发展的过程中，他们也是教师专业发展的亲历者和见证人，了解教师个人的专业发展情况，熟悉教师个人的性格特点、发展优势与不足，能够有针对性地提出教师个人的发展意见和建议。因此，评价活动要重视多元主体的意见，充分发挥各自的作用。

二、职业教育教师专业发展评价的意义

1. 有利于促进职业教育教师个人的专业发展

评价是教师专业发展过程中一项重要的工作，也是衡量教师专业发展状况的重要一环。要通过评价，以评促改，以评促建，所以评价的目的不仅仅在于评价本身，对于教师个人来说，就在于促进教师个人的专业发展。一般以教师个人自评为主，学校管理者、教师同伴、参与的企业管理者、学生和学生家长等共同参与完成。通过多种渠道获取教师专业发展的各种信息，通过评价教师各方面的实际表现，帮助教师自我反思，肯定成绩，看到不足，克服缺点，改进工作。也可以依据教师具体的发展情况，引导教师制定更加适合的完善的发展规划，促进教师个人的专业发展。

2. 有利于促进职业学校教师专业队伍建设

当前，我国教育现代化的步伐加快。2018 年中共中央、国务院印发的《关于全面深化新时代教师队伍建设改革的意见》提出："要造就党和人民满意的高素质专业化创新型教师队伍。"2019 年中共中央、国务院印发的《中国教育现代化 2035》也要求建设高素质专业化创新型教师队伍。2019 年国务院印发的《国家职业教育改革实施方案》提出："分专业建设一批国家级职业教育教师教学创新团队，探索组建高水平、结构化教师教学创新团队。"2019 年教育部等四部门印发的《深化新时代职业教育"双师型"教师队伍建设改革实施方案》(简称"职教教师 12 条") 提出："聚焦战略性重点产业领域和民生紧缺领域专业，面向中等职业学校、高等职业学校和应用型本科高校，3 年共遴选建设 360 个国家级职业教育教师教学创新团队。"

要实现以上目标和要求，就需要职业学校做好顶层设计，目标引领，科学规划，了解每一位教师的特点和专业发展水平，为教师专业发展创造机会和条件，分阶段分步骤地进行建设，因人指导，促进每一位教师的专业发展，进而促进职业学校教师专业队伍建设。职业学校教师专业队伍建设得如何，也需要

开展教师专业发展的评价。

3. 有利于提高职业学校教育教学质量

教师是一所学校的中坚力量，没有教师，学校也无从谈起。教学质量是一所学校的生命，教学质量低下，学校也办不下去。一个专业发展水平较高的教师，对自己的要求也较高，其责任心强，对教育充满热情，业务素质和业务能力也较高。通过开展职业教育教师专业发展评价，可以了解教师专业发展的水平，存在的优势和不足，便于更好地改进和提升。

一般情况下，对职业学校教师专业发展的评价，主要侧重于其课程与教学能力，这是学校教育的中心工作。通过教师个人的评价反思，可以促使教师自身提高完善。同时，也有利于促进教师团队甚至整个学校教师的专业发展，以共同研究探讨课程与教学的问题，有利于提高教育教学质量。

另外，对职业学校教师开展评价，可以为教师提供交流和讨论的平台，有利于提升教师的业务知识、业务能力、实践能力和师德修养。社会对职业学校有一定期待，通过评价结果的宣传，可以得到社会力量的理解、推动和支持。通过评价，教育行政部门也会为教师专业发展出台相关政策，支持教师的专业发展。这些归根结底均指向了职业学校教育教学质量的提高。

三、职业教育教师专业发展评价的原则

2020 年 10 月，中共中央、国务院印发的《深化新时代教育评价改革总体方案》要求："改进结果评价，强化过程评价，探索增值评价，健全综合评价，充分利用信息技术，提高教育评价的科学性、专业性、客观性。"这对包括教师专业发展评价在内的教育评价工作提出了总体的原则要求。根据此原则要求，职业教育教师专业发展的评价，应该遵循导向性、矫正性、发展性、自主性和激励性原则①。

1. 导向性原则

职业教育教师专业发展评价的目的在于促进教师个人的发展，进而促进整体教师的发展。教师的发展是一个从新手到专家型教师的过程，所以教师专业发展不能仅仅看当前的表现，更要注重未来的发展。因此，教师专业发展评价具有一定的导向性，它引导着每一位教师按照职业生涯规划的目标前进，使每一位教师看到不足，不断进步，最终成为专家型的教师。

2. 矫正性原则

教师专业发展评价本身具有监督、检查、反馈和促进作用，通过自我评

① 陆道坤．教师专业发展［M］．南京：南京大学出版社，2021.

价、同伴交流、专家指引、自我反思等形式，可以发现教师专业发展过程中存在的问题和不足，在和教师沟通交流探明原因的基础上有针对性地提出解决问题的对策建议，为教师更好地发展指明前进的道路，督促教师进行改进和提高。评价的目的不是为了评价而评价，而是矫正、促进和发展。

3. 发展性原则

职业教育教师专业发展评价的目的在于促进不同专业、不同层次、不同入职年限教师个人的专业发展，以检查各个教师的专业发展水平，落实每位教师的专业发展目标。关注的是教师的原有状况和现有能力的内在联系与变化，更关注从事专业活动的理念贯彻与行为改变①。发展，始终是教师专业发展评价贯穿的理念和目标。

4. 自主性原则

教师专业发展评价不是外在的评价者独有的活动，教师也不是一个被动的没有话语权的“被评价者”，而是一个具有自主意识和赋权增能的评价者和行动者。在整个评价过程中，教师既是被评价者，也是主动的评价者，其自主性贯穿始终。自主性地参与评价，教师不但会进行自我反思，也会主动地与评价者交流专业发展中的困惑，充分地挖掘自身的潜能，主动求变，积极寻找获得自身专业发展的路径，从而促进自身的发展。

5. 激励性原则

开展职业教育教师专业发展评价，其目的就在于发展。评价，不是批评和训斥，而在于引导和激励。要指导教师看到自己的问题和不足，鼓励每一位处于不同发展阶段的教师向着自己职业规划的目标前进，要使教师看到成长的希望，获得满足感，形成自我发展的动力和来源。要为教师成长搭建适宜的平台，为教师成长提供多种机会，激励教师达成专业发展的目标。

第二节　职业教育教师专业发展评价的内容

开展职业教育教师专业发展评价，需要考虑哪些应该是教师专业发展评价的范围和内容，有什么样的维度来体现。由于职业教育教师专业发展的复杂性，这些维度必须再进一步分解和细化，最终变为可以操作的具体指标，便于教师专业发展评价工作的开展。

---

①　陆道坤．教师专业发展［M］．南京：南京大学出版社，2021.

一、职业教育教师专业发展评价的准则

评价的准则是评价质的方面规定，它规定了评价活动究竟评什么与不评什么。评价的导向作用很大程度上体现在评价的准则上，因为它是教师专业发展的方向和准绳，是教师专业发展预期要达到的标准，是开展教师专业发展评价的主要依据。为此，对于职业教育教师专业发展评价准则的确定，可以依据教师专业的内涵进而寻求关键因素①。

由第一章可知，职业教育教师专业发展是指教师个体在外部引导、激励与创设的环境中，通过主动学习和努力，由“准教师”、新手教师逐渐成长为专家型“双师型”教师的过程，是教师个体的专业理念、专业知识、专业能力、专业情意等方面由低到高逐渐符合职业教育教师专业人员要求和标准的过程。在教师专业发展的整个过程中，体现教师专业发展的主要维度如专业理念、专业知识、专业能力、专业情意始终贯穿其中，教师专业发展的评价准则也应该考虑这几个方面。2013 年，教育部出台的《中等职业学校教师专业标准（试行）》从专业理念与师德、专业知识、专业能力三个维度界定了中等职业学校教师专业发展的内容，这三个维度正是教师专业发展评价内容的主要准则和评价维度。

1. 专业理念与师德

专业理念是中职学校教师应有的职业认识和价值认同。应该认识到职业教育是一种教育类型，不同于普通教育。职业教育教师不同于普通教育教师，对职业教育教师的要求也比普通教育教师高，必须是“双师型”教师。职业学校学生也不同于普通高中学生，其整体的学习基础和学习习惯也不如普通高中学生。但它是一种重要的教育类型，对经济社会发展的促进作用不可忽视。师德是任何一名教师必备的职业修养和所遵循的道德规范。面对学习基础薄弱、行为习惯不好的学生，职业学校教师更应该具有良好的师德，始终把培养人作为自己的职业理想和行为准则。目前教学目标中的情感态度价值观教育以及课程思政，就要求教师有良好的德育素养，不断挖掘教材中蕴含的思政元素，在知识和技能传授中，加强对学生进行爱国主义、社会责任感、民主法制、人生观、世界观、价值观教育等，使认知和情感相互交融、相得益彰，促进学生知识、技能和情感的发展。所以，专业理念与师德是职业教育教师专业发展评价的首要标准。

2. 专业知识

具有一定的知识，是对教师的基本要求，也是教师专业发展评价的重要标

---

① 韩传信．论教师专业发展评价的准则与方法［J］．教师教育研究，2009（2）：70-75.

准。关于教师应该有什么样的知识结构，不同的学者具有不同的观点。依据教师专业发展标准，我们在前面的章节谈到职业教育教师应具备的知识有教育类知识、职业类知识、课程类知识、通识类知识等。由于职业教育的特殊性，职业教育教师应具有较为完善的知识结构。教师的专业发展，就是一种寻求教师的“人格化”“个性化”“文化化”的过程。教师专业发展不是教师把某种普遍的、规范的教育理论直接应用于教育实践的过程，而是教师的专业知识、专业技能、专业情感与教学实践互相作用，是教师的个人情感、知识理念与应用情景互相融合的过程①。

3. 专业能力

教师不但要有知识，还要具有一定的能力。知识与能力密不可分，单有知识，也做不好教育教学工作，承担不了教师的职责使命。因此，教师作为一种专业，必须具有一定的专业能力。关于教师的专业能力，不同的学者说法不一，张乐天提出教师应具备的八种能力：设计教学的能力、表达能力、教育教学组织与管理能力、教育教学交往能力、教育教学智慧、反思评价能力、教育教学研究能力、创新能力②。依据教师专业发展标准，前面的章节提到职业教育教师应具备教学设计能力、教学实施能力、实训实习组织能力、班级管理能力、教育教学评价能力、沟通与合作能力、教学研究能力。这些能力紧扣职业教育教学实际，是职业教育教师必备的能力要求。以此为依据，职业教育教师专业发展评价也要把教师专业能力作为一个重要的评价准则。

除了以上三个准则外，根据教师专业发展的内涵和评价的内涵，也应该把反映教师专业发展成效的“发展绩效”作为一项准则，因为评价肯定要考察当前教师发展的状态和取得的成绩。发展绩效可以从职业教育教师岗位职责和工作任务进行界定，如德育、教学、教研、科研、社会服务、学生发展等方面。

二、职业教育教师专业发展评价的内容体系

职业教育教师专业发展评价的目标在于通过评价，了解教师专业发展的状况，发现问题，进而提出发展策略，促进教师专业发展。依据评价目标，确定评价内容，评价内容既要反映教师工作的客观事实，如教师的工作情况、工作绩效、专业能力，又要反映教师的主观意识和个人品质，如职业道德、创新意识、人文精神等③。不仅应该包括对教师的教育思想、教学行为、教学内容、

① 韩传信．论教师专业发展评价的准则与方法［J］．教师教育研究，2009（2）：70-75.

② 张乐天．教育学［M］．北京：高等教育出版社，2013.

③ 陆道坤．教师专业发展［M］．南京：南京大学出版社，2021.

教学方法、教学效果、专业水平方面的评价，还应该包括对教师的专业智慧、道德水平等方面进行的价值判断①。因此，教师专业发展评价的内容较为丰富，是一个整体的框架系统。

从目前一些国家颁布的教师专业标准看，均是基于教师的工作实际，构建了教师专业发展的内容体系。我国《中等职业学校教师专业标准（试行）》贯穿了“师德为先、学生为本、能力为重、终身学习”的基本理念，从专业理念与师德、专业知识、专业能力 3 个维度 15 个领域 60 条基本要求界定了教师专业标准的基本内容（表 8－1）。这些内容为职业教育教师专业发展评价内容体系的确定提供了重要参考。

表 8－1　《中等职业学校教师专业标准（试行）》的基本内容

维度	领域	基本要求
专业理念与师德	（一）职业理解与认识	1. 贯彻党和国家教育方针政策，遵守教育法律法规 2. 理解职业教育工作的意义，把立德树人作为职业教育的根本任务 3. 认同中等职业学校教师的专业性和独特性，注重自身专业发展 4. 注重团队合作，积极开展协作与交流
	（二）对学生的态度与行为	5. 关爱学生，重视学生身心健康发展，保护学生人身与生命安全 6. 尊重学生，维护学生合法权益，平等对待每一个学生，采用正确的方式方法引导和教育学生 7. 信任学生，积极创造条件，促进学生的自主发展
	（三）教育教学态度与行为	8. 树立育人为本、德育为先、能力为重的理念，将学生的知识学习、技能训练与品德养成相结合，重视学生的全面发展 9. 遵循职业教育规律、技术技能人才成长规律和学生身心发展规律，促进学生职业能力的形成 10. 营造勇于探索、积极实践、敢于创新的氛围，培养学生的动手能力、人文素养、规范意识和创新意识 11. 引导学生自主学习、自强自立，养成良好的学习习惯和职业习惯
	（四）个人修养与行为	12. 富有爱心、责任心，具有让每一个学生都能成为有用之才的坚定信念 13. 坚持实践导向，身体力行，做中教，做中学 14. 善于自我调节，保持平和心态 15. 乐观向上，细心耐心，有亲和力 16. 衣着整洁得体，语言规范健康，举止文明礼貌

① 浦淑敏．教师专业发展评价指标体系的问题反思与价值取向研究［J］．当代教育科学，2014（3）：32-34.

（续）

维度	领域	基本要求
专业知识	（五）教育知识	17. 熟悉技术技能人才成长规律，掌握学生身心发展规律与特点 18. 了解学生思想品德和职业道德形成的过程及其教育方法 19. 了解学生不同教育阶段以及从学校到工作岗位过渡阶段的心理特点和学习特点，并掌握相关教育方法 20. 了解学生集体活动特点和组织管理方式
	（六）职业背景知识	21. 了解所在区域经济发展情况、相关行业现状趋势与人才需求、世界技术技能前沿水平等基本情况 22. 了解所教专业与相关职业的关系 23. 掌握所教专业涉及的职业资格及其标准 24. 了解学校毕业生对口单位的用人标准、岗位职责等情况 25. 掌握所教专业的知识体系和基本规律
	（七）课程教学知识	26. 熟悉所教课程在专业人才培养中的地位和作用 27. 掌握所教课程的理论体系、实践体系及课程标准 28. 掌握学生专业学习认知特点和技术技能形成的过程及特点 29. 掌握所教课程的教学方法与策略
	（八）通识性知识	30. 具有相应的自然科学和人文社会科学知识 31. 了解中国经济、社会及教育发展的基本情况 32. 具有一定的艺术欣赏与表现知识 33. 具有适应教育现代化的信息技术知识
专业能力	（九）教学设计	34. 根据培养目标设计教学目标和教学计划 35. 基于职业岗位工作过程设计教学过程和教学情境 36. 引导和帮助学生设计个性化的学习计划 37. 参与校本课程开发
	（十）教学实施	38. 营造良好的学习环境与氛围，培养学生的职业兴趣、学习兴趣和自信心 39. 运用讲练结合、工学结合等多种理论与实践相结合的方式方法，有效实施教学 40. 指导学生主动学习和技术技能训练，有效调控教学过程 41. 应用现代教育技术手段实施教学
	（十一）实训实习组织	42. 掌握组织学生进行校内外实训实习的方法，安排好实训实习计划，保证实训实习效果 43. 具有与实训实习单位沟通合作的能力，全程参与实训实习 44. 熟悉有关法律和规章制度，保护学生的人身安全，维护学生的合法权益

（续）

维度	领域	基本要求
专业能力	（十二）班级管理与教育活动	45. 结合课程教学并根据学生思想品德和职业道德形成的特点开展育人和德育活动 46. 发挥共青团和各类学生组织自我教育、管理与服务作用，开展有益于学生身心健康的教育活动 47. 为学生提供必要的职业生涯规划、就业创业指导 48. 为学生提供学习和生活方面的心理疏导 49. 妥善应对突发事件
	（十三）教育教学评价	50. 运用多元评价方法，结合技术技能人才培养规律，多视角、全过程评价学生发展 51. 引导学生进行自我评价和相互评价 52. 开展自我评价、相互评价与学生对教师评价，及时调整和改进教育教学工作
	（十四）沟通与合作	53. 了解学生，平等地与学生进行沟通交流，建立良好的师生关系 54. 与同事合作交流，分享经验和资源，共同发展 55. 与家长进行沟通合作，共同促进学生发展 56. 配合和推动学校与企业、社区建立合作互助的关系，促进校企合作，提供社会服务
	（十五）教学研究与专业发展	57. 主动收集分析毕业生就业信息和行业企业用人需求等相关信息，不断反思和改进教育教学工作 58. 针对教育教学工作中的现实需要与问题，进行探索和研究 59. 参加校本教学研究和教学改革 60. 结合行业企业需求和专业发展需要，制定个人专业发展规划，通过参加专业培训和企业实践等多种途径，不断提高自身专业素质

当然，反映职业教育教师专业发展效果的内容“发展绩效”也是评价的主要内容，根据教师的工作任务可以分解为德育成效、教学成效、教研成效、科研成效以及学生的满意度评价等。

为了体现每一个教师专业发展的特色，也可以设计成特色项目、加分项目，供教师充分挖掘自身专业发展的特色。实际上，特色项目也属于发展绩效的内容，但由于特殊，有些教师有，有些教师没有，有些教师多，有些教师少，所以往往单列，属于加分项目，便于评价者全面把握教师专业发展的程度和水平。

这样，我们认为，职业教育教师专业发展评价的内容体系涵盖了五大方面，即专业理念与师德、专业知识、专业能力、发展绩效和特色项目。

三、职业教育教师专业发展评价指标体系设计方式方法

开展职业教育教师专业发展评价，考虑评价的内容体系之后，还必须设计更为客观与精确的评价指标。因为评价内容复杂，因而应进行分类设计，通常由一级指标、二级指标、三级指标构成，逐级细化和分解。对于三级指标，一般也有指标的具体内容和指标说明，具有一定的客观性、操作性和可测量性。这样分类细化，就形成了一个评价指标体系。评价指标体系是教师评价标准的载体和具体体现，实际是一系列相关的、系统的、个体的评价指标的总和①，是评价内容体系的重要体现。

1. 教师专业发展评价指标体系的价值取向

设计教师专业发展评价指标体系，也有一个价值取向问题。浦淑敏研究了教师专业发展评价指标体系的 5 种价值取向②：

（1）教师取向。教师专业发展评价的目的不是区分哪些教师发展得好，哪些教师发展得不好，不是选拔教师，而是通过评价发现教师专业发展中存在的问题与不足，进而帮助教师找到适宜的发展策略，促进教师专业发展有序、适度地推进。但我们也知道，依据评价指标体系开展教师专业发展评价，确实是为了管理方便，为评优评先、选拔干部等提供一种依据。如果不发挥教师的主体地位，没有教师积极主动的参与，仅仅依靠冷冰冰的数据，怎么能给教师带来职业的幸福感呢？所以设计评价指标体系，眼里必须要有教师，并且要有不同学科专业、不同发展阶段的教师，要让教师认识到评价就是为了促进其更好地发展。

（2）发展取向。发展是教师成为专业人员永恒的主题。教师专业发展的评价指标体系设计应该注重发展性。一是要关注教师发展的过程性，针对从新入职教师到专家型“双师型”教师的整个发展轨迹，设计不同发展阶段的评价指标体系，因为每个阶段的评价标准侧重点不一样。二是要注意评价指标体系的前瞻性，不仅要关注教师当前的发展，还要注重对教师专业发展的引导性和启发性，具有一定的超前性。就是说可以设计一些高阶段教师的指标，设计这些指标只是一种参照，可以不计算得分，但在一定程度上促进教师的专业发展。

（3）差异取向。不可否认，教师的个体差异性是存在的，即使是同一年入职的教师，由于成长的环境不同、毕业的院校不同、发展的轨迹不同、个人的素质以及努力程度不同，其专业发展的阶段也有所差异，所以要针对教师的不

① 王斌华．教师评价：绩效管理与专业发展［M］．上海：上海教育出版社，2005.

② 浦淑敏．教师专业发展评价指标体系的问题反思与价值取向研究［J］．当代教育科学，2014（3）：32-34.

同特点设计针对性的评价指标。

（4）过程取向。教师专业发展本身无止境，就是一个过程，所以教师专业发展评价的指标也要凸显一定的过程性。不能只是量化的指标，也需要体现质性的指标，因为教师的专业发展更多地体现在理念与师德、心智的成熟、情感发展等非量化的指标上。在设计评价指标时，要考虑教师是什么人、教师职业性质、教师职业角色、教师是如何成长的、评价为谁服务等问题，关注教师平时的发展问题，做到及时反馈。

（5）欣赏取向。杜威说过：评价就是欣赏[①]。必须明确教师专业发展评价的目的在于促进教师发展，所以设计的指标体系应该站在教师成长的角度，以欣赏的视角肯定教师专业发展取得的成绩和优势，正确理解、分析教师专业发展中存在的不足和问题，积极帮助教师制定发展策略。欣赏取向就是以改进和完善为目的，但欣赏也不是无原则的表扬，而是基于理性的分析，以促进教师专业发展。

这几种价值取向为我们设计职业教育教师专业发展评价指标体系指明了方向，值得我们参考。

2. 教师专业发展评价指标体系设计注意事项

（1）评价指标体系应当是完整全面的，不能遗漏重要的评价指标。评价指标体系也不能过细、过多、过繁，否则在评价时就难以区分和打分。如果过于笼统、简略，也难于评判和把握。要把那些代表性强的典型的指标选出来，归类、删减一些不太必要的指标[②]。

（2）评价指标体系的文字表述应该规范、准确，不能使用含有歧义的词语，要使评价者和被评者双方的理解一致，否则会引起误会和曲解。

（3）评价指标体系的结构要合理，分类要符合逻辑。各评价指标应有相对的独立性、逻辑性，同一级各指标应具有较好的组合性，且能共同指向上级指标。

（4）评价指标体系中的各指标应该是具体的、可操作的，以便能把握教师专业发展的某一方面，能够客观准确地作出评价。

（5）评价指标体系中各指标的设计应该具有一定的超前性和导向性，能够使教师看到未来的方向，激发教师专业发展的积极性和能动性。

3. 教师专业发展评价指标体系设计方法

评价指标体系设计的方法有多种，这里主要介绍常用的因素分解法和头脑风暴法。一般是先用因素分解法分解出具体的指标，再运用头脑风暴法进行讨论研究，确定初步的指标。

（1）因素分解法。先找出评价对象自身的逻辑结构体系，然后逐级进行分

① 杜威．民主主义与教育［M］．王承绪，译．北京：人民教育出版社，2001.

② 王斌华．教师评价：绩效管理与专业发展［M］．上海：上海教育出版社，2005.

解，把分解出来的主要因素作为评价的指标。因素分解法的主要形式有：一是从内容分析入手，抓住事物的本质属性，然后把这一属性的现象性外观表现确定为指标；二是从分析事物间的相互联系开始，抓住事物变化后产生的效应，把事物变化所产生的效应确定为指标；三是抓住事物的全部属性或相关属性，把与被评事物有关的因素群确定为指标。运用这种方法，应当注意以下三点：一是分解原则要统一，必须保证前后一致；二是分解后得出的指标，必须保证上下层次之间的对应性；三是必须保证逐层分解，越级不行。

（2）头脑风暴法。该方法一般通过专家会议讨论实现，是参与人员在充分自由的环境中积极思考、思维发散、交流碰撞的一种方法。该方法的特点是氛围良好、自由发表、毫无顾忌、思维活跃、交流碰撞。专家组成员一般10～20人，通过会议集中讨论评估准则的分解与指标体系设计。对于教师专业发展评价来说，一般邀请教育评价专家、教师专业发展研究专家、教育行政管理人员、学校管理人员、教师代表、行业企业代表、学生与家长代表等。

用以上方法初步拟定的指标还需要采用经验法和调查统计法进一步筛选，最终确定评价的指标体系。

4. 教师专业发展评价指标权重的确定

评价指标权重的确定，通常采用专家会议法、特尔斐法、层次分析法和两两比较法[①]。权重体现了指标体系中各指标的地位和作用，通常用权重系数表示权重的大小。核心的指标、重要的指标权重就大一些，非核心的、次要的指标权重就小一些，指标体系中各指标的权重之和应是100%或者1。

目前的教育评价指标体系分值多用百分制，为每一个评价指标赋值，赋值大小决定了该项指标的重要程度。或者把评价指标分解为不同的达成程度，为每一程度赋值。评价时根据教师专业发展的符合程度打分，最终得出该教师的总分。

5. 职业教育教师专业发展评价指标体系设计建议

目前，学者们已经对教师专业发展评价指标体系进行了研究，基础教育和高等教育阶段开展研究较早，有些地方如深圳宝安区已经运用到实践中，取得了一定的成效。查找网络资源，发现中小学教师专业发展分阶段的评价指标体系，该指标体系把教师专业发展阶段按照入职年限分为0～5年、6～10年、11～20年、20年以上四个阶段，评价内容的一级指标分为职业道德（20分）、专业知识（25分）、专业能力（25分）、工作绩效（30分），还设有奖励加分。这里只摘取了中小学0～5年教师专业发展期教师专业发展评价指标体系[②]，见表8-2。

① 朱德全．教育测量与评价［M］．北京：高等教育出版社，2016.

② 教师专业发展指标体系［EB/OL］．（2021-08-03）［2022-07-20］．https://wenku.so.com/d/12dcef362c8eba374be7079536199c3b.

表 8-2　中小学 0～5 年教师专业发展期教师专业发展评价指标体系

一级指标	二级指标	评价标准	评价要素 （结合教师日常工作列出与评价内容相关的所有要素）	自评分	考核评分
一、职业道德（20分）	1. 专业忠诚（5分）	优：热爱教育事业、热爱学生、教书育人、为人师表，具有高度的责任心和专业使命感，在青年教师中能起到模范带头作用。5分 良：喜欢从事教育事业、热爱学生、教书育人、为人师表，责任心和专业使命感强。4分 中：愿意从事教育事业、热爱学生、教书育人、为人师表，尽职尽责。3分			
	2. 专业自律（5分）	优：严格遵守国家法律法规和相关职业规范，依法执教、廉洁从教。5分 良：遵守国家法律法规和相关职业规范，依法执教、廉洁从教。4分 中：基本遵守国家法律法规和相关职业规范，依法执教、廉洁从教，无损害学校、学生利益等行为。3分 说明：出现违规违纪行为，损害学校、学生利益者此项得分为0分			
	3. 专业追求（4分）	优：积极追求专业提升与发展，具有强烈的服务意识、发展意识和创新意识，深受学生和家长好评。4分 良：工作主动，具有一定的服务意识和创新意识，受到大部分学生和家长好评。3.2分 中：按时按量完成本职工作，具有一定的服务意识和创新意识。2.4分			

（续）

一级指标	二级指标	评价标准	评价要素（结合教师日常工作列出与评价内容相关的所有要素）	自评分	考核评分
一、职业道德（20分）	4. 合作精神（3分）	优：具有良好的团队合作精神，主动协作意识强，与同事和谐相处，受到同事一致好评。3分 良：具有团队合作精神，服从安排，与同事和谐相处。2.4分 中：有一定的合作精神，基本服从安排，与同事相处较好。1.8分			
	5. 心理素养（3分）	优：具有健康的心理品质和积极向上的兴趣爱好，善于自我调节情绪，能化解较强工作压力。3分 良：自信、乐观，兴趣爱好广泛，能自我调节情绪，化解工作压力。2.4分 中：能自我控制情绪，化解工作压力。1.8分			
二、专业知识（25分）	6. 学历情况（5分）	优：中学教师，研究生学历且硕士学位；小学教师，研究生学历或研究生课程班结业。5分 良：中学教师，本科学历且获得学位或研究生课程班结业；小学教师，本科学历且获得学位。4分 中：中学教师，本科学历；小学教师，大专学历。3分			
	7. 职称情况（5分）	优：中学一级教师或小学高级教师。5分 良：中学初级教师或小学一级教师。4分 中：因非正常原因未获得初级教师的。3分			

（续）

一级指标	二级指标	评价标准	评价要素（结合教师日常工作列出与评价内容相关的所有要素）	自评分	考核评分
二、专业知识（25分）	8. 继续教育（5分）	优：完成继续教育学时，积极参与校本培训，热爱学习，在培训方面获得区级以上表彰。5分 良：完成继续教育学时，积极参与校本培训，热爱学习，在培训方面获得表彰。4分 中：完成继续教育学时，参与校本培训，自觉学习。3分 说明：校本培训以师徒结对、同伴互助、专家引领等形式和听评课数量、集体备课数量为重要参考指标			
	9. 学科知识（6分）	优：全面掌握学科知识并能熟练运用，了解学科发展前沿信息，熟悉学科课程标准，能命制任教年级规范化试题且质量高，能解答任教学段毕业考试卷且成绩优秀。6分 良：掌握学科知识并能熟练运用，了解学科发展前沿信息，熟悉学科课程标准，能命制任教年级规范化试题且质量高，能解答任教学段毕业考试卷且成绩良好。4.8分 中：掌握学科知识并能运用，熟悉学科课程标准，能命制任教年级规范化试题，能解答任教学段毕业考试卷。3.6分 说明：学段毕业考试卷指六年级毕业考试卷（小学）、中考试卷（初中）、高考试卷（高中），测试成绩不合格的此项为0分			

（续）

一级指标	二级指标	评价标准	评价要素（结合教师日常工作列出与评价内容相关的所有要素）	自评分	考核评分
二、专业知识（25分）	10. 综合素养（4分）	优：掌握丰富的自然科学和社会科学知识，并能在教育教学活动中熟练运用，能获得三种以上的资质认证。4分 良：掌握丰富的自然科学和社会科学知识，并能在教育教学活动中熟练运用，能获得两种以上的资质认证。3.2分 中：掌握一定的自然科学和社会科学知识，并能在教育教学活动中运用，能获得一种以上的资质认证。2.4分 说明：资质认证指经教育主管部门认定颁发的各种资质证书，如心理辅导资质认证、信息技术应用等级证书等			
三、专业能力（25分）	11. 课程能力（6分）	优：能依据课标和学情对教学资源进行整合和开发，已开设一门校本课程且深受学生喜爱。6分 良：能吃透和活化教材，设计出规范有创意的教案或学案，能开设一门校本课程。4.8分 中：能独立理解、分析和把握教材，设计规范的教案或学案。3.6分			
	12. 教学能力（8分）	优：能高效地开展课堂教学，形成自己的教学特点，多次承担校级以上研讨课，被评为区级骨干教师或教坛新秀。8分 良：能有效利用和整合各种教学资源进行启发式教学，突出学生的主体地位，教学效果良好，承担过校级研讨课，被评为校级骨干教师或教坛新秀。6.4分 中：能利用和整合各种教学资源进行启发式教学，较好完成课堂教学任务，承担过备课组内的研讨课。4.8分			

（续）

一级指标	二级指标	评价标准	评价要素 （结合教师日常工作列出与评价内容相关的所有要素）	自评分	考核评分
三、专业能力（25分）	13. 管理能力（5分）	优：能高效地进行课堂教学管理；具有很强的班级管理技能，管理效果优秀。5分 良：能规范、有序地进行课堂教学管理；具有较强的教育管理技能，管理效果良好。4分 中：能规范地进行课堂教学管理；初步具有教育管理技能，有管理成效。3分			
	14. 研究能力（6分）	优：善于运用有关理论分析和解决教育教学存在的现实问题，参与区级以上课题研究并成为课题研究的骨干，研究论文的写作能力比较强。6分 良：能主动发现教育教学存在的现实问题，并针对问题进行反思，参与校级以上课题研究并成为课题研究的骨干，有完成研究论文的能力。4.8分 中：能发现教育教学存在的现实问题，并针对问题进行反思，能撰写教学反思、教学案例或研究论文。3.6分			
四、工作绩效（30分）	15. 德育成效（7分）	优：结合学科教学及日常教育活动有效渗透纪律教育、行为规范教育、理想教育等德育内容，及时教育学生纠正不良思想行为，任教学生身心健康、行为规范、举止文明，任教班级受到校级以上表彰，且教师本人被评为区级“优秀班主任”“优秀辅导员”。7分			

（续）

一级指标	二级指标	评价标准	评价要素 （结合教师日常工作列出与评价内容相关的所有要素）	自评分	考核评分
四、工作绩效 （30 分）	15. 德育成效 （7 分）	良：结合学科教学及日常教育活动有效渗透纪律教育、行为规范教育、理想教育等德育内容，及时教育学生纠正不良思想行为，任教学生身心健康、行为规范、举止文明，任教班级多能获得校内“先进班级”称号。5.6 分 中：结合学科教学及日常教育活动渗透纪律教育、行为规范教育、理想教育等德育内容，及时教育学生纠正不良思想行为，任教学生的行为比较规范。4.2 分			
	16. 教学成效 （8 分）	优：任教学生成绩与上学期（年）相比进步明显（或有较多学生在区级以上学科竞赛中获奖）。8 分 良：任教学生成绩与上学期（年）相比有进步（或有较多学生在校级以上学科竞赛中获奖）。6.4 分 中：任教学生成绩与上学期（年）相比没有明显退步（或有学生在校级学科竞赛中获奖）。4.8 分 说明：①中学成绩以平均分、合格率、优良率为参照，小学成绩以合格率、优良率为参照；②任教学生中、高考成绩突出的此项满分；③任教学生成绩退步明显的此项得分为 0 分；④学生获奖是指在教育行政部门或业务主管部门组织的竞赛中的获奖			
	17. 教研成果 （5 分）	优：研究成果获得区级以上奖励，或研究教育的文章在省级以上教育类刊物上发表。5 分			

（续）

<table>
<tr><th>一级指标</th><th>二级指标</th><th>评价标准</th><th>评价要素
（结合教师日常工作列出与评价内容相关的所有要素）</th><th>自评分</th><th>考核评分</th></tr>
<tr><td rowspan="2">四、工作绩效
（30 分）</td><td>17. 教研成果
（5 分）</td><td>良：研究成果获得校级以上奖励，或研究教育的文章在区级以上教育类刊物上发表。4 分
中：有研究成果，或研究教育的文章在校级以上教育类刊物上发表。3 分
说明：没有研究成果的此项得分为 0 分</td><td></td><td></td><td></td></tr>
<tr><td>18. 民意测评
（10 分）</td><td>优：学生满意度在 90%以上。10 分
良：学生满意度在 80%～89%。8 分
中：学生满意度在 70%～79%。6 分
说明：学年未组织全体学生对教师的德、能、勤、绩进行调查，学生满意度低于 70%的此项得分为 0 分</td><td></td><td></td><td></td></tr>
<tr><td>五、奖励加分
（分值待定）</td><td>19. 获奖情况
（分值待定）</td><td><table>
<tr><th>奖项</th><th>区级一等奖</th><th>市级二等奖</th><th>市级一等奖</th><th>省级二等奖</th><th>省级一等奖</th><th>国家级三等奖</th><th>国家级二等奖</th><th>国家级一等奖</th></tr>
<tr><td>参加教育教学竞赛</td><td>1</td><td>2</td><td>3</td><td>3</td><td>5</td><td>4</td><td>6</td><td>8</td></tr>
<tr><td>辅导学生参加竞赛</td><td>0.5</td><td>0.5</td><td>1</td><td>1</td><td>2</td><td>1.5</td><td>2.5</td><td>4</td></tr>
</table>
说明：加分奖项必须是教育行政部门或业务主管部门组织的教育教学竞赛中获得的；同一项目获多个奖项的以最高级别加分，不累计加分；没有列出的奖项原则上不给予加分</td><td></td><td></td><td></td></tr>
</table>

目前，还没有查阅到职业教育教师专业发展的评价指标体系，但一些学者已经开始了研究，如李锦毅的硕士论文——《中等职业学校专业教师评价体系研究》①，他认为，中等职业学校专业教师评价体系构建要尽量保证评价指标体系结构合理，层次分明，各项指标应具有独立性和组合性。他把中等职业学校专业教师评价体系一级指标分为教师素质、教师职责、教师绩效、专业素养四个方面。在一级指标教师素质下，分解为师德、文化理论素质和身体心理素质三个二级指标。在一级指标教师职责（也就是反映教师工作状况的指标）下，分解为育人管理、教学科研和协同工作三个二级指标。在一级指标教师绩效（也就是反映教师工作成效的指标）下，分解为学生发展、教科研发展和协同工作三个二级指标。在一级指标专业素养下，分解为专业理念、专业知识和专业能力三个二级指标。在一些二级指标下，又分解为三级指标，如文化理论素质，可分解为现代教育观念、文化科学素质、教学能力素质和专业发展四个三级指标。一些三级指标又细化为四级指标，如教学能力素质这个三级指标，分为学科理论知识、搜集教学资源、钻研与组织教材、选择与运用教学方法能力、口头与书面表达能力、教学实践与动手操作能力、组织课堂教学能力、教学诊断与评估能力八个四级评价指标。具体的专业教师评价指标分析如图 8－1 所示。

结合《中等职业学校教师专业标准（试行）》和《中小学教师专业发展评价指标体系》，笔者认为，构建职业教育教师专业发展评价体系，其一级指标就是该标准内容的三个“维度”——专业理念与师德、专业知识、专业能力，再加上反映教师专业发展成果的“工作绩效”和“特色项目”。二级指标参考《中等职业学校教师专业标准（试行）》的 15 个“领域”和对反映“工作绩效”的指标再进一步细化。三级指标可以依据该标准中与各“领域”对应的 60 个“基本要求”和“工作绩效”的二级指标，再进一步细化为具体的指标说明。“特色项目”体现每一个教师专业发展的特色，是加分项目，供教师充分挖掘自身专业发展的特色。如特色项目可以是职业教育教师服务社区和企业情况、技术发明专利、技术产品研发等，因为职业教育教师岗位的特殊性，教师具有一定的职业技能，可以凭借自己的专业技能为社区和企业服务，可以把该项作为评价教师专业发展的一项重要参考指标。

评价指标体系的设计是一个研究过程，不是一人或者两三人就能完成的，需要团队合作才能完成，教师自身也应该是评价指标体系的设计者。也需要在大量调研的基础上认真筛选评价指标，科学选定指标的维度，并进一步细化为

① 李锦毅．中等职业学校专业教师评价体系研究［D］．石家庄：河北师范大学，2012.

可以操作的具体指标。评价指标体系的设计也不是一蹴而就的，需要投入大量的时间以及人力、物力和财力。

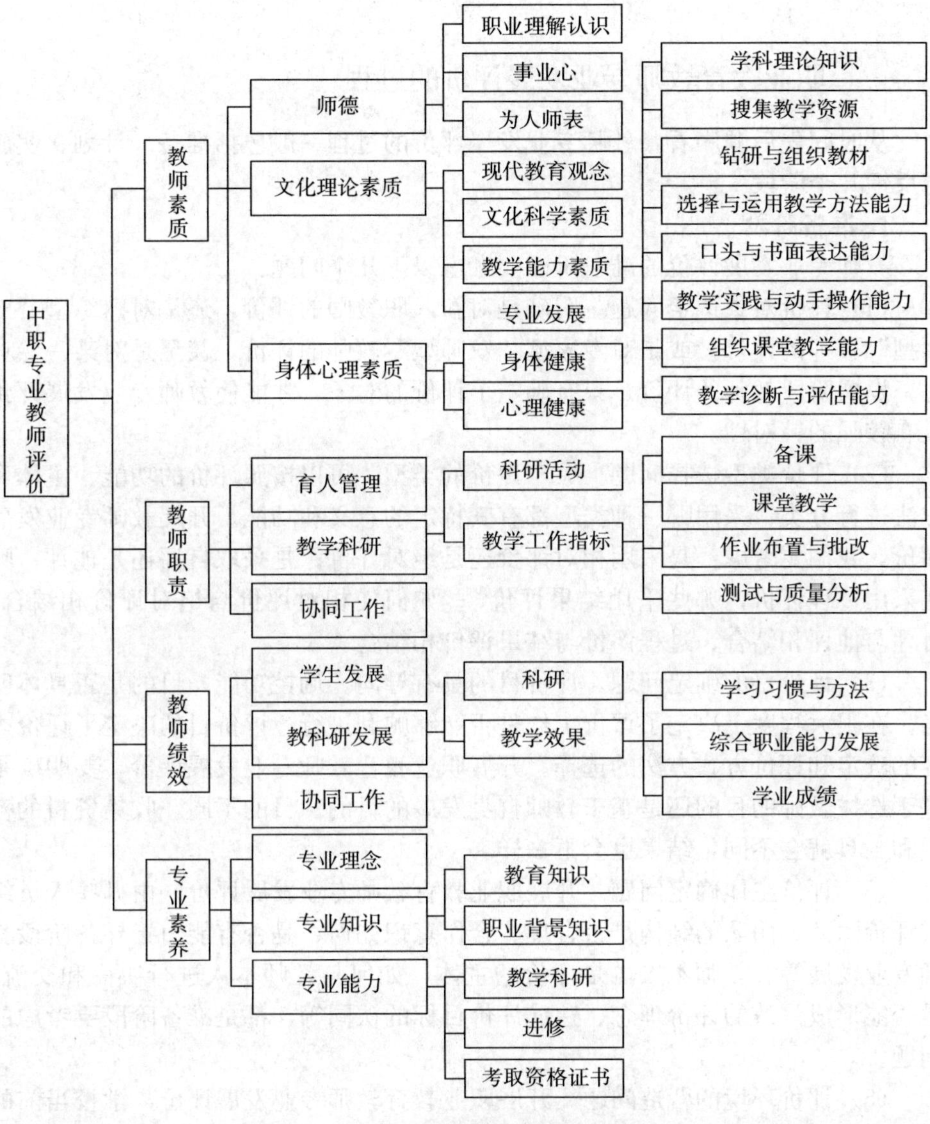

图 8-1　中等职业学校专业教师评价指标

第三节　职业教育教师专业发展评价的过程与方式

教师专业发展评价，实际上是一种活动。活动要有一个先后顺序的问题，就是我们如何开展评价，有一个什么样的过程，先做什么，再做什么，需要什么样的方式方法进行。本节主要论述职业教育教师专业发展评价的过程与方式。

一、职业教育教师专业发展评价的过程

从时间先后顺序看，教师专业发展评价的过程一般包括准备、计划、实施与反馈几个阶段①。

1. 准备阶段

教师专业发展评价的准备阶段要考虑以下几个问题：

（1）评价对象选定问题。明确是对新入职教师的评价，还是对熟练型“双师型”教师的评价，或是对专家型“双师型”教师的评价，甚至是对某一专业每一发展阶段教师的评价。只有确定了评价的对象，才能使教师专业发展评价具有较强的针对性。

（2）评价类型选择问题。关于评价的类型，可以按照评价的功能、主体和方法进行分类，采用哪一种类型都有其特定的意义和功能。开展教师专业发展评价，我们要考虑：是采用相对评价还是绝对评价；是采取自评还是他评；哪些采用过程评价，哪些采用结果评价②；如何使相对评价与绝对评价相结合、自评与他评相结合、过程评价与结果评价相结合。

（3）评价目的确定问题。评价目的具有导向、调控功能，目的是否具体明确，在很大程度上决定了评价工作是否能够顺利进行。评价目的决定了评价内容的选定和评价方式方法的选择。开展职业教育教师专业发展评价，要明确是基于选拔教师的目的还是基于教师自身发展的目的。目的不同，收集资料的范围和工具就会不同，结果也会不一样。

（4）评价主体确定问题。开展职业教育教师专业发展评价，由哪些人员组成评价团队，团队的结构是否合理、合作意识如何、是否有能力指导各阶段教师专业发展等。教师本人也是评价的主体，如何与教师本人进行协商和交流，是否能形成一致的评价理念、达成评价目标的认同等，都是准备阶段要考虑的问题。

（5）评价环境的营造问题。开展职业教育教师专业发展评价，学校当前的环境、氛围是不是适合，能否形成教师专业发展的支持环境，行政管理人员、督导专家、校长、教师同事、学生以及学生家长等相关人员的态度如何，教师本人是否抵触等，都需要在准备阶段做好相应的沟通、协调和准备。

① 陆道坤．教师专业发展［M］．南京：南京大学出版社，2021.

② 杨晓．教师专业发展［M］．北京：北京师范大学出版社，2019.

2. 计划阶段

本阶段工作的重点在于制定严密科学的评价方案，包括指导思想、基本原则、评价目的、评价程序、实施步骤、结果使用等。评价方案的重点在于确定评价指标体系。要根据评价的目标确定评价内容，对评价的目标进行分解，使之具体化，进而设计教师专业发展各阶段详细、严密、明确、具体的评价指标体系。评价指标体系的作用在于把评价目标和评价内容进一步细化和分解，变成可以操作和把控的指标，以做到精确评价。另外，有关开展评价涉及的调查问卷、访谈提纲、教师自评表、学生评价表等也需要根据评价目的和评价内容设计好，为评价的实施做好准备。

3. 实施阶段

实施阶段主要是通过一定的方法收集资料与分析资料的过程，以判断教师符合专业标准内容的程度。开展教师专业发展评价，最重要的是收集资料，这些资料是开展评价的重要依据，所以实施阶段也是教师专业发展评价的实质性阶段。收集资料最重要的工作是选择符合评价技术要求的最佳评价工具。评价者可以根据评价问题的性质、评价的要求和资料的特征选择科学的评价工具和方法，工具要有较高的信度、效度和可操作性①。评价者可以根据评价指标体系的标准要求逐项收集资料，以掌握大量的信息，全面了解被评价教师的情况。

收集资料的方法主要有观察法、访谈法、问卷法、听汇报、座谈会、收集作品、查看学生成绩、教师自我反思法、教师成长档案袋法等。

观察法要求评价者要具备一定的理论知识和较宽的视野，能够从多角度看问题，以及借助各种现代的技术手段，提高观察的精确性、系统性、全面性。观察者观察的目的要非常明确，事先要设计好观察表，做好记录。为保证观察的真实性，被评价教师不应受到外界的影响、干预或控制，而处于一种真实的状态下。

访谈法是最常用的方法，这种方法的灵活性和适应性较好，可以根据访谈目的、访谈情景、访谈对象等采用不同的访谈类型，如正式访谈与非正式访谈、结构型访谈与非结构型访谈、指导性访谈与非指导性访谈、个人访谈与团体访谈等。在访谈中要注意创设合适的谈话环境，让受访教师心情放松，自然而然地接受访谈。访谈法对访谈者的要求较高，要求访谈者应具有一定的耐心和细致的洞察力，注意被访教师的行为、说话语气、说话内容等反映的重要信息。另外，要具备一定的把控能力，能从不同的角度提问，尽可能详细地了解

---

① 杨晓．教师专业发展［M］．北京：北京师范大学出版社，2019．

被访教师专业发展的全面信息，并如实准确地进行记录。

问卷法最为关键的是如何设计问卷。问卷初稿常用的设计方法是卡片法和框图法，对问卷初稿还必须进行试用和修改，试用问卷初稿的具体做法有客观检验法、主观评价法两种。经过试用和修改，形成定稿。问卷问题的形式有多种，常见的是填空式、是否式、选择式（单项选择和多项选择）等。问卷问题答案的设计要注意答案与问题协调性、答案的穷尽性和互斥性等问题，还要注意问题的语言及提问方式、问题的数量与顺序等。抽样时要考虑采用何种方式抽样、样本的容量问题。还要考虑数据的处理与分析工具。问卷法的优点是灵活性强、效率高，但缺点是无法评估因果关系，必须借助访谈法。

听汇报，主要了解教师个人对自己专业发展的评价，比如自己的优势、存在的不足，以及今后的努力方向和采取的措施。召开座谈会，主要听取督导专家、企业、学校领导、同事、学生、学生家长等相关人员对教师专业发展的评价。由于参加座谈会的人员不同，他们对被评教师的评价往往是基于某一方面的，不可能顾及被评教师的全貌。所以评价者要综合多方面的意见，考虑教师的专业发展实际作出整体的科学的评价。

收集作品也是开展教师专业发展评价常用的方法。收集作品，可以是教师的作品，如教师发表的论文、获得的奖项、申报的项目、出版的著作、获得的专利、教学计划、教案、教学课件、教学日志、学习笔记、获得的技能证书等荣誉、技能展示的录像、公开课或者优质课的录像等，也可以是所教学生的作品，如学生获得的技能证书、参加技能大赛的材料、获得的专利、获得的奖项、获得的荣誉等。这些都可以反映出教师的专业发展程度和水平。

查看学生成绩，不但要查看本届学生的成绩，还要了解往届学生的成绩；不但要了解教师任教的一个班的成绩，还要了解教师任教的另外班级的成绩。若是有同头课的教师，还要了解这些教师所教学生的成绩。通过纵向与横向的比较，可以了解教师的任教情况、学生学习情况和技能掌握情况，为教师专业发展评价提供一些信息。

作为评价对象的教师，本身也是评价的主体，所以教师自我反思也可以算是收集资料的方法。自我反思能提高教师自我探索、自我觉察的能力，在一定程度上对教师的专业发展起到促进作用，但这种方法的客观性有所欠缺。

当前，质性评价越来越受到大家的欢迎，成长档案袋法就是其中一种重要的方法。采用成长档案袋，教师可以将自己的职业生涯活动进行有组织有系统的记录，如各个时期的教学计划、课程方案、独特的教学设计、开发的教具或课程资源、多媒体制作、教学录像、学生辅导计划、学习单、平时测验卷、教学日志、教学小结、个案反思、调查报告、教育论文、教研活动、企业实践、学生表现档案、学生会谈记录、家长来信、专业组织会员证、专业成长计划、技能证书等特殊荣誉和证书等[①]。这些记录也是教师专业发展评价最真实的资料。当然，采用这种方法，需要教师细心认真，注重平时的积累。

4. 反馈阶段

开展教师专业发展评价最后的阶段就是反馈阶段，一般以评价报告的形式呈现。评价报告的内容一般包括评价的背景、评价的设计与程序、评价的结果与结论、专业发展的建议等。评价的结果可以作为教师年度考核、评优评先的重要依据，也是教师绩效考核和职务晋升的重要依据。但开展评价的目的在于促进教师的专业发展，所以评价的结果也是教师认识自我、改进自我的重要依据。教师可以据此与评价者进行沟通和交流，进一步认识自己的不足，探明导致自身不足的原因，便于今后努力改进，更好地发挥自己的优势和特长，促进自身的专业发展有序进行。

二、职业教育教师专业发展评价的方式

1. 自我评价

自我评价是被评教师参照评价指标体系对自己的专业发展活动进行的自我鉴定，实际就是被评教师自我认识、自我分析、自我改进、自我提高的过程。被评教师作为评价的主体，有利于自己及时发现问题并及时改进，也有利于与评价人员进行沟通和交流，消除两者之间可能出现的对立情绪，这样得出的评价结论，也更容易使被评教师接受。自我评价可以采用量化评价和定性评价相结合的方式。

2. 学生和家长评价

学生和家长评价可以为职业教育教师专业发展评价提供重要的资料和评价依据。这种方式在平时的教育教学活动中就可以采用，如平时与学生及家长的沟通交流，让家长定期或不定期地到校听课、观看技能学习的过程、观看学生自己组织的活动等，期中、期末收集学生及家长对自己的评价意见，访谈学生及家长对自己专业发展的认识等，均可以了解自己的专业发展对学生产生的影响。

3. 同伴评价

教师专业发展不是孤立的单个教师的活动，而是教师相互之间共同学习、共同提高、取长补短、相互影响的活动。一个专业的教师就是一个合作的共同体，是否有一个合作高效、积极向上的共同体，决定着一个教师专业发展的支持环境。同伴评价可以运用到平时的过程性评价中，如平时的教研活动、听课

① 陆道坤．教师专业发展［M］．南京：南京大学出版社，2021.

评课、项目申报、论文研讨、技能切磋等，可以为教师专业发展提供及时的反馈信息，大家相互交流意见，分析原因，共同为被评教师提出专业发展的意见和建议。当然，同伴评价也可以运用到教师专业发展的结果性评价中，共同体教师可以根据评价指标体系逐项对被评教师进行评价。

4. 企业人员评价

由于职业教育的特殊性，职业学校教师到企业实践以及带领学生实习是很平常的一件事，这也是校企合作、共同育人的要求。多年来，职业学校教师到企业实践的呼声不断，但职业院校执行力度不大，2016 年，教育部等七部门专门印发了《职业学校教师企业实践规定》，要求“职业学校专业课教师（含实习指导教师）要根据专业特点每 5 年必须累计不少于 6 个月到企业或生产服务一线实践，没有企业工作经历的新任教师应先实践再上岗。公共基础课教师也应定期到企业进行考察、调研和学习”。职业教育教师在与企业合作以及企业实践的过程中，企业人员对被评教师有一定的了解，可以采用访谈、问卷形式以及召开座谈会等形式了解被评教师对教师职业的态度、学生观、合作能力、教师的专业知识尤其是实践技能掌握情况等，从中得出教师专业发展的有关信息。

5. 领导与督导评价

领导与督导评价，主要指教育行政管理者、学校领导、教育督导专家对教师专业发展状况的评价。教育行政管理者对教师的评价往往是结果性的评价。学校领导、教育督导专家对教师的评价可以是结果性的评价，也可以是过程性的评价，过程性的评价居多。因为教务部门、系部主任、年级主任等学校领导、教育督导专家经常与教师见面，还定期或不定期地与教师们谈心交流，他们比较了解教师的学习、教学、实践、生活等情况，并根据教师实际提出专业发展的意见和建议。学校领导、教育督导专家评价的内容常常涉及教师专业发展的各个方面，尤其是督导评价，从教师专业发展的规划开始直到目标达成度，以及日常教学、教研、企业实践的关键点，都是评价要关注的内容。

第九章　职业教育教师专业发展的国际经验

职业培训与职业技术学校教育作为技术与职业教育的两大支柱，日益引起人们的重视，并成为许多国家经济发展的秘密武器。进入 21 世纪以来，各国政府加大了职业教育发展和改革的力度，力争使总量上位居世界之首的职业教育体系成为最开放、最灵活、最具竞争力的体系，以便更好地发挥职业教育在经济创新转型及改善民生中的支撑作用①。众所周知，高效率、高质量的职业教育基础是高素质的教师队伍，但教师队伍的打造绝不是一蹴而就的事情，不仅需要积极开展本土实践探索，也需要视野开阔的国际经验启迪。在纷繁复杂的各国职业教育教师队伍建设的形态和类型中寻找相似及差异，开启国家和地区之间在职业教育教师队伍发展方面的对话通道，是我国职业教育教师发展的现实任务。本章主要介绍德国、美国、日本促进职业教育教师专业发展的经验。

第一节　德国职业教育教师专业发展

德国职业教育教师专业发展传统可以追溯至大约 150 年前，职业学校的进一步发展，引发了职业学校社会职责的变化，其社会职责与不同时代的要求相结合，形成了德国职业教育教师独特的专业发展体系。为了保障职业教育质量，德国对职业教育师资的培养作出了明确规定②。教师分为两类，一类为学校教师，一类为企业培训师，初步培训和深造继续培训贯穿于职业教育教师的整个职业生涯。

一、德国职业教育教师专业发展的目标任务

德国教育委员会在教育系统结构计划中明确地描述了所有教师的一般任务，即教学、培养、判断、评价和创新，这种对教师职责的一般性描述得到了认同。德国各州文化部长联席会议师范教育委员会对教师职责作出了类似的规定。作为一名教师，其核心任务是有目的性地规划、组织、执行教学活动，以

---

① 郑国强．新世纪的技术与职业教育［M］．北京：中国文联出版社，2002.

② 李继延．中外职业教育体系建设与制度改革比较研究［M］．上海：复旦大学出版社，2014.

及对教与学的过程进行反思，包括教学、培养、诊断、评价和能力发展的子任务。

在职业学校，依据国家要求，职业教育教师的教学时间应在23～28小时，一节课的课时为45分钟。除了完成备课、上课、对学生学习成果进行评价这些核心任务之外，教师还要承担一些管理类任务，这类任务包括学生的注册、对学生作出评价并记录、管理实验室、整理材料、维护仪器、参加学校的会议；教师要制定课堂安排计划，还有些教师要参与指导新教师等第二阶段的师范教育。

直到20世纪80年代末期，德国教育系统中才围绕着评价体系出现了一场讨论，就组织结构、教与学的过程及基于质量提升的工作表现系统评价的标准展开了讨论。因此，学校发展与质量保证并未得到确立。在一些州，出现了职业教育学校转变为社区学院或技术研发中心的一些实验性项目，教师需要融入学校、人员和课程的变化与发展中，在这一范畴内，出现了不同的质量管理体系。

二、德国职业教育教师必备的专业素养

科学知识是德国职业学校教师教育的前提条件，但教师职业的具体实现方式及其发展也需要不同的、基于问题的、情境化的范式，它源于日常工作和经验，并在具体教学情境中得以应用和修正，职业伦理知识是教师应遵守的价值规范。

根据对技术领域职业教育教师的一些研究，德国职业教育知识体系基本上是由课程知识和相关的专业知识所构成。教学的主要关注点是课程内容的转化，这些课程内容来自相关的学科科学，因此，对职业教育专业的实质理解也受到了科学化的影响[①]。职业教育领域存在的问题是，要把学习内容情境化到一个具体的职业领域。这种实践关系并不是通过解决实际问题就可以实现的，而要靠现象或技术的图式。职业教育教师应用抽象的、基于问题解决的技术理论，从理论中发展实践。将学习内容情境化并形成某种模式，在这方面德国的成绩是非常卓越的，因为在德国，职业教育教师通常都具有丰富的实践经验，他们接受过专门的学徒制培训或有过工程师工作经历[②]。无论是企业培训师还是职业学校专任教师，都可以依据联邦职业教育法或各州教师教育法的规定，

① 菲利普·葛洛曼．国际视野下的职业教育师资培养［M］．石伟平，译．北京：外语教学与研究出版社，2014.

② 闫智勇，吴全全，蒲娇．职业教育教师能力标准的国际比较研究［M］．北京：中国致公出版社，2019.

带薪参加各种形式的继续教育，进一步实现自身的专业化。

三、德国职业教育教师培养的三种模式

与技术领域中的职业教育教师教育相比，商业领域中的职业教育教师教育一开始就在大学层次中进行。20 世纪 20 年代，这些大学开始向接受经济与商业教育的教师授予“商务教师硕士”学位。对于技术领域中的职业教育教师教育，此种模式堪称是先行者，因为直到 20 世纪 60 年代技术领域中的职业教育教师教育才实现了向大学层次的转移。20 世纪伊始，技术领域出现了三种职业教育教师教育的模式①。这些模式实现了以职教师资专业发展为核心的体系建设目标，构架了多元培训主体及主客体共生关系的体系组织结构，彰显了全面性与民主化特点的培训质量保障系统。

1. 西南地区工程师模式

在德国的西南地区，职业教育教师教育模式是依据政府的行业促进政策制定的，把为劳动力市场培养高级技术工人作为主要目标。职业教育教师的任务是传授专业理论，这是科学知识基础的一部分。1834 年，卡尔斯鲁厄理工学院开设了一门以科学为导向的职业教育教师学习课程，一直延续至 1857 年。20 世纪 20 年代在巴登-符腾堡的技术大学开设了学术水平层次的职业教育教师培训。由此，在西南地区，接受行业学术培训的成员取代了那些接受其他技术培训而成为职业教育教师的小学教师②。以科学为导向的全部理念也反映到了学习课程中，课程内容强调科学或工程学的专门分支，教育科学也加进了学习课程中，但在学时和重要性的安排上地位都是最低的。西南地区职业教育教师教育框架与该地区现在的状况非常相似，接受八个学期的课程学习是进入大学和获得工作经验资格的前提条件。在大学完成第一轮考试后，考生还要准备参加考查教学技能的第二轮公共考试。

2. 普鲁士研讨班模式

普鲁士曾是德国最大的州，那里雇用大量职业教育教师，也诞生了职业教育教师教育的第二种模式。依据德国教育家乔治·凯兴斯泰纳倡导的公民教育思想，普鲁士职业教育学校的功能是公民教育。一方面，职业教育学校必须向学徒传授最起码的技能，以确保他们能够在日益兴旺的行业中胜任工作。另一方面，在政治上职业教育学校必须帮助劳动青年融入普鲁士的独裁政府。一开始，职业教育教师是小学教师，他们在接受行业技术课程的培训后成为职业教

---

① 申文缙．教师专业发展视域下德国职教师资培训体系研究［D］. 天津：天津大学，2018.

② 菲利普·葛洛曼．国际视野下的职业教育师资培养［M］. 石伟平，译．北京：外语教学与研究出版社，2014.

育教师。逐渐地，工程师、技术人员和行业师傅取代了这些小学教师。

专业教学技术娴熟、具备充分技术知识应该是对职业教育教师的完整诠释。最终，夏洛腾堡的工艺美术和技工学校开设了全日制职业教育教师的学习课程。从此，开始了机械、建筑行业和手工业系统的职业教育教师教育。到1922年，研讨班的时间从一年延长到了两年。只有具备足够普通教育背景以及三年以上工作经验的优秀从业人员或是在职业教育学校有过教学经验的小学教师才能参加此课程项目。此课程由两部分组成：侧重于青年及其发展性的心理学职业教育，依据行业导向与科目相关的教学论。与西南地区不同，普鲁士职业教育教师教育的核心是职业实践，而不是科学课程。

3. 汉堡和图林根独立的职业教育模式

魏玛共和国时期发展出职业教育教师教育的第三种模式。在这些州的职业教育学校里，职业教育与培训的目的是依据教育原则，而非经济原则。学校是教育性机构，遵循人类教育方法的理念，推行人类的全面教育。职业教育学校的任务是培养不受传统观念束缚的、与社会融合的技术工人，这对教师教育产生了重要意义。大学提供职业教育教师教育的课程项目，为期六个学期的学习课程涵盖了教育科学、社会科学和专业科学三部分，且每一部分的内容容量大体相当。专业知识由各领域中以行业为导向的特定机构提供，哲学导向的教育系的概念是以德国改革教育学为基础的。职业教育师范课程项目的入学条件是除了具备高校入学资格外，至少要有两年的实际工作经历。

四、德国职业教育教师培训体系

在职教师培训旨在保持和拓展教师的专业技能，帮助教师满足教学的现实需求，以及完成学校的教育任务。以下主要围绕职业教育专业人才能力结构标准、师资培训体系运行框架、师资培训体系运行方式等内容展开分析。

1. 职业教育专业人才能力结构标准

在欧盟职业教育一体化框架背景下，德国采用欧洲职业培训发展中心（CEDEFOP）于2009年9月颁布推行的《职业教育专业人才能力结构标准》（*Competence Framework for VET Professions*），并以此作为衡量德国职教师资专业能力的参照文件。同时，德国政府也加强了对职教师资专业发展本土化标准的开发①。2008年，德国州文化部长联席会议制定了针对强化教师专业知识与专业教学法要求的教师教育标准。2013年，文化部长联席会议将职教师资培养界定为一种“职业性专业”，并针对职业学校教学需求逐步开发职教师

① 汤霓．英、美、德三国职业教育师资培养的比较研究［D］．上海：华东师范大学，2016.

资培养要求。德国职教师资培训体系建设目标的制定有多重参考依据，以此对欧盟职业教育专业人才能力结构标准加以分析（图 9－1）。

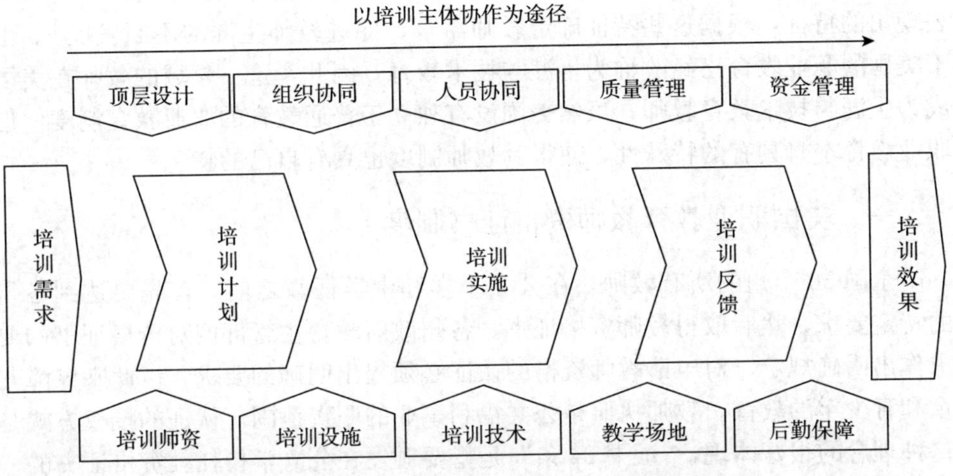

图 9－1　以培训主体协作为途径的培训体系建设

2. 德国职教师资培训体系运行框架

德国职教师资培训体系运行框架从本质来讲是培训主体在需求目标导向下以协同的方式对培训运行过程所涉及的人、财、物等培训要素进行有效整合与利用，以达到培训体系运行效果最大化。与培训体系组织架构不同，运行框架不是由培训主体相互关系集合形成的层次与结构，而是培训主体在系统运转过程中的运行方式与过程的概括及抽象化。

3. 德国职教师资培训体系运行方式

职教师资培训体系运行方式分为纵向运行与横向运行两个维度。纵向运行意指不同地域范围与行政层级间组织机构的运行方式，具体表现为州教师进修学院、地区教育主管部门以及职业学校通过组建培训中心工作组、地区培训计划组与校本教师培训组联合开展培训活动，实现了德国州、地区、学校三级教师培训机构的协同运作。横向运行指同一层级不同类型的组织机构间合作运行方式，具体指教师培训机构、高等院校、教师实习机构与教育企业之间通过校校、校企合作途径建立组织间横向协作模式。

第二节　美国职业教育教师专业发展

美国是个典型的地方分权制国家，其职业教育师资培养也出现了各州相对独立、各具特色的培养方式。而随着美国职业教育师资培养专业化的发展，各种教师专业组织和团体也积极发挥作用，参与了职教师资专业标准制定和资格认定等教师专业发展工作。

受教师生涯发展理论的影响，美国关注职业教育教师在各个时间序列中所表现出的特征，根据这些特征确定教师需求，促进教师生涯的不断发展①。由于美国的职业教育已经改称为生涯与技术教育，因此，这一领域的教师在美国成为生涯与技术教育教师，虽然美国没有独立于普通教育的职业教育制度，但职业教育本身具有的特殊性，使得其教师制度也具有自己的特色②。

一、美国职业教育教师资格证书制度

全国50个州的所有教师，在公立小学和中学任教之前，首先要达到各州的特定要求，然后取得教师资格证书。各州政府教育主管部门对资格证书的要求作出明确规定，对申请教师资格的认证必须提出明确的要求，以此来保障儿童和青少年的教育。教师执照是公共福利事业的职责范围，认证的授权方式是这种理念的很好体现，“证书24条”是指要颁发在公立学校任教资格证书的一整套政策、步骤和操作办法。这一资格证书是用来证明从教资质的法律文件和许可证，必须通过认定才能获得许可证。

2011年美国教育部对9～12年级职业教育教师所受教育背景调查数据显示，96.3%的教师获得了副学士学位及以上学历，学士学位以上的教师比例高达85.6%，研究生学历占了47.2%。可见，美国职业教育教师的学历水平较高；其次，资格认证申请者必须通过州政府规定的职业教育教师资格考试；再者，教师必须通过严格的实习期，一般教师准备计划含有实习期的支持和考核部分，在考核评估之后才能获得合格的教师资格证书。

1. 高中阶段职业教育教师资格证书

各州对高中职业与技术教育教师资格证书的要求比对学术型或小学教育教师资格证书的要求灵活得多。事实上，仅有3个州要求教师在开始从事贸易或保健等课程的教学活动之前必须取得学士学位，7个州要求取得副学士/专科（两年制大学）学位③。至少有43个州允许贸易和保健课程的老师利用其工作经验，通常至少要求2年工作经验替代大学层次的培养④。美国大学生毕业后，均自谋职业，以农职高中专业课教师为例，要求至少有2～3年的本职工

① 朱旭东．教师专业发展理论研究［M］．北京：北京师范大学出版社，2021.

② 屈书杰．职业教育教师的国际比较［M］．北京：科学出版社，2016.

③ 教育部外资贷款办公室．职业教育改革与探索［M］．北京：中央民族大学出版社，1998.

④ 菲利普·葛洛曼．国际视野下的职业教育师资培养［M］．石伟平，译．北京：外语教学与研究出版社，2014.

作经历，但不同的州对工作经历要求也不完全一样，它会受多种因素的影响，如学历学位、所从事专业、本人的其他工作经历等。

2. 高等教育阶段职业教育教师资格证书

美国大学或学院中进行师范专业项目需要得到专门批准，这意味着国家批准该教育单位根据国家资格证书的要求来进行师资培养。在国家批准的 27 个师范专业内，学生如果能够顺利完成任何一个专业的所有课程要求，即可接受认证颁发相应专业的初级教师执照。

设立专业除了需要州政府的批准外，全国大约一半的教育学院或学校还要接受全国教师教育鉴定委员会（NCATE）的认证。该委员会采取同行评审的流程，由其他教育学院和学校来决定这些师范专业和单位是否满足或超过专业质量标准的要求，因为是全国认证，所以所有的师范专业（包括职业与技术教师教育专业）在校生和毕业生都必须接受某个学院、学校或教育部门的评审，并且达到 6 个领域的标准要求：①候选者的知识、技能和素质；②候选者的评估体系和单位鉴定；③该领域的实践经验和临床实践；④专业的多样化；⑤教师资格、绩效和发展；⑥教育机构的管理和资源情况。其中前两个领域与学生表现相关，另外 4 条标准与教育机构的能力有关。

除州政府和全国教师教育鉴定委员会的标准和准则外，高校越来越重视教师的职前教育，关注州级新任教师评估及支持联盟（INTASC）的作用，州级新任教师评价及支持联盟开发了一套标准，用于评估教师是否具备了教学能力，能否颁发初级执照、走上工作岗位。其中有 10 条核心标准，要求新教师在以下 10 个方面证明自己的能力：

（1）具备知识和能力，能创造适合学生年龄的、有意义的学习经验来传授知识本身。

（2）具备关于青少年如何学习和发展的知识。

（3）能适应不同学生的能力。

（4）运用多样化的教学策略来发展学生的关键思维能力、问题解决能力和表现能力。

（5）运用教学策略创造良性教学环境。

（6）运用有效的口头、非口头和媒体交流方式。

（7）具备根据知识内容来规划和整合教学的能力。

（8）具备运用正式和非正式评估策略促进学生学术、社交和身体素质持续发展的能力。

（9）具有发展成为会反思的实践者，持续向专业化发展的能力。

（10）参与大型团活动以支持学生的学业和个人发展。

二、美国职业教育教师发展的替代路径

美国已有45个州存在某种形式的职业教育教师发展的替代路径，可以在所有专业领域任教包括基础教育。允许实施替代路径取得教师资格证，主要是为了扩大未来教师的数量，同时帮助州政府解决在教师教育、教师发展、教师专业化和保持教师队伍稳定性等方面一直存在的问题，设计这些路线旨在吸引目前尚未从事教育行业的这部分人群①。

替代认证是指专门制定政策、计划和操作办法，为未取得本科学位的教师提供教师资格认定。替代认证在各州定义各不相同，并包含一系列的实践做法，如向没有教学背景或受过教师培训的教师颁发应急证书，向拥有相关专业本科学位，如科学、历史以及教育学方面的课程和实践经验的人员提供认证或颁发执照。除了某些职业与技术教育领域的专业外，大多数的专业领域将本科学位作为获得任何类型教师资格证不可或缺的条件。Ruhland等（2002）在分析各州教育主管部门对美国注册物流师（CTL）替代认证的相关数据时发现，各州为了给职业与技术领域的专业教师提供认证，采取了多种路径和手段。全国范围内，最普遍的路径是对大学教师教育课程不作必要要求。然而，一般的路径要求获得应急认证的教师未来还需要学习传统的教师教育课程，从而获得完全认证。

综合各种正式和非正式的研究发现，任何形式的替代性教师培养综合体系，都应该与优质的师资培养课程相结合。可以运用的手段包括：要求在任教的学科领域具备扎实的基础（如获得学位）；为优质学校的优秀教师提供长期的实习机会；在被纳入替代认证项目之前，对候选者进行严格甄选；让同一学科领域中的优秀导师为新教师提供在职指导；对新教师采取严格的评估办法。此外，还有人提出为了吸引新上岗的教师继续留任，优秀导师应该长期给予指导和提供咨询。各州应该致力于解决导致教师离开教育行业的问题。

三、美国职业教育教师专业发展的提升策略

提升路径是职业教育教师专业发展研究的出发点和落脚点，是有效实施教师资格证书制度和落实职业教育教师发展替代路径的重要保障，以下围绕设立职业生涯与技术教育项目、国家专业教学标准委员会指导等展开。

1. 设立职业生涯与技术教育项目

目前的联邦立法中用于支持各州和地方职业生涯与技术教育项目的资金，

① 窦靖晗．美国加利福尼亚州社区学院兼职教师管理研究［D］．天津：天津职业技术师范大学，2016.

允许用于教师的专业发展。这些资金应该用以提升教师的知识和技能，帮助教师达到法律规定的各项目标。CBE模式是美国休斯顿大学以著名心理学家布鲁姆“掌握性学习”“反馈教学原则”“目标分类理论”为依据开发的一种新型教学模式，引导教师回到企业实习、参加企业培训项目，不断从从业人员那里寻求与教育相关的意见和建议[①]。

2. 国家专业教学标准委员会指导

美国国家专业教学标准委员会对教师的专业发展包括职业与技术教师的专业发展起到了主要的推动作用。该委员会于20世纪90年代初期设立，为了完成以下3项目标，制定了长期发展规划：①对合格教师应该掌握的知识和技术制定了高度严格的标准；②开发并运作一个全国性的志愿者体系，对满足以上标准的教师开展评估和认证；③为了改善美国学校学生的学习情况而推进相关的教育改革。

以下5个前提条件确保他们开发了美国学校所涉及的近30个学科领域的相关标准：①教师应该对学生和学生的学习情况负责；②教师要了解其所任教的学科，并知道如何把该学科的知识传授给学生；③教师有责任管理和指导学生学习；④教师要对教学实践进行系统的思考，并吸取经验教训；⑤教师是学习共同体的组成部分。

1997年，国家专业教学标准委员会批准了评估优秀职业技术教育教师的13项标准，这13项标准又可以归结为以下四大领域，集中代表了能够胜任11～18岁CTE学生的教师的教学特点：①创造生产性的学习环境；②促进学生学习；③帮助学生完成向员工和成人角色的转换；④通过专业发展和拓广提升教育质量。

13项标准中的每一项都描述了教师胜任教学活动的一个方面，并且以可观测的教师对学生施加影响的行为来表示。以评审教师的应知应会为基础，确保了学生的学习效果，能够顺利通过职业技术教育领域国家评估的教师，就是专业方面最优秀的教师。教师必须拥有至少3年的教学经验，并取得学士学位，才有资格申请国家的评估和认证。

第三节　日本职业教育教师专业发展

第二次世界大战后日本经济高速发展的实践充分说明，一个国家的经济发展与其职业技术教育事业有着密切关系。日本职业教育体系包括学校内的职业

① 祁占勇．职业教育政策研究［M］. 北京：教育科学出版社，2018.

教育、企业内的职业训练和公共职业训练三个部分①。可以说，职业技术教育是日本经济发展的基础，而日本职业技术师资力量的雄厚，也是日本职业教育发展的制胜法宝。

一、日本职业教育师范类课程特点

日本职业教育教师的在职进修制度主要包括新任教师的进修和确保每位教师在一定期间内参加进修的机会②。与其他国家的职业或专修学校师范课程相比，日本在课程结构上有如下几个有意思的方面③：

（1）虽然科目繁多，但大多数教育类课程是着重于普通教育学与商科、农科或工业/技术相对应的，专门教学法却相对较少，仅有 4 个学分。

（2）在日本数百所大学/学院中，如果开设专门的教学法课程，则主要由兼职性讲师讲授。

（3）教学实习占 3 个学分，课程时间也非常短。同时，这门课程在培训计划的最后一年开设，时间为 2～3 周，一般开设在 7 月教师招聘前后。

（4）自 1961 年日本《教师资格法》修正以来，那些想要获得工业和技术科教职的教师可以用其他专业课程来代替部分或全部工业/技术科教师的培训课程。

（5）具有 6 年以上经验的实习助理，在普通大学成功修完教师培训课程 10 个以上学分后也可以被提拔成为实习教师。此外，这十几个学分还可以通过“认定讲习”来获得，授课者一般是大学教授。

二、日本职业教育教师三种资格证书

日本职业教育教师主要存在三种类型的教师资格证：第一种是普通资格证，即学员需要完成文部省所认可的大学系所中的培养课程；第二种是特别资格证，即授予通过由各县独立组织的简易考试的人员，考题因各县而异；第三种是短期的临时资格证，即资格证书申请人不需要接受特别培训或完成必修课程。大多数希望成为教师的人会申请普通资格证。

普通资格证有两种级别：高级资格证（相当于硕士学位水平）和一般资格证（相当于学士学位水平）。近年来，高级资格证已被默认并推崇为从事学校

① 李继延．中外职业教育体系建设与制度改革比较研究［M］．上海：复旦大学出版社，2014.

② 闫智勇，吴全全，蒲娇．职业教育教师能力标准的国际比较研究［M］．北京：中国致公出版社，2019.

③ 菲利普·葛洛曼．国际视野下的职业教育师资培养［M］．石伟平，译．北京：外语教学与研究出版社，2014.

管理工作教师的必备资格。持一般资格证的教职人员，只要修完硕士课程就可以自动获得高级资格证。因此，作为教职人员在职业教育从业生涯中的教育基准，一般资格证更为基础和重要。

一般资格证的要求与高中教师其他资格证的要求相比，基本上差异不大，要求在 4 年内完成学业，所需学分包括：

（1）每个所教专业（科目）的课程不少于 20 个学分。在其他学院所修的专业科目的学分也会自动计入资格证的要求中。

（2）教学专业课程不少于 23 个学分。

（3）与所教专业或教学专业相关的课程不少于 16 个学分，后者可以替代前者。

学生只要修完某一专业所规定的学分，就能获得教师资格，同样这也是获得学士学位的必备条件。通常，学生会在文部省公布的教师资格课程目录中选修 80 个学分，但要毕业的话，则最低修满 124 个学分，其中包含人文教育学分。另外，再修满与教学专业相关课程的 23 个学分和自己专业学科的 20 个学分，以及在自己专业学科中至少选修 1 个职业指导学分，学生则可以获得教师资格。

职业教育教师资格证被划分为 19 个专业领域：家庭经济学、农科、技术、工科、商科、渔业、海上贸易业、护理、福利、信息、各学科的实习职业指导等。每门课程均由各相关部门提供资格证书，如农学部、技术学部、经济学部、信息技术科学部、社会福利学部等。

三、日本职业能力开发学校中的指导教师培养

1961 年日本成立了中央职业培训中心，遵循劳动部有关规定，开展职业教育指导教师的培训，任务就是根据《职业能力开发促进法》第二十七条的规定，负责培养职业训练的指导员。职业能力开发大学提供 8 门 4 年制的培养项目，涉及工业工程、电气技术、电子学、土木工程、社会福利技术等，学校为受训者提供了高质量的教师培训计划。根据劳动部的有关标准，学生必须完成普通课程 51 个学分，专业课程 100 个学分（专业实训 40 个学分和专业理论课程 60 个学分），职业能力开发课程 23 个必修学分[①]（表 9 - 1）。上述要求也同样是获得指导教师资格的必要条件，这些学分的数值与文部省主管下大学的职业教育教师培训课程的要求大致相当。

① 菲利普·葛洛曼．国际视野下的职业教育师资培养［M］．石伟平，译．北京：外语教学与研究出版社，2014.

表 9-1 日本职业能力开发课程学分情况

课程	学分 讲座—研究—实习	必修/选修	学年
教育与培训基本讲座	2—0—0	必修	1
教育与培训心理学	2—0—0	必修	1
职业指导讲座	2—0—0	必修	2
终身职业发展讲座	2—0—0	必修	2
教育与培训课程	2—0—0	必修	2
职业科学	2—0—0	必修	3
专门教学法	2—0—0	必修	3
教学技术	2—0—0	必修	3
教学实践	0—0—4	必修	4
教育与培训法	2—0—0	必修/选修	3
教育与培训规划	2—0—0		3
企业内的教育与培训讲座	2—0—0	选修	2、3、4
教育与培训思想	2—0—0	选修	2、3、4
技术与技能讲座	2—0—0	选修	2、3、4
比较职业培训	2—0—0	选修	2、3、4

理工大学的指导教师培训课程涉及更多的专业内容，重点在职业与训练上，这与德国的职业学校教师培训课程有一定的可比性，而文部省主管下的教师培训项目则更重视普通教育学和心理学。

四、日本职业教育教师专业化培养路径

职业教育教师培养课程的设置、教师资格证书制度的完善以及职业能力开发学校的运作都是日本职业教育实践与专业化培养路径的前提条件，以下围绕入职及第一年的培训、薪酬体系、教师与当地行业的交流合作等内容展开分析。

1. 入职及第一年的培训

在获得教师资格之后，大多数人在 35～39 岁参加考试。首轮考试内容包括基础知识、专业科目知识、实践操作、集体面试，第二轮考试包括智能、论文和个人面试。这些考试在全国范围内举办的时间基本上是统一的，首轮考试安排在 7 月中旬与最后的一周之间。第二轮考试则一般在一个月之后，考试通过的难度非常大，因为大批申请者都来竞争有限的岗位。许多申请者在考试前

一年的秋天就开始准备考试，往往比大学里上课还要认真得多。但即使通过第二轮考试也不一定会被聘为教师，因为校长的判断力在一定程度上会影响对教师的聘用，同时职业教育招生数的减少也加剧了这种竞争。

在日本，实习教师的实习时间很短，不像德国有“试用教员”的学徒教师体系。日本1988年修订了《教育公务员特例法》，将新任教师的入职培训制度写入法律，以法律的形式固定下来[①]。从那时起新教师不再需要做课堂指导教师，而是让他们去参加校内外的一些研讨会，并且还会为每位新教师指派一名指导教师，他们都是从大批经验丰富的教师中遴选出来的。

2. 职业教育教师专业发展薪酬体系

日本为使职业中学教员这一工作具有更大的吸引力，还设法提高其待遇，目前，职业高中教员的工资比普通高中教员的工资高10%左右，从而不仅保证了职业教育教师的数量，也吸引了一些优秀人才充实到这支队伍中去[②]。日本高中职业教育通过提供中等层次的技术人员来支持日本战后的工业化进程，通过在行业内部培养初中毕业生来满足对熟练工人的需求。通过考察职业高中教师的薪酬状况不难看出，日本的商贸业、工业以及教育行政管理部门都认识到了学校职业教育项目对初级技术人员培养的重要性。

日本中学教师的基本工资每年都由国家人事部门决定，并通过“教职人员工资表”予以公示。根据这些指导性文件，每所县立和私立学校对其教师的工资作出相应的规定。这样做是为了保证工资水平的公平性。因为在日本，公务员（包括教师）没有权利通过罢工来争取更高的薪资。工资表包括4个等级，分别是1级（助教和见习教师）、2级（普通教师）、3级（班主任）、4级（校长），每个级别又根据从教年限进行细分，薪资随着经验的增长而不断增加。在有些县或市，底薪的增长幅度可能稍大。

职业教育教师的薪资比普通教师一般要高出6%～10%，因为他们大半的工作时间用在了专业科目的教导上，这部分额外薪金被称为行业教育补贴。这项特别的措施自1957年开始实施，目的是保障“特别素质教师”的权利，实习助教也能享受到该项福利。同时这项措施也激起了职业高中教师内部的一些冲突，因为它将教授普通课程的教师排除在享受这一福利的范围之外。

3. 职业教育教师与当地行业的交流合作

日本全国性职业教育专业团体成立比较晚，如工业教育学会1993年成立，商业教育学会1988年成立[③]。职业院校教师与这些学会或行会的合作有两种

① 屈书杰．职业教育教师的国际比较［M］．北京：科学出版社，2016.

② 梁忠义，金含芬．七国职业技术教育［M］．长春：吉林教育出版社，1990.

③ 寺田盛纪．日本职业教育［M］．陈俊英，马丽华，译．北京：人民教育出版社，2014.

主要形式：一是关于教育与学校管理的内容，在这方面学校教师与行业或企业内负责教育和培训的人员几乎没有联系；二是应届毕业生的招聘与雇佣问题，教师与本地行业有非常紧密的联系。日本职业教育学校的教师，尤其是行政管理人员或负责就业/职业指导的教师们与企业发展了一种独特的紧密联系。另外，大部分职业高中的教师曾经参与到发展这种关系的活动，因为在他们的教学生涯中至少有一次会被安排到此项工作。这种“输出与接收”之间的紧密关系经历了很长一段时间的发展，有时会覆盖到更广的区域。

图书在版编目（CIP）数据

职业教育教师专业发展研究 / 周启，董天鹅，张倩倩著．—北京：中国农业出版社，2023.4（2023.8 重印）
ISBN 978-7-109-30649-3

Ⅰ．①职…　Ⅱ．①周…　②董…　③张…　Ⅲ．①职业教育—师资培养—研究　Ⅳ．①G715

中国国家版本馆 CIP 数据核字（2023）第 070803 号

职业教育教师专业发展研究
ZHIYE JIAOYU JIAOSHI ZHUANYE FAZHAN YANJIU

中国农业出版社出版
地址：北京市朝阳区麦子店街 18 号楼
邮编：100125
责任编辑：肖　杨
版式设计：杜　然　　责任校对：吴丽婷
印刷：三河市国英印务有限公司
版次：2023 年 4 月第 1 版
印次：2023 年 8 月河北第 2 次印刷
发行：新华书店北京发行所
开本：700mm×1000mm　1/16
印张：12.25
字数：230 千字
定价：78.00 元